Stratediplo

Le onzième coup

de minuit de l'avant-guerre

Stratediplo

Stratediplo, de formation militaire, financière et diplomatique, s'appuie sur une trentaine d'années d'investigation en sciences sociales et relations internationales pour nous aider à comprendre les réalités d'un monde en pleine mutation.

Le onzième coup
de minuit de l'avant-guerre

Publié par Le Retour aux Sources
www.leretourauxsources.com

© Le Retour aux Sources – Stratediplo - 2020

Du même auteur

le quatrième cavalier,
l'ère du coronavirus,
éditions le Retour aux Sources 2020

le septième scénario,
sécession d'une minorité,
2° édition Retour aux Sources 2020

la huitième plaie,
migrants 2015, l'avant-garde,
2° édition Retour aux Sources 2020

la neuvième frontière,
Catalogne 2018,
2° édition complétée Retour aux Sources 2020

la dixième arme,
quinze ans d'alertes et synthèses,
2° édition complétée Retour aux Sources 2020

le douzième travail
un refuge autarcique,
2° édition Retour aux Sources 2020

« *La guerre du Golfe a enivré le monde occidental
qui ne demande pas à comprendre et à résoudre,
mais à condamner et à punir.
L'opinion veut des coupables et des châtiments
beaucoup plus que des explications ou des solutions.* »

Hubert Védrine,
ancien Secrétaire Général
de la Présidence de la République,
mai 1997

————————

« *Le choix fait par le très apostolique grand-duc
Vladimir il y a plus de mille ans, qui a jeté les
fondations du modèle civilisationnel de la Russie,
a déterminé le développement de notre pays
[…] fondé sur les hauts principes moraux
cultivés en notre peuple pendant des siècles
[…] dans la tradition de coopération
entre l'État, l'Église et la société.* »

Vladimir Poutine,
Président de la Fédération de Russie,
mars 2015

7 |

Sommaire

Le onzième coup de minuit de l'avant-guerre

Préface par Michel Drac[1]

tratediplo nous propose un scénario géostratégique sur la base d'une modélisation du système formé par les grandes puissances contemporaines. L'hypothèse de base est que les États-Unis sont au bord du collapsus, parce que leur niveau de vie insoutenable dépend du maintien de la prédation qu'ils exercent sur le monde. Pour rendre possible la prolongation de cette prédation, ils vont donc effectuer une manœuvre brutale, bien calculée, visant à intimider tant leurs adversaires que leurs vassaux – et cette manœuvre prendra la forme d'une attaque nucléaire, vraisemblablement du niveau préstratégique. Compte tenu du rôle joué par l'Union Européenne dans le système impérialiste américain, la cible la plus probable est la Russie.

La futurologie est un exercice périlleux, et Stratediplo sera donc probablement démenti par les faits. Comme pratiquement tous les futurologues avant lui, du reste. Mais peu importe. L'objectif de la démarche futurologique n'est pas de prévoir. Le but est d'élargir l'espace de réflexion au-delà de la prospective classique. Le futurologue esquisse par l'intuition les disruptions que le prospectiviste manque par excès de prudence.

L'intérêt d'une futurologie est de créer une base d'itération pour nourrir la réflexion. Dans cette optique,

---

[1] Cette préface date d'avant l'avènement du coronavirus.

quelles critiques viennent-elles à l'esprit, lorsqu'on parcourt *Le onzième coup de minuit de l'avant-guerre* ?

Tout d'abord, je crois qu'il y a une certaine exagération du déclin euro-américain et de la force russo-chinoise. Stratediplo se positionne contre le discours institutionnel et médiatique occidental, qui voudrait nous faire croire que l'espace atlantique se porte moins mal que l'Eurasie. Il n'a pas tort de refuser les exagérations de la propagande occidentale, mais on peut se demander si, entraîné par son élan, il ne se laisse pas aller à quelques excès en sens contraire. On rappellera à ce propos que le boom économique chinois de ces dernières trois décennies devait beaucoup au dividende démographique, et que Pékin va bientôt commencer à en payer le prix, les générations à un enfant approchant de l'âge de la retraite. La Chine ne va pas si bien que ça. Washington peut en outre espérer voir le projet des nouvelles routes de la soie englué dans la complexité de l'espace eurasiatique. Et si demain, Pékin affaiblie se repliait sur son espace intérieur, abandonnant le vaste monde à une thalassocratie victorieuse par défaut ? On se souviendra aussi que si l'esprit américain possède bien les travers que Stratediplo lui impute, il est en revanche riche de ressources inventives que l'auteur du *Onzième coup de minuit* passe sous silence. Bref, il me semble exagéré d'énoncer que les USA ne peuvent plus espérer l'emporter qu'en renversant la table. Il leur reste quelques atouts à jouer.

Ensuite, il convient d'analyser plus avant les dynamiques oligarchiques profondes. C'est particulièrement vrai s'agissant de l'Union Européenne, un acteur dont l'unité reste à démontrer. Il y a certes une bureaucratie européiste, qui tire sa justification de l'administration d'un véhicule fonctionnaliste transnational au service du capital globalisé. Mais en pratique, on n'a pas l'impression que cette bureaucratie soit dotée des attributs de la puissance. On rappellera à ce propos que depuis deux décennies, l'Union Européenne n'a en pratique jamais appliqué les sanctions prévues aux traités supposés encadrer son fonctionnement. Face aux grands États comme la France ou l'Allemagne, Bruxelles s'est couchée. Face aux petites nations comme la Grèce, la Commission n'a certes pas hésité à martyriser les peuples, mais ce ne fut que pour sauver les prêteurs et transformer la BCE en structure de défaisance. L'impression d'ensemble est qu'il existe des acteurs étatiques nationaux, France, Allemagne, Grande-Bretagne et Italie principalement, et qu'au fond il serait nécessaire de positionner ces acteurs un par un sur l'échiquier pour étudier leurs dynamiques spécifiques. C'est particulièrement net pour l'Allemagne, où le débat est loin d'être tranché entre atlantistes et partisans de la coopération avec Moscou. Bref, il n'est pas certain qu'une opération étatsunienne contre la Russie contribue à solidariser les deux rives de l'Atlantique, et donc une telle opération a des conditions de faisabilité politique plus complexes que dans les scénarios esquissés par Stratediplo.

D'une manière plus générale, Stratediplo fait à mon sens l'impasse sur les trajectoires spécifiques d'acteurs secondaires non négligeables.

Pour commencer, le problème de l'endettement n'est pas que le problème des États. C'est aussi le problème des grandes entreprises, dont l'influence est prépondérante sur les exécutifs politiques contemporains. Quand Donald Trump décide de taxer l'acier importé, il se comporte en employé d'US Steel. Son administration est comme les précédentes truffée d'anciens des grandes banques de Wall Street, en particulier de Goldman-Sachs. Or, un défaut américain ne serait pas seulement une libération des Américains. Ce serait aussi une émancipation à l'égard de… Goldman-Sachs. Une administration sous contrôle du système bancaire ne peut remettre en cause le fondement du pouvoir bancaire que si elle lui substitue un nouveau soubassement. Mais lequel ?

Ensuite, il y a dans le monde un certain nombre de puissances étatiques moyennes qui ont clairement leur mot à dire. Les dynamiques contemporaines conduisent à l'abaissement du seuil de la puissance. Israël et, peut-être, demain, une Grande-Bretagne définitivement coupée de l'UE, peuvent en profiter.

Sur ces bases, quelle modélisation alternative peut-on proposer, pour faire contrepoids aux hypothèses de l'auteur du *Onzième coup de minuit* ? Mentionnons quelques axes de différenciation.

D'une part, nous admettrons que la crise globale n'est pas réductible à la crise occidentale. Elle prend sa source dans un ensemble de phénomènes dont certains ont effectivement leurs racines en Occident, mais pas tous, et dont la plupart ont maintenant de toute façon acquis une dynamique autonome globale, indépendante des impulsions étatsuniennes. Il en découle que les États-Unis ne seront pas seulement soumis à la tentation de maintenir leur prédation en perpétuant leur impérialisme. Ils seront aussi tentés de se replier sur leur base nord-américaine, étendue sans doute à leur arrière-cour latino-américaine. Après tout, pourquoi se charger de la gestion d'un monde devenu plus coûteux que profitable, alors que l'espace américain est largement suffisant en réalité pour entretenir le niveau de vie des nord-américains ? La quatrième révolution industrielle peut changer la donne. L'ouvrier à bas salaire des pays émergents a un vrai concurrent : le robot animé par l'intelligence artificielle.

D'autre part, nous supposerons que la Chine, fragilisée par son tournant démographique, sera absorbée par de grandes difficultés internes, et en outre confrontée à la montée en puissance de l'Inde à l'intérieur même de l'Organisation de Coopération de Shangaï.

La perception des enjeux géopolitiques par les dirigeants américains serait dans ces conditions fort différente de celle esquissée par Stratediplo. Il suffirait en somme de garder quelques positions-clefs sur le Rimland eurasiatique, pour empêcher l'émergence d'une Eurasie intégrée capable de surmonter ses difficultés. L'allié britannique et le partenaire israélien pourraient jouer un rôle non négligeable. Avec d'autres clients de moindre importance, ils permettraient le retour au *leadership from behind*, pour éviter l'implication directe des États-Unis.

Le verrouillage d'au moins une partie de l'Europe par les États-Unis resterait sans doute indispensable. Même dans ce scénario d'Eurasie faible, l'alliance de la technologie européenne, et particulièrement allemande, avec les ressources russes et les mains d'œuvre chinoise et indienne, constituerait en effet un péril sérieux pour la suprématie étatsunienne à long terme.

Dans le cadre de cette modélisation trop rapidement esquissée, nous pouvons maintenant imaginer des scénarios alternatifs. Des histoires *vraiment* différentes de celles dessinées par Stratediplo.

Pour commencer, l'objectif n'étant plus de justifier un *reset* financier global, mais simplement de maintenir à flot le système en exportant ses coûts, on peut imaginer des guerres financières ciblées, combinant des motivations économiques et géopolitiques. C'est très clairement ce qui est en train de se produire en Iran, pays qui paye probablement moins son agressivité envers l'État hébreu que sa volonté de vendre son gaz à la Chine et à l'Inde via des gazoducs posés par la Russie. C'est aussi ce qui s'esquisse de plus en plus clairement en Turquie, une puissance théoriquement intégrée dans l'OTAN mais en réalité au bord de la guerre tiède avec les États-Unis.

Certes, de telles offensives purement financières ne permettront pas de détruire la puissance russe. Moscou présente en effet une spécificité gênante pour ses adversaires occidentaux : bien que peu diversifiée, son économie est pour l'essentiel autoporteuse. Si les Russes ne peuvent plus exporter de gaz en Allemagne, ils ne pourront plus importer de BMW. Mais ils pourront toujours rouler en Lada.

Mais la destruction de la Russie n'est pas indispensable dans notre scénario. Imaginons que Washington maintienne avec l'appui de Londres son emprise sur l'Ukraine et la Pologne, en travers de la route Berlin-Moscou, prenne le contrôle du Venezuela à la faveur d'un putsch déguisé en révolution, chasse Pékin de l'Afrique avec l'aide de Paris, puis avec l'assistance d'Israël sème le chaos en Iran pour en interdire les ressources, voire pour y opérer un changement de régime. Le XXI° siècle ne serait sans doute pas américain partout sur la planète, mais il s'annoncerait tout de même prometteur pour les États-Unis eux-mêmes. L'Europe aurait absolument besoin de Washington, puisque ceux-ci maîtriseraient l'essentiel de ses approvisionnements énergétiques. Privées de la technologie européenne, en manque d'hydrocarbures, la Chine et l'Inde seraient en outre absorbés par leurs problèmes spécifiques : vieillissement à Pékin, stress hydrique dans le sous-continent. Quant à la Russie, elle resterait puissante, mais isolée. Sur cette planète-là, les États-Unis pourraient espérer reprendre la main et rafler la mise à l'horizon 2050, dans un monde qui, ne l'oublions pas, aura probablement été transformé par des évolutions technologiques considérables et l'épuisement des ressources non renouvelables.

Bref, ce qui ressort de cette petite étude de cas, c'est que l'attaque de la Russie n'est pas inéluctable. Elle est en effet possible, comme le montre Stratediplo. Mais d'autres scénarios existent. Tout dépend en fait de la perception que les dirigeants étatsuniens ont de la situation. S'ils pensent comme Stratediplo que seul un *reset* global peut leur éviter une faillite humiliante et peut-être mortelle, alors il n'est pas impossible qu'ils prennent le risque insensé de déclencher une confrontation militaire directe avec la Russie.

Voici créées deux familles de scénarios : la guerre chaude d'un côté, la guerre froide de l'autre. À ce stade, il est trop tôt pour savoir dans laquelle de ces deux familles le destin ira piocher l'histoire réelle.

En tout cas, il faudra sans doute observer de près le retournement conjoncturel qui semble devoir s'amorcer à l'horizon 2020. Si nous assistons à un krach financier de très grande ampleur centré sur l'Occident, les classes dirigeantes étatsuniennes risquent fort de percevoir leur situation comme le fait déjà Stratediplo. Et dans ce cas, il se pourrait bien qu'elles réagissent exactement comme il le prévoit. Si au contraire le krach de 2020 n'est pas particulièrement violent aux États-Unis, s'il touche la Chine dans des proportions comparables, alors le douzième coup pourrait bien ne pas suivre le onzième, à l'horloge de l'Apocalypse.

Michel Drac, août 2018.

INTRODUCTION

C ette étude, en gestation intellectuelle depuis 2014, a été pour l'essentiel conduite en 2018, puis autoéditée en 2019, dernière année de l'avant-peste.

Les raisons profondes prêtées aux grands acteurs internationaux ici désignés ne sont que des théories, mais d'une part elles correspondent à leurs intérêts évidents et exprimés, et d'autre part elles fournissent une explication logique aux mouvements annoncés par ces grands acteurs, les États-Unis d'Amérique et l'Union Européenne, même s'ils peuvent aussi avoir d'autres raisons. Ce qui ne relève pas de la supposition ou de la recherche de sens, ce sont les actions visibles et les déclarations formelles de ces grands acteurs, qui montrent une cohérence certaine, indice de réflexion et de détermination.

Le lecteur rapide trouvera ici, comme annoncé il y a cinq ans, les cibles très probablement désignées pour la prochaine démonstration nucléaire étatsunienne, avec le raisonnement argumenté que suivent les stratèges, et on n'entend pas par là des experts militaires mais des décideurs financiers et conducteurs politiques. Le lecteur attentif y trouvera les enchaînements et déchaînements possibles, jamais certains puisque les circonstances du moment dicteront ou permettront telle approche initiale plutôt que telle autre, mais néanmoins suffisamment prévisibles pour avoir donné lieu à des entraînements et répétitions, totalement réalistes car joués en grandeur nature sans que les exécutants sussent (et sachent) qu'il s'agissait d'exercices. Le lecteur inquiet restera sur sa faim concernant la date et les signes avant-coureurs.

Car il n'y a qu'une date possible pour déclencher l'impensable monstruosité de bombardements nucléaires anticipés, c'est le plus tard possible et lorsqu'on pensera qu'il n'y a plus d'autre solution, non pas en raison de l'humanisme des décideurs mais parce qu'ils peuvent se douter que, échec ou succès, il ne leur sera pas permis de recommencer (voilà tout un thème pour une autre étude). Mais il y a plusieurs dates possibles, ou plutôt plusieurs possibilités quant à la date unique, pour sembler imposer les seules actions dont certains décideurs pensent qu'elles sont susceptibles de sauver le système actuel. L'une est, par exemple, l'effondrement (total) d'une monnaie, ou d'un système financier, ou encore des capitalisations boursières. Or, cela a été suffisamment montré depuis quelques années et il ne manque pas de vulgarisations rapides en cinq minutes de conférence ou de graphiques sur internet, un effondrement de ce type peut se produire en l'espace de quelques heures à quelques dizaines d'heures. Il n'y aura donc pas de signes avant-coureurs, hormis ceux qui sont déjà là, et on peut ajouter que le coronavirus de Wuhan et des Contamines en a amené ou enflé certains.

Il y a cependant une mécanique temporelle incontestable, chaque année qui nous éloigne de la dernière catastrophe mondiale nous rapproche de la prochaine. Et il y a une certitude économique logique, les courbes exponentielles à asymptote verticale finissent toujours par s'échapper du graphique et du papier. Sur le plan économique l'effondrement est inévitable et proche, il peut se produire dans dix mois comme il peut se produire après-demain, et là aussi le coronavirus a plutôt accéléré les choses.

Pour tenir dans un volume abordable cette étude a résolument ignoré des dizaines d'autres faits majeurs aussi inquiétants que ceux cités en appui, mais l'intérêt essentiel de ce travail est de synthétiser les événements épars pour dégager une orientation générale. L'homme du début du XXI° siècle est surinformé jusqu'à la paralysie cérébrale, et noyé d'informations éphémères vite oubliées.

Qui se rappelle le raz-de-marée, vingt-quatre heures sur vingt-quatre dans tous les médias, du convoi humanitaire parti de Moscou le 19 août 2014 pour alléger les souffrances du million de civils assiégés sans eau ni électricité dans Lougansk ? Qui se rappelle les accusations d'escalade et de transport déguisé d'armements, les menaces de chefs d'État de premier plan et d'autorités uniopéennes promettant d'attaquer la Russie en cas de "violation de la frontière ukrainienne", les ultimatums et menaces de réagir militairement à cette "invasion" proférés par l'ambassadrice Power envers l'ambassadeur Tchourkine en plein Conseil de Sécurité ? Deux semaines plus tard la presse passait à autre chose, comme elle s'est désintéressée de l'attaque chimique fictive sur Salisbury juste après la plus grande expulsion de diplomates de l'Histoire, ou de l'attaque chimique feinte sur Douma juste après le bombardement de la Syrie par l'OTAN. On est conditionné à oublier qu'on vit en guerre.

Les historiens trouveront rétrospectivement un sens général aux divers événements de la marche à cette catastrophe annoncée, et s'étonneront que les peuples aient suivi. On se propose ici de faire cette synthèse à l'avance, dans l'espoir que des compétences et capacités plus tournées vers la prévention puissent prendre le relais.

Il est temps, le onzième coup de minuit de la fin de l'avant-guerre vient de sonner.

RIEN NE VA PLUS

1 – Anomalie en explosion

L'Union Européenne se trouve en ce moment au cœur d'un nœud de crises. Sur le plan stratégique, elle est voué à l'expansion indéfinie. Dans les pays membres le désamour s'accroît de décennie en décennie, et la réduction des sujets susceptibles de referendum n'empêche pas la montée d'une prise de conscience collective du rejet de la technocratie supranationale. Ce rejet apparaît maintenant assez tôt, parfois quelques années à peine après l'admission d'un pays dans l'Union voire avant, et il y a même des cas où l'opinion s'est fatiguée de la course à l'admission avant même qu'elle n'aboutisse.

Il faut dire aussi que certains gouvernements ou gouvernorats n'hésitent pas à mettre abusivement sur le compte de l'Union Européenne, ou de la préparation à l'admission, des mesures impopulaires qui n'ont rien à voir avec l'intégration, nonobstant l'absence de déni de l'Union. Par exemple en France la loi dite de modernisation des institutions, présentée à l'électorat comme nécessaire à la mise en conformité avec le traité européen dit "constitutionnel", a été maintenue et votée en juillet 2008 alors même que le traité constitutionnel européen avait prétendument été abandonné, et cette modification constitutionnelle française comportait notamment le retrait au parlement de la compétence belliqueuse (transférée au gouvernement), alors que dans d'autres pays de l'Union cette compétence a été laissée au parlement. En Bosnie et Herzégovine, toutes les initiatives de centralisation et de fusion introduites par le gouvernement de l'entité islamiste ou par son suppôt étatsunien (fusion des polices, des registres civils, des programmes scolaires, des registres d'immatriculation...) dans l'optique du fameux programme "un seul territoire, un seul peuple et une seule religion"[2] ont été présentées comme des exigences de l'Union Européenne alors que plusieurs membres de l'Union ont des structures fédérales voire confédérales.

De même à Chypre, le projet étatsunien d'institutionnalisation de l'occupation turque, de légalisation de la colonisation ottomane et de renoncement aux droits des déportés chypriotes, en 2003, a été présenté par Kofi Annan comme une exigence de l'Union Européenne (qui n'a pas démenti) pour l'admission, alors qu'il violait entre autres les droits fondamentaux garantis par la Convention Européenne de Sauvegarde des Droits de l'Homme et des Libertés Fondamentales, donc aussi le Traité de l'Union Européenne (article 6). En Macédoine aussi, les pressions à l'abandon du nom revendiqué par la Grèce sont prononcées au nom de l'Union Européenne, qui compte pourtant en son sein un grand-duché de Luxembourg et un royaume de Belgique comprenant une province de Luxembourg.

En conséquence de toutes ces pressions exercées par (ou attribuées à) l'Union Européenne, les peuples suisse et serbe, notamment, ont retiré leur support aux projets d'intégration de leurs gouvernements uniopéistes. Le peuple roumain, lui, a vu la majorité de sa population active masculine quitter le pays, ce qui n'est pas très prometteur

---

[2] Ce programme est resté inchangé depuis la Déclaration Islamique de 1972, vingt ans avant le déclenchement de la guerre de religion par son signataire.

pour les populations bessarabe, magyare, polonaise et russe blanche de Moldavie, d'ex-Ukraine et de Biélorussie.

Aussi la fuite en avant, ou expansion permanente, est la seule option qui reste à un monocycle dont les déséquilibres garantissent la chute dès qu'il cessera d'avancer. Les prochains élargissements sont nécessaires au maintien de la pression, même s'ils peuvent se limiter à des provinces comme la Macédoine ou le Monténégro. Celles-ci sont pourtant menacées par l'opération uniopéenne EULEX menée depuis dix ans pour tenter (en vain) de doter la province occupée de Kossovo et Métochie d'un système judiciaire afin de consolider la violation de la résolution 1244 du Conseil de Sécurité de l'ONU et la sécession, d'ailleurs pas reconnue par tous les membres de l'Union Européenne. Les contradictions sont telles que seule une dynamique d'expansion permanente soutient l'Union.

Pour leur part les peuples sont de plus en plus conscients des conséquences concrètes de la politique économique d'ouverture incontrôlée au monde, la concurrence effrénée et déréglée (effet de la dérégulation) signifiant en matière salariale, sociale et autres un nivellement par le bas, non pas le bas d'une Union Européenne déjà inégale mais le bas d'un tiers-monde forcé de donner priorité à l'exportation vers le monde "riche" (pour des dollars) plutôt qu'au développement humain interne. Au sein même de l'Union, les réalités économiques disparates achèvent le rêve de la prospérité immédiate qui était associé (et promis) à l'accession à l'Union ou à l'euro. Mais surtout, l'attrait du produit moins cher fabriqué dans le tiers-monde disparaît avec l'emploi et donc le revenu salarial qui permettait d'acheter ce produit. Or le chômage structurel incompressible est une des caractéristiques des membres de l'UE, même les plus jeunes qui ont découvert cette réalité au sortir du plein-emploi communiste, et même en comparaison avec d'autres économies développées dans le monde.

Une autre caractéristique économique de l'Union Européenne est l'aliénation, la précarisation et l'inadéquation de l'agriculture. Le passage forcé de l'agriculture européenne à l'économie dirigée, un système qui avait pourtant démontré ses défauts sous les régimes communistes, ne s'est pas seulement traduit par l'accélération de la paupérisation de la population rurale résiduelle après sa division par un facteur de l'ordre de dix, et donc un exode ajouté à celui dû à la mécanisation de la fin du XIX° siècle. Aujourd'hui la même surface cultivée, *grosso modo*, qu'il y a cent cinquante ans, nourrit certes (partiellement) une population supérieure mais fait économiquement à peine survivre, dans la pauvreté, une main d'œuvre agricole de dix à cent fois inférieure selon le stade d'intégration à la politique agricole commune.

Transférée des populations locales à la bureaucratie supranationale, l'agriculture à commandement intégré (centralisé) est dirigée par des fonctionnaires spécialistes de l'administration uniopéenne, une discipline assez exigeante (et en évolution permanente) pour occuper une vie d'études et interdire à ses praticiens de s'intéresser à autre chose. Ignorants de la réalité pragmatique de la gestion d'une entreprise, leur peu de culture macro-économique se rattache à la doxa diffusée par les économistes étatsuniens dans le monde pour convaincre celui-ci de leur exporter à bas prix, ignorant qu'un exportateur fixe ses prix dans la monnaie du client et confondant l'effet temporaire d'une dévaluation avec les effets durables d'une sous-évaluation. Ainsi les apparatchiks uniopéens chargés d'insérer l'agriculture européenne dans l'économie mondiale sont convaincus que ce secteur doit exporter à tout prix, fût-ce à perte, fût-ce à des marchés insatiables et insolvables, fût-ce à contretemps car il n'est pas aussi facile de dompter les irrégularités climatiques croissantes qu'une grève syndicale, ni de redimensionner un cheptel ou un parc fruitier comme on reconfigure une ligne de production robotisée. Pire que tout, l'administration uniopéenne est dénuée de toute responsabilité ou même conscience politique et est même ignorante d'un concept de base qu'on enseigne aujourd'hui (tardivement et hypocritement) à l'Afrique, celui d'indépendance alimentaire.

Sa déconnexion des réalités concrètes prépare à l'échelle du continent une calamité supérieure à la "crise de la tortilla", la famine causée par l'exportation abusive, du fait de l'ALENA, de la matière première de l'alimentation mexicaine de base, à savoir le maïs, vers un pays qui brûle le tiers de sa propre production de maïs dans ses voitures surcylindrées et imprime sa monnaie à volonté pour importer ce qui lui manque. L'économie dirigée et le mépris de la terre ont déjà provoqué des millions de morts en Europe, il y a moins d'un siècle en URSS, et les petits pays tentés de se retirer de l'Union Européenne pour se soustraire à l'invasion mahométane perçoivent déjà les dégâts causés à leur suffisance alimentaire par la politique agricole commune.

Les petits pays, déjà membres ou sur le point de le devenir, ont pris conscience de la perte de pouvoir et d'indépendance que signifiait leur annexion à l'Union Européenne dès 2002. En effet ils ont alors été confrontés au sein de la conférence intergouvernementale pour le traité constitutionnel au couple germano-français qui entendait faire remplacer le principe d'unanimité, et donc la possibilité de blocage par un petit pays, par le principe de majorité à 60% de la population, et donc le pouvoir aux grands pays d'imposer leur volonté aux petits. Le couple germano-français a imposé en même temps une modification de la répartition des voix au Conseil Européen et du nombre respectif de députés au Parlement pourtant récemment définis par le traité de Nice sur le point d'entrer en vigueur. Par le traité de Rome (invalidé) puis par le traité de Lisbonne (copie du précédent), il a réduit la sur-représentation des petits pays et remplacé l'égalité entre les quatre grands par une prééminence de l'Allemagne[3]. Finalement le 5 mars 2018 le Danemark, l'Estonie, la Finlande, l'Irlande, la Lettonie, la Lituanie, les Pays-Bas et la Suède ont été amenés à rejeter formellement par une déclaration commune le projet français de transférer les compétences économiques nationales à un ministère de l'économie centralisé de la zone euro.

Le duumvirat germano-français a été définitivement imposé dans la nuit du 24 au 25 novembre 2003, où les ministres de l'économie allemand et français ont intimé à leurs collègues de la zone euro d'accepter la suspension des procédures disciplinaires engagées contre leurs deux pays qui s'entêtent (déjà auparavant et toujours depuis lors) à violer le pacte de stabilité et à ne pas chercher à respecter les critères dits de convergence. Ceux-ci étaient pourtant imposés au même moment aux petits pays candidats, comme d'ailleurs aux membres moins influents comme le Portugal (dont la procédure disciplinaire concomitante ne fut pas suspendue), l'Irlande et la Grèce. Certes la Banque Centrale Européenne tint dès le lendemain 26 novembre sa toute première réunion extraordinaire d'urgence et annonça (en vain) des conséquences négatives, la Commission Européenne prétendit se désintéresser d'une affaire interne à la zone euro (alors que le pacte de stabilité comprend toute

---

[3] Ces modifications ont été imposées en violation des engagements pris par l'Allemagne en préalable à sa réunification.

l'Union et que les traités précisent que tout membre a vocation à rejoindre la monnaie commune[4]), et le conseil des ministres de l'économie et des finances de la zone euro, dit groupe ECOFIN, se déchira sur la question. En tout cas, l'interruption de la procédure de sanctions lancées contre l'Allemagne et la France eut bien lieu, et fut l'événement qui révéla indubitablement et définitivement que ces deux pays étaient au-dessus des traités uniopéens comme celui de Maastricht, et ne les mettaient en place que pour "intégrer" (annexer) leurs voisins. Ceux-ci, en l'occurrence à l'époque les dix membres qui allaient intégrer l'Union Européenne six mois plus tard, se virent signifier qu'ils devaient continuer à respecter le Pacte de Stabilité et de Croissance que les deux plus grandes économies de la zone euro venaient d'être autorisées à violer ouvertement.

On a partiellement (il y faudrait plusieurs volumes) exposé dans *la Huitième Plaie* les tenants et les aboutissants de la turcophilie de l'Union Européenne[5], réaffirmée avec constance lors de chaque sommet turco-uniopéen où la Commission ou le Conseil confirment tacitement leur acceptation de l'occupation militaire et de la colonisation de Chypre tout en continuant d'ouvrir de nouveaux chapitres des négociations d'adhésion (sans précondition de retrait) de la puissance occupante. Il s'agit d'un problème crucial et même vital pour la Grèce, dont les eaux territoriales et l'espace aérien sont désormais violés plusieurs fois par jour et plusieurs milliers de fois par an par la Turquie, en toute impunité. C'est d'ailleurs la raison pour laquelle la Grèce avait adhéré à l'Union de l'Europe Occidentale, dont la garantie militaire mutuelle en cas

---

[4] Cette vocation à l'euro est une raison du retrait du Royaume-Uni.

[5] *La huitième plaie*, édition Le Retour aux Sources, 2020.

d'agression extérieure était une obligation automatique et intégrale, contrairement à l'assistance optionnelle possible dans le cadre de l'Alliance Atlantique... dont la Turquie est d'ailleurs membre, et membre majeur. Mais la Bulgarie se sent désormais menacée, et l'incursion meurtrière étouffée du 15 octobre 2015 à Sredets a rappelé sa vulnérabilité, que le prochain démembrement de la Macédoine n'arrangera certainement pas.

Les liens privilégiés du Royaume-Uni avec le sous-continent indien n'affectent pas ses voisins, les liens privilégiés de la France avec le Maghreb ne touchent que modérément l'Espagne et plus récemment l'Italie, mais les liens privilégiés de l'Allemagne (et de l'Union Européenne sous domination allemande) avec la Turquie mettent en sérieux danger la péninsule des Balkans, comme le démembrement de la Yougoslavie l'a douloureusement rappelé.

Jusqu'à présent pourtant, le principal grief des peuples d'Europe envers l'Union Européenne était son caractère antidémocratique puisque technocratique, le dogme selon lequel le spécialiste a forcément raison n'impliquant pas nécessairement que les masses aient toujours tort, mais en tout cas qu'elles n'ont pas légitimité à décider. Soixante ans d'intégration supra-étatique forcenée sont impossibles à résumer, mais on peut citer comme exemple récent et éclatant l'imposition du traité de Lisbonne de 2007 après le rejet du traité de Rome par certains peuples en 2004. On a alors adopté toutes les dispositions du traité de Rome (sauf la clause de sortie) sous la forme plus discrète de modifications de deux traités antérieurs, imposées par un document unique, ledit traité de Lisbonne, aux parlements. Ceux-ci ne sont déjà plus que des chambres d'enregistrement national des directives élaborées par la Commission (le Parlement Européen n'étant pas non plus un pouvoir législatif). Pourtant 76% des Allemands, 75% des Britanniques, 72% des Italiens et 71% des Français (entre autres) souhaitaient que le traité de Lisbonne leur soit soumis par referendum... Et en novembre 2011, la presse française entendait nier aux Grecs l'exercice de la démocratie, ce que résumait Le Monde par le titre "*un pays qui pratique le referendum a-t-il sa place dans l'euro ?*"

Au-delà de ses frontières, l'Union Européenne a clairement montré son mépris de l'autodétermination des peuples en Yougoslavie puis son mépris de la démocratie en Ukraine, où elle a participé aux deux renversements du président démocratiquement élu, en 2004 dès sa première élection puis en 2014 quatre ans après sa deuxième élection.

Mais le refus de la démocratie n'est plus le principal grief des peuples d'Europe envers l'Union Européenne, car au-delà de leur mode de gouvernement ce sont maintenant leur intégrité et leur survie qui sont menacées depuis que l'Union s'est lancée dans la politique de remplacement massif de populations étudiée, pour ne pas dire préconisée, par le fameux rapport de l'ONU du 21 mars 2000 intitulé "*Migrations de remplacement, solution au déclin et au vieillissement des populations*". Elle a même obtenu en la matière le concours de l'antipape François[6], qui l'année suivant son élection a fait de Peter Sutherland son conseiller en migrations, et a reçu ensuite le Prix Charlemagne, dont le premier récipiendaire avait été Richard von Coudenhove-Kalergi, en 1950. En quelques années, et principalement depuis l'invasion appelée par Angela Merkel et François

---

[6] La renonciation forcée (par le blocus financier de janvier 2013) du pape Benoît est invalide selon le canon (article) 332, alinéa 2, du code de droit canonique.

Hollande le 24 août 2015, les membres de l'Union Européenne se sont divisés en deux camps. D'une part se trouvent les grands États-Nations dont les peuples sont en cours d'éradication par la fusion et dont les dirigeants servent des intérêts étrangers, voire sont personnellement des apatrides comme le président issu de l'immigration Nicolas Sarközy de Nagy-Bocsa. Et d'autre part se regroupent les petits pays de taille populaire dont la population et les gouvernants appartiennent à un peuple unique. Il s'agit pour l'essentiel des pays issus du démembrement de l'empire austro-hongrois, plus les petits pays périphériques, et notamment la Pologne membre du groupe de Višegrad depuis son origine triangulaire. Le conflit sur ce choix démographique ne peut plus être résolu que par la sortie de l'Union du tiers à la moitié de ses membres, ou leur subjugation par de nouveaux coups de Prague colorés en révolutions Otpor de type Maïdan.

Face aux risques de sécession et de retour à la souveraineté, une éventualité présentée pour la première fois par le Royaume-Uni mais dont l'occurrence et les modalités n'avaient été prévues dans un aucun traité, l'Union Européenne craint sans le dire la renaissance d'un bloc concurrent sur le continent européen, en l'occurrence l'Association Européenne de Libre-Échange. En effet il est très vraisemblable qu'après sa sortie de l'UE le Royaume-Uni retourne à l'AELE, qu'elle avait quittée, comme le Danemark, lors de son admission dans l'UE. De même si l'Autriche quitte l'UE pour sauvegarder l'intégrité de sa population elle retournera à l'AELE qu'elle avait quittée, comme la Finlande et la Suède, lors de son admission dans l'UE. La Suisse n'ayant jamais quitté l'AELE et la Hongrie ayant les mêmes raisons que l'Autriche de vouloir quitter l'UE, la Serbie aurait certainement plus d'intérêt à choisir l'AELE plutôt que l'UE, les membres de l'AELE (sauf la

Suisse) étant de toute façon membres du même Espace Économique Européen que les membres de l'UE.

L'AELE étant une simple association de libre-échange (à la base une convention douanière) sans ambitions ou prétentions politiques, philosophiques ni même économiques, elle reste un espace de liberté étatique. N'exigeant même pas de ses membres une adhésion aux principes du Conseil de l'Europe elle est ouverte au seul pays européen non membre dudit Conseil, la Biélorussie, à laquelle la géographie destine un rôle de carrefour central. Mais son futur va en fait beaucoup plus loin. En matière de partenariats extra-européens l'AELE a signé des accords douaniers avec une trentaine de pays, et relancé récemment les négociations avec le Marché Commun du Cône Sud (Mercosur) un temps suspendues par les gouvernements marxistes de Cristina Fernandez de Kirchner et Dilma Roussef.

Au niveau européen elle a surtout ouvert fin 2008 des négociations avec la Russie, étendues à la Biélorussie et au Kazakhstan suite à la fondation de l'Union Douanière Eurasiatique en 2010, les a suspendues le lendemain de la réunification de la Crimée avec la Russie, et envisage de les reprendre élargies à l'Arménie et au Kirghizistan qui ont adhéré à l'UDE entretemps. Or, comme on l'expliquait dans la Neuvième Frontière[7], la Russie disposant de l'économie européenne la plus dynamique et parmi les plus ouvertes et d'un marché potentiellement équivalent à l'Allemagne et la France (ou l'Allemagne et l'Italie) réunies, son association au marché commun de l'AELE changera évidemment la

---

[7] *La neuvième frontière*, deuxième édition au Retour aux Sources.

donne en Europe et ôtera le peu d'attractivité qui reste à l'Union Européenne.

Celle-ci en est même réduite au chantage, comme dans le cas de l'Ukraine où, après avoir laissé doucement entendre au gouvernement que la relance du processus d'association en 2011 devait entraîner un relâchement des relations économiques avec la Russie, dont l'Ukraine dépend sur le plan énergétique et reste financièrement très débitrice, l'Union Européenne a fini par lui imposer de choisir entre l'accord d'association et la Russie. De son côté la Russie conditionnait le renouvellement du tarif spécial du gaz exporté en Ukraine (-30%) à l'assurance qu'il ne serait plus réexporté clandestinement vers l'UE au prix réel du marché comme ce fut le cas pendant deux décennies, et avait invité l'Ukraine à rejoindre la nouvelle Union Douanière de ses voisins la Russie et la Biélorussie, ce que l'Union Européenne interdisait en vue de l'accord d'association. Finalement l'UE ayant émis une sorte d'ultimatum, et ayant aussi refusé à l'Ukraine le prêt de vingt milliards d'euros qu'elle demandait, la Russie a offert un nouveau prêt de quinze milliards de dollars et le gouvernement ukrainien a donc annoncé le 21 novembre 2013 qu'il renonçait à l'accord d'association dont la signature était prévue huit jours plus tard.

Le soulèvement organisé par Otpor a commencé sur la place Maïdan de Kiev immédiatement, la Russie a annoncé dès le 18 décembre la levée des barrières douanières, la réduction du prix du gaz et l'octroi du gros prêt, et le soulèvement a été durci en insurrection meurtrière. Le 21 février 2014 la France, l'Allemagne et la Pologne ont (sincèrement ou hypocritement) parrainé et cosigné un accord de sortie de crise entre le gouvernement et l'opposition prévoyant notamment des élections anticipées (que le président annonça immédiatement), cependant quelques heures plus tard fut exécuté le coup d'État du 22 février guidé par l'Union Européenne[8]. Le régime issu du coup d'État a été immédiatement reconnu par l'UE, y compris par les trois pays qui avaient la veille garanti l'accord de sortie de crise (rendu caduc par ledit coup d'État), et a alors révoqué les accords avec la Russie puis signé la première partie de l'accord d'association avec l'Union Européenne le 21 mars et le reste le 27 juin.

Évidemment la petite Moldavie, bien plus vulnérable et de toute façon en voie de réunification avec la Roumanie (dont tous les membres du gouvernement moldave ont la nationalité), s'est alors empressée de céder aux exigences antirusses de l'UE, pourtant contraires aux intérêts économiques moldaves, et a aussi signé un accord d'association le 27 juin 2014.

Sur un autre plan l'Union Européenne, guidée en la matière par une révolution française plus virulente que jamais, a résolument fait le choix du matérialisme intégral (une philosophie qu'elle partage avec la Chine), autre point de friction avec la Pologne intrinsèquement catholique et les autres membres revenus récemment du communisme au christianisme. Les masses populaires ne sont pas au secret des nombreux conflits éthiques, dont la question de l'inscription constitutionnelle de l'origine chrétienne de la culture européenne n'était qu'une manifestation négligeable, et ne sont inquiètes pour l'instant que de la mercantilisation du corps humain. Mais ces conflits acquerront une importance de plus en plus considérable au fur et à mesure que les États seront chargés de mettre en

---

[8] Les États-Unis lui ont fourni l'homme fort Arseny Yatseniouk, d'après les instructions données à l'ambassadeur Geoffrey Pyatt par la vice-ministre des affaires étrangères Victoria Nuland le 4 février.

place des normes et des politiques morales inhumaines et contre nature, visant dans un premier temps la stérilisation des populations indigènes et dans un deuxième temps l'élimination des populations âgées ou économiquement dépendantes.

Par ailleurs l'Europe croit en l'universalisme, et en l'absolutisme de ses dogmes. Ce fut le cas pour la codification ou normalisation sociale des mœurs. Ce fut le cas pour la bonté, d'abord la charité chrétienne enseignée puis le bon sauvage par nature. Ce fut le cas pour la raison logique, et en conséquence la technologie. Ce fut le cas pour l'égalité, et en conséquence la démocratie. Et c'est le cas aussi pour le dernier-né, la relativité de tout. Chacun de ces dogmes est considéré en Europe comme évident, indiscutable et universel et devant s'imposer de lui-même à l'ensemble de l'Humanité. Mais aujourd'hui les sociétés européennes sont, à l'invitation de leurs oligarchies, massivement confrontées à la négation des dogmes qu'elles croyaient absolus et universels. Le droit est né au profit du "message incréé" mahométan, le bien est né au profit d'un commandement de cruauté, la science est niée au profit de la croyance, l'égalité est niée au profit de la dialectique supérieur-soumis (*islam* signifie soumission en arabe), la relativité est niée au profit du prédicat d'intolérance. Cela n'empêche pas la Commission Européenne de continuer à échafauder de nouvelles valeurs, mœurs et directives à ambition mondiale, comme on l'exposait le 25 juin 2020 au sujet du Pacte Vert (la "neutralisation climatique" de l'agriculture) et de son volet alimentaire, le passage à l'entomophagie[9]. Pourtant à terme, le changement de

---

[9] http://stratediplo.blogspot.com/2020/06/le-coronavirus-est-il-ununiopeiste.html

paradigme induit par la découverte brutale du caractère non universel de toutes ces valeurs sera très douloureux.

Enfin l'Union Européenne a accepté d'ouvrir en 2013 des négociations avec les États-Unis d'Amérique (dont on étudiera plus loin l'objectif) sur un mode bilatéral c'est-à-dire comme s'il s'agissait de discuter d'une union entre deux pays ou d'une association entre deux organisations supranationales, et pas d'une adhésion d'un pays à une organisation supranationale comptant déjà vingt-huit membres. Elle s'est faite confier par les ministres du commerce des États membres un mandat (gardé secret) de négociation pour l'établissement d'un Partenariat Transatlantique de Commerce et d'Investissement, dont l'avancement des discussions est gardé secret également. Une opposition s'est formée autour des suppositions ou des fuites concernant l'abattement de prétendues "barrières non tarifaires" au commerce, c'est-à-dire l'abaissement des normes sanitaires, sociales, écologiques et de qualité que les entreprises étatsuniennes considèrent comme des entraves à leur accès aux marchés uniopéens. Il est aussi envisagé l'acceptation de principe d'un concept d'extraterritorialité ouvrant la voie à l'application (l'imposition) de lois étatsuniennes dans des pays de l'Union Européenne. Un scandale pourtant plus important est la distorsion de souveraineté introduite par la possibilité pour une entreprise étatsunienne d'attaquer en justice supranationale un État européen, ce qui signifierait d'une part un déni de la souveraineté des États européens, ainsi ramenés au rang des provinces fédérées non souveraines qui constituent les États-Unis, et d'autre part l'octroi d'un statut de sujet de droit international aux entreprises.

Déjà le choix du modèle économique étatsunien était clairement apparu lorsque l'Union Européenne a imposé en 2002 les normes comptables internationales dites

IFRS (pour *international financial reporting standards*), élaborées par l'agence londonienne privée à financement étatsunien International Accounting Standards Board (filiale de l'étatsunienne International Accounting Standards Committee Foundation). Selon ces normes l'estimation subjective de la valeur de marché d'une entreprise l'emporte sur sa détermination arithmétique à partir des coûts historiques, et l'information comptable est élaborée pour les actionnaires (avec priorité sur la valeur au bilan) plutôt que pour l'administration fiscale (avec priorité sur le bénéfice au compte de résultats). Par la suite les ministres des finances de la zone euro ont chargé la Banque Centrale Européenne de faire coller l'euro au dollar, intervenant contre la monnaie commune (par du rachat de dollars) dès que la monnaie étatsunienne chutait, ce qui était inévitable compte tenu de la politique étatsunienne d'impression effrenée. Cela n'a d'ailleurs pas empêché lesdits ministres des finances de l'Union Européenne de s'inviter à Washington, au début avril 2003, pour aller faire des remontrances au gouvernement étatsunien qui flirtait alors avec des déséquilibres (fédéraux officiels) presque doubles de ceux du pacte de stabilité européen, au prétexte que cette désinvolture mettait en danger l'économie mondiale, mais au motif véritable de faciliter la convergence des cours des deux monnaies sans pour autant pouvoir imposer de "critères de convergence" aux États-Unis.

Quelques années plus tard, en 2009, l'Union Européenne a soutenu et imposé la décision du président Sarközy de Nagy-Bocsa de faire payer aux épargnants et aux contribuables européens le "coup de râteau" des banques étatsuniennes de 2008. Pour mémoire, les prêts hypothétiques dits risqués à l'immobilier étatsunien (sciemment octroyés à des surendettés pour saisir ultérieurement leurs maisons) et leurs fonds de regroupement mis en faillite frauduleuse en 2008 étaient garantis en dernier ressort par les deux agences gouvernementales étatsuniennes de réassurance la Federal National Mortgage Association dite "Fannie Mae" et la Federal Home Loan Mortgage Corporation dite "Freddie Mac", sous statut initialement privé (mais mission et fonds publics) puis officiellement nationalisées en septembre 2008. Cette garantie gouvernementale fédérale avait d'ailleurs été le principal argument de vente à l'étranger de ces portefeuilles carambouillés de prêts irrécouvrables, mais au moment de la "crise" du surendettement immobilier étatsunien la France puis l'Union Européenne ont interdit aux épargnants (et à leurs banques) de faire jouer cette garantie du gouvernement étatsunien, puis ont ensuite fait renflouer par les contribuables (ainsi deux fois lésés) les banques européennes en danger de faillite du fait de cette décision. Pour l'anecdote, quelques années plus tard les banques étatsuniennes, elles, pourtant renflouées entretemps par leur gouvernement, obtinrent des dizaines de milliards de dollars en faisant condamner les entités responsables des faillites frauduleuses de 2008, et pour leur part les agences de réassurance "Fannie Mae" et "Freedie Mac" furent respectivement en 2017 les première et troisième entreprises les plus profitables au monde, avec un bénéfice respectif de 1,76 et 1,30 millions de dollars par employé.

Par ailleurs il est remarquable que les autorités monétaires et économiques uniopéennes se taisent soigneusement chaque fois (et c'est fréquent) qu'une attaque étatsunienne est lancée contre l'euro, soit par un politicien soit plus généralement par campagne de presse ou par annonce des agences de notation, alors qu'une simple contre-attaque verbale suffirait généralement à rappeler où se trouvent les déséquilibres financiers majeurs et à enrayer immédiatement la spéculation contre l'euro. Il ne faut pas perdre de vue cependant qu'un bon nombre de dirigeants de l'Union Européenne, dont Mario Draghi l'ancien président de la Banque Centrale Européenne, sont issus de la banque étatsunienne Goldman Sachs. La vérité c'est que l'UE a choisi de soutenir le dollar, et qu'elle est prête à tout pour cela.

À ce tableau on peut ajouter, en 2020, d'abord le refus immédiat et catégorique des pays germaniques d'aider l'Italie aux prises fin février avec le coronavirus de Wuhan et des Contamines, puis l'impossibilité pendant plusieurs mois de trouver un accord sur un programme de soutien à l'économie en zone euro (idée des obligations d'urgence communes). La principale initiative de la direction de la zone euro aura été la suspension des limites d'endettement et de déficit budgétaire, qui étaient surtout imposées aux petits ou nouveaux membres, et n'avaient aucune chance d'être respectées en 2020 et pour les années à venir.

À la veille de la fin de l'avant-guerre, l'Union Européenne est fort loin d'être un paisible paradis de sérénité prospère voué au bien-être de ses citoyens, mais elle est absolument condamnée à une dynamique d'expansion pour maintenir un minimum de cohésion. Elle est devenue, comme l'illustre le cas de l'Ukraine, un facteur de déstabilisation majeur en Europe.

2 – Proton libre incontrôlé

L es États-Unis d'Amérique, de leur côté, sont emmurés dans un certain nombre d'impasses insurmontables, dont la plupart ne sont pas conjoncturelles comme les crises de l'Europe occidentale mais foncièrement structurelles voire essentielles.

Tout d'abord, les États-Unis sont caractérisés par la prégnance de la religion, la relation avec le divin. Même si les références omniprésentes à Dieu dans les textes institutionnels et les pratiques juridiques n'en font pas pour autant une théocratie, le fait que quatre personnes sur cinq croient en Dieu et que deux sur trois se déclarent pratiquantes oblige les politiciens à prendre en compte cette dimension dans chacun de leurs discours (ils n'ont d'ailleurs pas à se forcer). Les trois religions principales sont le catholicisme dont le poids numérique va croissant mais l'influence philosophique reste marginale, le judaïsme dont le poids numérique est marginal mais le pouvoir financier est capital, et surtout le protestantisme, dont peu parmi les nombreuses écoles détiennent un véritable pouvoir numérique ou politique, mais dont la philosophie imprègne totalement la pensée et la pratique quotidiennes de l'ensemble de la société.

Cette philosophie protestante, bien décrite par Max Weber, donne au capitalisme anglosaxon une justification éthique que le matérialisme athée ne donne pas au capitalisme post-chrétien. Cette philosophie est cynique car elle considère que toute réussite ne peut venir que de Dieu, contrairement au christianisme traditionnel (orthodoxe et catholique) qui reconnaît aussi la possibilité d'un succès terrestre d'origine diabolique, le règne de Dieu n'advenant qu'en l'autre monde. Si pour le protestantisme un succès en ce bas monde ne peut provenir que de Dieu, cela signifie que toute entreprise qui réussit est nécessairement approuvée par Dieu, et la croyance en une justice en ce bas monde signifie aussi qu'une entreprise qui échoue ne plaisait pas à Dieu. Cette philosophie va presque au contraire du christianisme traditionnel, qui reconnaît la possibilité d'une injustice en ce monde et n'attend la justice que dans l'autre. Et si pour le protestantisme le succès d'une opération assure que Dieu était derrière, cela justifie les moyens par la fin (la réussite) et autorise tous moyens menant à la réussite qui montre l'approbation divine. Au contraire le christianisme traditionnel rejette des moyens comme mauvais et injustifiables *per se*, même lorsque la fin poursuivie est juste.

Cette différence de philosophie, peut-être d'ailleurs antérieure au christianisme, éclaire l'opposition entre la culture latine (et gréco-slave) du droit écrit distinguant le bien du mal dans une norme qui s'impose à toutes les parties, et la culture germanique du droit "positif" recherchant un accord (toutes les options se valant en l'absence de mal) et donc mettant l'accent sur la négociation, où le plus fort l'emporte certes souvent. Max Weber voyait dans ce cynisme protestant, où si l'on gagne c'est qu'on a pour soi la bénédiction divine, une résurgence du judaïsme où le formalisme (rite et apparences) permettait de racheter toute mauvaise intention. C'est précisément contre ce cynisme que le Christ a enseigné l'importance des intentions et l'existence du péché indépendamment des actes visibles.

De plus certains courants du protestantisme professent que "tout est déjà écrit" (notion aussi présente dans l'islam), et que par conséquent les actes que l'on accomplit importent peu puisqu'on est déjà destiné dès le berceau au paradis ou à l'enfer. Ce fatalisme qui autorise n'importe quoi est fondamentalement contraire à la notion de libre arbitre du christianisme traditionnel (orthodoxe et catholique) d'après lequel Dieu laisse à chacun, à tout moment de sa vie, le choix entre le bien et le mal. Cette prédestination protestante n'est pas sans rappeler la notion de peuple élu (qu'il ne faut d'ailleurs pas réduire aux douze tribus d'Israël) dans le judaïsme, selon laquelle l'appartenance ou la non appartenance audit peuple avec lequel Dieu a conclu un pacte détermine le salut dans l'au-delà. Le Christ s'est aussi élevé contre cette notion en renvoyant chaque individu à la responsabilité de ses actes pour conquérir son propre salut. Finalement, la conception philosophique protestante selon Weber rejoint celle du judaïsme, et s'oppose à celle qu'il attribue au catholicisme mais qui vient en fait de l'orthodoxie.

La véritable ligne de fracture civilisationnelle est donc plutôt entre d'une part le syncrétisme judéo-chrétien qu'est le protestantisme et d'autre part le christianisme traditionnel que sont l'orthodoxie et le catholicisme, mais ce qui est important ici est la représentation étatsunienne qui associe certainement (à tort ou à raison) le matérialisme post-chrétien européen à du protestantisme.

Ces questions religieuses peuvent surprendre dans une étude polémologique, mais alors qu'elles étaient totalement absentes par exemple des conflits intra-occidentaux comme le franco-allemand ou l'anglo-argentin, et même de la confrontation entre le monde libre et le monde marxiste, elles sont déterminantes pour la compréhension du problème étatsunien dans le monde.

Les États-Unis se savent un pays religieux mais délimitent et situent erronément leur religion sur l'échiquier des civilisations du monde. Leur cosmogonie a été bien saisie et exprimée par Samuel Huntington, pour lequel l'Europe occidentale, les deux pays septentrionaux de l'Amérique du Nord et l'Océanie partagent une même civilisation, qu'il nomme occidentale, définie par une religion "chrétienne" où il associe et assimile le catholicisme et le protestantisme, ce qui est certes excusable pour un Israélite sans formation philosophique. Huntington voit en l'Amérique du Sud et l'Amérique "centrale"[10] une civilisation distincte, qu'il nomme latino-américaine (sans distinction entre les aires culturelles latine et ibérique[11]) et à laquelle il attribue une religion catholique sans influence protestante. Enfin, comme tous ses concitoyens il sépare franchement la foi orthodoxe de la religion "chrétienne" syncrétique occidentale, et dessine un bloc civilisationnel orthodoxe autour de la Russie.

Cette cosmogonie, très répandue aux États-Unis, base donc sur des idées philosophiques fausses une division géostratégique artificielle du monde chrétien, dont certains dirigeants peuvent se laisser convaincre mais qui ne correspond ni aux similitudes et différences culturelles réelles entre peuples, ni à la carte sous-jacente de leurs civilisations d'appartenance.

Cette vision trouve d'ailleurs un écho et peut-être un renforcement dans la nouvelle idéologie eurasianiste propagée en Russie depuis le coup d'État de février 2014 en

---

[10] Amérique "centrale" est une dénomination étatsunienne recouvrant la partie de l'Amérique du Nord située au sud des États-Unis.

[11] Cette distinction élémentaire a été explicitée dans *la Neuvième Frontière*.

Ukraine et les mesures d'hostilité atlantico-uniopéennes, qui ont profondément déçu et blessé la Russie au point de la dégoûter et la détourner de l'Europe occidentale qui lui servait de phare depuis trois siècles. Si le chahmanisme renaissant en Sibérie est aussi insignifiant que le paganisme renaissant en Gaule, l'école de pensée "eurasiatique" menée par le philosophe Alexandre Douguine cherche des similitudes philosophiques areligieuses entre le christianisme orthodoxe et l'islam. Cette école de pensée est très marginale en Russie mais elle est relayée aux États-Unis par le blogueur suisse "*Vineyard Saker*" (la buse viticole) Andreï Raevsky dont l'islamophilie décomplexée s'affirme d'année en année, renforçant cette vision étatsunienne d'une supposée connivence spirituelle orientale entre l'islam et le christianisme orthodoxe, opposée à une supposée proximité spirituelle entre les christianismes protestant et catholique et le judaïsme.

Un sentiment très répandu, pour ne pas dire généralement partagé, aux États-Unis est que ce pays est sinon un nouveau peuple élu, du moins une nation sélectionnée et bénie. Cette conviction, aidée par des circonstances favorables au développement initial du pays, était déjà largement répandue lorsque fut formulée la Destinée Manifeste dont le nom apparut en 1845, avant l'annexion du Texas, et dont l'idée messianique est encore suffisamment vivace pour être régulièrement rappelée par des politiciens. D'autres sociétés se sont cru une mission, comme de répandre la révolution dite française, ou un siècle plus tard de civiliser l'Afrique, ou aujourd'hui de développer et pacifier le tiers-monde, ou peut-être demain de s'effacer pour être remplacées, mais ces idées étaient alors vues comme un simple devoir humain.

Dans le cas des États-Unis il s'agit d'un mandat divin, et plus proche d'un droit sur les autres (indigènes et esclaves au XIX° siècle) que d'un devoir envers les autres. L'Européen peut avoir des difficultés à le croire, mais ce concept n'est pas un simple discours politique du type Nouveau Siècle Américain, il est un véritable sentiment d'exceptionnalité encore très présent dans l'ensemble de la société étatsunienne actuelle, comme il suffit d'en lire la presse pour le vérifier.

Ce sentiment d'exceptionnalité, associé à la religion selon laquelle la fin justifie n'importe quels moyens, explique aussi que les États-Unis n'adhèrent pas au droit de la guerre moderne. Issu de la théorie de la guerre juste de Saint Augustin et Saint Thomas d'Aquin, et en vigueur aujourd'hui dans tout le monde civilisé, le *jus in bello* interdit absolument un certain nombre de pratiques dégradantes de la dignité humaine, quelles que soient la finalité de la guerre et les bonnes intentions des belligérants : certaines pratiques inhumaines y sont considérées mauvaises en soi, et leur utilisation est disqualifiante et suffit donc à déterminer qu'un belligérant mène une guerre injuste. Au niveau multilatéral ce pays signe le moins possible de conventions internationales, et lorsqu'il en signe certaines pour inciter les autres pays à les signer (si cela sert sa domination) il lui arrive de ne jamais les ratifier si elles le gênent, ou de les ignorer et violer à peine signées, comme par exemple en matière diplomatique et consulaire ou de protection des droits de certaines populations. De toute façon, quelles conventions internationales que veuillent bien signer les États-Unis, ils sont convaincus que certains buts de guerre justifient tous les moyens même universellement prohibés, et les discours de leurs dirigeants expriment régulièrement que le pays ne s'estime pas tenu par ces règles internationales, se permettant par exemple de trouver légitime l'assassinat d'un demi-million d'enfants représentant 2,5% de la population d'un pays, ou le renvoi d'un autre pays à l'âge de pierre.

Cette conviction d'être d'une nature hors du commun n'est d'ailleurs pas exempte d'un sentiment suprémaciste, renforcé par l'attrait qu'exerce le pays dans le monde notamment sous-développé, et qui se manifeste par l'immigration. On ne s'étendra pas là-dessus, car la tentation du complexe de supériorité s'est présentée à toutes les grandes puissances de tous les temps et n'est pas spécifique aux États-Unis comme l'est par contre ce sentiment de caractère sacré et de mandat transcendant.

Ce qui est plus particulier aux États-Unis est le sentiment d'invulnérabilité apporté par leur situation géographique péninsulaire et leur taille semi-continentale. Ce pays n'a que deux frontières terrestres et ses deux voisins sont pacifiques. Depuis son indépendance il n'a connu que deux guerres sur son sol, l'une il y a deux siècles avec le Royaume-Uni en 1812-15 (où il a obtenu la reconnaissance britannique de sa souveraineté) et l'autre il y a plus d'un siècle et demi avec le Mexique en 1846-48 (où il a doublé son territoire), si l'on excepte la guerre post-sécession entre les États Confédérés et les États-Unis, que ces derniers, victorieux, s'obstinent d'ailleurs à appeler fallacieusement guerre civile. Cette caractéristique historique des États-Unis, que partagent certes d'autres pays insulaires ou excentrés du monde, est particulièrement notable du fait que ce pays, depuis la deuxième guerre mondiale, est devenu une superpuissance militaire et ne s'est pas privé d'intervenir dans le reste du monde, mais justement sans en avoir jamais craint la moindre conséquence sur son territoire.

Ce sentiment d'invulnérabilité est tel que même lorsque le traité antimissiles balistiques, au nom du maintien d'une capacité de destruction mutuelle assurée (équilibre de la terreur), a limité la protection antimissiles balistiques à un site par superpuissance, tandis que la deuxième plus grande dictature au monde choisit de protéger sa ville la plus peuplée (Moscou), la deuxième plus grande démocratie au monde choisit de protéger son plus gros complexe de missiles (Grand Forks). Ce sentiment d'invulnérabilité est certainement ce qui a conduit ce pays à ignorer le reste du monde et les règles de cohabitation internationale, ce qui serait certes excusable et sans conséquences pour un îlot perdu d'Océanie sans capacité de nuisance.

Ainsi les États-Unis ne s'estiment pas tenus par les règles de comportement établies au cours des siècles entre les pays civilisés. Pourtant depuis des temps immémoriaux les communautés humaines ont tenté de trouver entre elles un *modus vivendi*, qui n'exclut pas les frictions. À l'époque moderne, et après les déchirements des guerres dites napoléoniennes d'expansion de la révolution française, l'empereur Alexandre 1er de Russie a convaincu les puissances européennes d'entretenir un dialogue collectif permanent, nonobstant le dialogue bilatéral par le biais des échanges d'ambassadeurs, et y invita indifféremment vainqueurs et vaincus de la dernière guerre. La Sainte Alliance est ainsi le prédécesseur direct de la Société des Nations, mal nommée en français puisque, moins d'un siècle après l'idéologie et les mouvements nationalistes, elle ne regroupait pas des nations mais des États, au sens de la Convention de Montevideo. C'est cependant là qu'on peut faire remonter l'idée d'un concert des nations (ou "communauté internationale", un titre aujourd'hui abusé par certains sous-ensembles), à savoir une réunion ordonnée, ou coordonnée, où chaque participant joue sa partition pour produire une œuvre collective. Cette coopération est aujourd'hui représentée par l'Organisation des Nations Unies et son système de conférences permanentes et de traités multilatéraux, dont les États-Unis font formellement partie depuis la fondation et sont même l'un des cinq membres permanents du Conseil de Sécurité, sans pour autant en honorer les obligations.

On ne reviendra pas ici sur la question des dettes des États-Unis envers diverses organisations du système ONU, dont le financement par les contributions des pays membres est censé rester indépendant de leur accord ou non avec les décisions prises. Mais ce pays , par exemple, viole régulièrement les embargos sur les armes décidés par le Conseil de Sécurité pour prévenir ou assécher des guerres. Il existe des dizaines de cas connus, au moins un par an, aussi ne reviendra-t-on ici que sur quelques exemples significatifs.

L'un d'eux est la république islamiste du centre et sud de la Bosnie et Herzégovine, lorsque l'ONU avait décidé un embargo sur les armes à destination de tout le territoire de l'ancienne république fédérée yougoslave, puis déployé une force de protection des minorités locales. Non seulement les États-Unis ont violé cet embargo dès le début et pendant toute la durée de la guerre, allant même jusqu'à cacher des armes dans des convois humanitaires protégés par l'ONU (au risque de compromettre celle-ci), mais de plus ils l'ont ensuite reconnu ouvertement, et fièrement. Un autre exemple significatif est leur violation de l'embargo à destination de la république islamiste d'Indonésie décidé au moment du génocide des Chrétiens du Timor oriental (suivi de celui des Moluques). Les États-Unis sont même allés jusqu'à poursuivre leur programme de formation d'officiers indonésiens de l'unité Kopassus particulièrement impliquée dans ces opérations. Et un troisième exemple parlant est celui de la poursuite de leur coopération militaire avec la république islamiste du Pakistan (qu'ils ont aidée à acquérir l'arme nucléaire) et leur fourniture de combustible nucléaire à l'Inde, en violation du Traité de Non-Prolifération des armes nucléaires dont les États-Unis sont signataires.

Plus effrontée encore est la pratique généralisée du mensonge au plus haut niveau et envers les plus hautes autorités. Certes dans beaucoup de pays les politiciens mentent, d'abord à leur électorat potentiel avant élection, puis à l'opinion à travers les médias, pour cacher des fautes ou échecs ou les attribuer à autrui. Par ailleurs avant même la sortie de la thèse magistrale de David Callahan sur la "culture de la triche"[12], toute personne ayant travaillé avec des Étatsuniens avait remarqué le caractère quasiment systématique des exagérations ou inventions dans leurs *curriculum vitæ* (diplômes et expériences) et leurs propositions commerciales (références). Ainsi doit-on se résoudre, quand on travaille avec eux, aux enquêtes et vérifications de références, qu'ils pratiquent systématiquement dans leur environnement où la fraude est la norme mais qui choquent le cadre d'un pays civilisé où la signature engage l'honneur, où l'honneur est le capital personnel principal sur lequel l'honnête homme ne transigera jamais, et où la déclaration sur l'honneur est même recevable en justice.

Or le pays apparemment puritain où un président peut être destitué pour s'être parjuré sous serment fait mentir effrontément ses ambassadeurs et même ses chefs d'État, y compris devant leurs pairs, y compris à l'ONU et y compris devant le Conseil de Sécurité. Ils se permettent par exemple d'y brandir pour "appuyer leurs dires" des fioles scellées ou des enveloppes cachetées censées

---

[12] Voir *The cheating culture*, Harcourt 2003.

contenir des échantillons, des photographies satellites ou autres éléments à charge de leurs ennemis, qu'ils refusent cependant de présenter aux autres ambassadeurs ou chefs d'État, et qui se révèlent ultérieurement être des faux grossiers.

Comme on l'écrivait le 9 avril 2018, les États-Unis violent assez régulièrement l'Accord de Siège, le traité qu'ils ont conclu avec l'ONU en 1947 pour l'établissement de son siège à New York. La sixième commission de l'Assemblée Générale, chargée des questions juridiques, leur a encore demandé formellement le 2 novembre 2017 de bien vouloir respecter les privilèges et immunités diplomatiques et d'appliquer l'Accord de Siège, la Convention de Vienne de 1961 sur les relations diplomatiques et la Convention de 1946 sur les privilèges et immunités des Nations Unies. À cette occasion le Comité des Relations avec le Pays Hôte a présenté au reste de la sixième commission un rapport accablant, et déploré de devoir se repencher chaque année sur le même type de violations. Une des plus notables, et des plus dommageables pour la paix dans le monde, est le refus de visas par les États-Unis pour empêcher des personnalités étrangères convoquées à l'ONU de s'y présenter, en violation expresse de l'Accord de Siège (sections 11, 12 et 14 de l'article IV), comme dans le cas des membres du gouvernement russe attendus (en vain) à New York le 12 octobre 2017. Une autre violation manifeste de l'Accord de Siège (section 15 de l'article V), bien que plus rare, est l'expulsion par les États-Unis, fin mars 2018, de diplomates russes en service à l'ONU.

Autre violation, exceptionnelle celle-là, de l'Accord de Siège (section 9 de l'article III), et par ailleurs délit de droit commun, le 8 décembre 2002 les États-Unis ont dérobé dans le district administratif de l'ONU la déclaration sur l'état du désarmement de l'Irak, un dossier de douze mille pages destiné au Conseil de Sécurité. Après l'avoir restitué ou lui avoir substitué une version altérée le lendemain, les États-Unis ont de plus interdit au Secrétaire Général Kofi Annan (qui leur était acquis puisque les autres membres voulaient reconduire Boutros Boutros-Ghali) de le distribuer à l'ensemble du Conseil de Sécurité, auquel ce rapport était destiné. Ils lui ont intimé de ne le communiquer qu'aux cinq membres permanents, ce qui était bien sûr une première par l'institution *de facto* d'un comité directeur restreint au sein du Conseil de Sécurité, mais surtout une première en matière de coup d'État au sein d'une institution internationale.

Même en matière bilatérale, ou en l'occurrence unilatérale, les États-Unis refusent la diplomatie. Forts de leur position de superpuissance voire d'hyperpuissance (ils sont allés jusqu'à dépenser en matière militaire plus que l'ensemble du reste du monde), ils refusent les contacts avec les pays avec lesquels ils ont des différends. Ils retirent leurs ambassadeurs dont le rôle est précisément de maintenir un contact lorsque les gouvernements sont brouillés, et ils refusent de s'asseoir aux mêmes tables par exemple dans des instances de concertation. Dans les organisations internationales leurs représentants quittent ostensiblement la salle, en entraînant si possible leurs alliés, juste après avoir accusé leurs ennemis. C'est ainsi qu'après leur réquisitoire diplomatiquement écouté sans interruption, lorsque la parole est enfin passée aux représentants desdits ennemis, ils montrent par leur retrait irrespectueux et arrogant qu'ils utilisent les institutions internationales seulement pour y faire entendre leur voix mais sans esprit ou volonté de dialogue.

Pour mémoire, la grande victoire de la France aux Traités de Westphalie était d'avoir obtenu que l'Empire reconnaisse l'égalité des États souverains, un principe perpétué jusqu'à aujourd'hui où à l'Assemblée Générale de l'ONU la voix du Lichtenstein pèse autant que celle de l'Inde. Mais les États-Unis affirment que leur voix de grande puissance compte plus que celle d'un pays mineur, qu'ils refusent donc catégoriquement d'écouter. Leur ambassadrice auprès de l'ONU l'a encore illustré le 15 avril 2018 en déclarant que son pays, qui venait de bombarder la Syrie, ne souhaitait aucune négociation avec celle-ci car la Syrie était indigne d'un dialogue direct avec les États-Unis. Dans les jours précédents le président des États-Unis avait d'ailleurs personnellement, et ès qualités, traité plusieurs fois, publiquement et par écrit le président de la Syrie du terme peu diplomatique "animal".

Ce mépris de leurs ennemis conduit les États-Unis à poser un autre problème au monde civilisé. Celui-ci est constitué pour l'essentiel de sujets souverains dotés de mémoire historique, propre ou héritée, et même d'une certaine connaissance d'une histoire plus ancienne, par exemple de l'Antiquité dont certains faits, certaines décisions et certaines petites phrases d'États aujourd'hui disparus ont traversé les millénaires pour éclairer les vrais hommes d'État. Et en tout cas sur les quelques derniers siècles les acteurs étatiques principaux demeurent, et doivent donc se ménager mutuellement. On doit pouvoir dire sans trop se tromper que chaque État a été en guerre au moins une fois avec chacun de ses voisins immédiats. L'État le plus vieux au monde après la Chine et le Japon compte, sur son millénaire et demi d'existence, neuf siècles de conflit (d'Hastings à Mers-el-Kébir) entrecoupé de trêves avec son voisin le plus ancien, et il en est de même à un degré ou un autre de tous les peuples d'Europe, même ceux qui font partie aujourd'hui d'États plus jeunes.

Et évidemment l'Histoire enseigne que le vainqueur d'hier peut être vaincu demain et vice-versa, et que l'ennemi d'hier peut être allié demain et vice-versa. C'est pourquoi les peuples civilisés, et en particulier ceux de la Chrétienté, ont encadré et normalisé le recours à la guerre (*jus ad bellum*) et la pratique de la guerre (*jus in bello*). C'est aussi pourquoi ils ont formalisé la sortie de la guerre, au moyen du traité de paix, qui implique évidemment une reconnaissance mutuelle de souveraineté, et de légitimité à engager l'avenir d'un pays. Et la signature de la paix implique aussi qu'il reste une structure étatique dans le pays vaincu, duquel le vainqueur puisse exiger son prix, qu'il soit son but de guerre initial ou une possibilité (moindre ou supérieure) ouverte par les conditions de la sortie de guerre. L'un des grands problèmes du monde d'aujourd'hui, c'est que le traité de paix est une notion à peu près inconnue par l'hyperpuissance, les États-Unis d'Amérique.

De par son absence de recul historique, son ignorance de l'Histoire (et des autres sciences sociales comme la polémologie, la sociologie et même la politique…), et sa circonstance de pays rarement menacé et jamais vaincu sur son territoire, ce pays arrivé trop rapidement au statut de grande puissance ne voit l'intérêt ni d'épargner l'ennemi ni de conclure la paix. Le but de guerre habituel des États-Unis, c'est la destruction de leur ennemi. Les possibilités de compromis, de neutralisation, de capitulation et d'annexion ne les intéressent pas (et ils ne conçoivent pas la défaite), et leurs chefs de guerre, tant hauts fonctionnaires qu'officiers généraux n'envisagent qu'une alternative, celle entre ce qu'ils appellent la "solution partition" (démembrement) et ce qu'ils appellent la "solution parking" (anéantissement).

Dans leurs quelques derniers conflits ils ont continué le bombardement des populations civiles ennemies (leur mode d'action préférentiel) pendant, en moyenne, deux semaines après la capitulation inconditionnelle du gouvernement vaincu, mettant parfois dans l'embarras leurs alliés pas toujours enclins au crime de guerre caractérisé. Ils ont aussi coutume de détruire le gouvernement et si possible les structures étatiques du pays vaincu. Cela ne les gêne pas puisqu'aucune instance n'est capable de leur imposer le respect de leurs obligations de puissance occupante aux yeux du droit international, à savoir le maintien de l'ordre, la protection de la population, le maintien des services publics vitaux, le contrôle des frontières etc. Évidemment après la destruction du gouvernement du pays vaincu il ne reste pas d'interlocuteur pour signer un traité de paix, ce qui n'intéresse d'ailleurs pas le gouvernement étatsunien qui laisse ou retire ses troupes, s'il en a introduit, selon ses seuls besoins.

Comme on le notait le 16 avril 2003 au sujet de la débandade de leur armée victorieuse, les États-Unis se complaisent d'ailleurs à étaler le désordre et l'irresponsabilité qu'ils doivent considérer comme représentatifs de leur irrésistible puissance. Plutôt que de faire la démonstration de leur discipline en paradant et défilant en bon ordre dans la capitale vaincue, comme cela se pratique en Europe et en Asie depuis quelques milliers d'années, ils diffusent les images de leurs soudards débraillés détruisant les monuments publics du pays vaincu, rôtissant à la sauvage les animaux protégés des parcs zoologiques, jetant par les fenêtres le mobilier historique des bâtiments publics et enfournant dans leurs fourgons militaires le contenu classé par l'UNESCO des musées de Babylone et d'Assyrie. Plutôt que de faire expliquer par des officiers supérieurs en relations publiques les implications stratégiques de leur victoire, l'avenir institutionnel du pays vaincu et les perspectives de la population civile, ils font diffuser par leur presse d'accompagnement ("*embedded*") les vociférations en anglais approximatif de soldats et caporaux à moitié nus manifestement incontrôlés et à la sobriété douteuse.

Le message est évidemment qu'il vaut mieux ne pas être une femme d'un pays ayant osé résister aux États-Unis, mais aussi qu'ils sont tout-puissants et ne s'embarrassent pas des contraintes morales et juridiques internationales. Comme on l'écrivait le 13 avril 2003 au sujet des trente-deux hôpitaux de Bagdad (le trente-troisième étant protégé de la soldatesque étatsunienne par l'armée étatsunienne pour exhibition à la presse) le saccage à la barbare avait disparu des guerres et des occupations menées par les pays civilisés, qui n'ont cependant pas condamné la mise à sac de l'Irak.

Ces démonstrations d'anarchie illustrent la valeur primordiale des États-Unis, la liberté. D'autres cultures privilégient la justice, l'égalité, la solidarité, la charité, l'intelligence, la réalité, la beauté ou le courage, mais celle-ci révère la liberté dans tous les discours et l'inclut même dans les noms qu'elle donne à ses guerres offensives (d'ailleurs plutôt qualifiées d'opérations que de guerres), montrant par là qu'il ne s'agit pas de la liberté d'autrui. Ce principe suprême ne peut être soumis à aucune limitation, qu'il s'agisse de justice, d'intérêt collectif, et encore moins d'un vague "où commence celle des autres". La liberté absolue nie la possibilité de quelque règle que ce soit (c'est l'anarchie au sens propre), et les constituants avaient décidé que l'impôt lui-même serait facultatif. Ce pays a autorisé dès sa constitution l'acquisition, le port et l'usage libre des armes, et alla jusqu'à écrire que les citoyens, pris individuellement car il ne se connaissait pas de peuples, avaient le droit de s'opposer par les armes à toute tentative gouvernementale de restreindre leur liberté.

Ce grand pays, lorsqu'il était tout à peupler quitte à le nettoyer de ses indigènes, attira des colons de toute l'Europe grâce à ce mythe de la liberté, symbolisé par la figure du garçon-vacher à cheval, véhicule individuel s'il en est. Nomade sans attaches ni obligations dans les étendues vierges d'une grande prairie sans limites d'horizon ni divisions foncières, le *cow-boy* est nécessairement armé puisque c'est un gage de liberté, y compris face aux premières entreprises de colonisation organisée c'est-à-dire d'établissement sédentaire en concession. La légende y glorifia la lutte du revolver nomade contre le fil de fer barbelé sédentaire. Au tournant du siècle et avant l'apparition du cinéma, la plus grande entreprise de ce pays en Europe, qui ferait naître des millions de vocations migratoires, était le cirque où William Cody mettait en scène l'extermination des animaux sauvages, le massacre des indigènes et le culte de la liberté armée, virile et masculine. Prétendant défendre notamment la liberté de commerce, le pays a inscrit dans ses intérêts vitaux (là où les autres placent l'intégrité territoriale ou la sécurité de la population) la liberté de propager et faire appliquer ses idées dans le monde, c'est-à-dire la liberté de restreindre celle des autres.

Par ailleurs le fait que les États-Unis, jamais vaincus, ne puissent pas concevoir de l'être, pose un autre problème. À peu près tous les États et tous les peuples existant aujourd'hui ont perdu des batailles, et beaucoup ont perdu des guerres. Les sujets de droit international considèrent la possibilité, envisagent parfois des cessez-le-feu sans vainqueur clair, et sont parfois vaincus puisque selon la dialectique il y a statistiquement autant de camps vaincus que de camps vainqueurs, mais ne disparaissent pas forcément pour avoir été vaincus. Or non seulement les Étatsuniens de base ne savent pas envisager une défaite, mais leurs dirigeants politiques non plus, ce qui est plus grave.

La raison pour laquelle tout le pays est encore à 100% convaincu du bien-fondé des bombardements nucléaires sur Hiroshima et Nagasaki, quels que fussent leurs effets, c'est qu'il est persuadé que sans cela le Japon aurait gagné la guerre. Que cela soit vrai ou faux importe peu, mais il est impossible de faire comprendre à un Étatsunien que "perdre la guerre" face à un Japon affaibli et isolé aurait certainement signifié perdre Hawaï mais n'aurait vraisemblablement pas impliqué d'occupation nippone des États-Unis, au-dessus des capacités humaines du Japon, et encore moins de destruction des États-Unis. Il est d'ailleurs impossible à un Étatsunien, sauf peut-être un officier supérieur, de penser que si la France, l'Italie, l'Espagne, l'Allemagne, la Belgique, la Pologne ont été tour à tour occupées par un ennemi au cours des deux derniers siècles et existent encore, même une occupation des États-Unis (qui ont d'ailleurs plutôt cruellement occupé leurs voisins les États Confédérés il y a un siècle et demi) ne signifierait pas leur fin.

Cette incapacité à envisager une défaite peut à tout moment pousser ce pays à commettre de grandes atrocités, y compris de nouveau avec des armes de destruction massive, pour la simple frayeur de ne pas pouvoir vaincre un ennemi, fût-il très lointain et incapable de toucher le territoire des États-Unis.

Car, de plus, n'ayant pas eu à mener de guerre défensive depuis deux siècles, ce pays ne voit pas la différence entre une guerre défensive et une aventure expéditionnaire, et ne distingue pas les vrais intérêts nationaux vitaux des simples enjeux de puissance. Ainsi sa population et son gouvernement peuvent facilement être amenés à croire qu'échouer à vaincre tel pays sur un théâtre lointain serait une défaite, à empêcher donc par tous les moyens même extrêmes. Les États-Unis font planer constamment une grave menace sur le monde.

3 – Problème mondial insoutenable

"*Le dollar est notre monnaie mais c'est votre problème*", déclarait en 1971 le ministre des finances des États-Unis (John Bowden Connally) à une délégation européenne, pour expliquer au monde par cette formule devenue célèbre qu'il devait défendre la valeur du dollar qui permettait pourtant de le voler.

Craignant de voir repartir à la fin de la deuxième guerre mondiale les 70% de l'or mondial que les pays européens avaient mis à l'abri aux États-Unis, ceux-ci ont participé aux discussions visant à éviter une autre crise monétaire mondiale comme celle des années trente, et proposé la création d'un système monétaire international basé sur la garde de l'or du monde par les États-Unis, formalisé par les accords de Bretton Woods de juillet 1944. Les États-Unis ont alors promis par ce traité multilatéral de garantir le cours du dollar et sa convertibilité permanente en or au taux fixe et garanti de 35 dollars par once d'or, afin que tout pays puisse à tout moment reprendre son or. Les autres pays devaient pour leur part commercer entre eux au moyen de dollars fournis par les États-Unis en contrepartie de leurs dépôts d'or, mais donc échangeables à tout moment pour une quantité d'or équivalente.

Les autres pays s'engagèrent parallèlement à garantir un taux de change fixe de leurs monnaies respectives avec le dollar, nonobstant quelques mécanismes de régulation confiés en 1947 au Fonds Monétaire International, notamment au cas où une monnaie nécessiterait manifestement et absolument une forte dévaluation ou réévaluation. Par ailleurs les autres pays ont commencé à garder des dollars comme réserves dans leurs banques centrales, au lieu d'or comme précédemment, puisque ces dollars représentaient leur or déposé aux États-Unis.

Toujours propriétaires de leur monnaie en dépit de son nouveau rôle international, et compte tenu de la facilité de la chose, les États-Unis se sont mis à imprimer un montant de dollars largement supérieur au montant de la garantie en or (propre et étranger) gardée dans leurs caisses. Ils jouaient là sur la très basse probabilité que tous les pays demandent en même temps l'échange de leurs dollars contre de l'or (principe de la réserve "fractionnaire" ou prêt à découvert bien connu des banquiers). Et parallèlement ils ont aussi commencé à vendre l'or dont ils étaient dépositaires. Jusqu'en 1960 les réserves d'or aux États-Unis étaient encore équivalentes aux réserves de dollars détenues par les autres pays. Mais déjà en 1970, en conséquence de l'impression immodérée de dollars et de la vente des stocks d'or, on estime que la banque centrale des États-Unis ne détenait plus qu'un stock d'or représentant à peine un cinquième du montant total de dollars détenus par ses partenaires étrangères.

Le 15 août 1971, les États-Unis déclarèrent sans préavis suspendre (en réalité mettre fin à) la convertibilité du dollar en or, donc cesser unilatéralement de respecter le traité de Bretton Woods, sans bien sûr restituer (changer) l'or qui leur avait été confié à la fondation du système. Le monde accepta ce fait accompli sans réagir et il n'y eut ni déclaration de guerre, ni protestation diplomatique, ni traduction des États-Unis devant les juridictions internationales, ni même renvoi massif de dollars. En vérité tous les pays savaient bien que les États-Unis étaient insolvables depuis longtemps et qu'ils avaient imprimé et mis en circulation (pour obtenir pour du vent des biens produits ailleurs) une masse monétaire, garantie convertible, plus de cinq fois supérieure à la quantité d'or qu'ils détenaient en garantie de sa convertibilité. Sachant que ses dollars ne seraient jamais reconvertis en or, chaque pays avait donc intérêt à ne pas protester trop fort pour éviter d'endommager la crédibilité et donc l'échangeabilité (le pouvoir d'achat) de sa montagne de dollars désormais inconvertible.

Pour avoir l'air sérieux et restaurer un peu de crédibilité à leur monnaie les États-Unis firent le grand spectacle de la dévaluer de 7,9% en décembre 1971, alors qu'arithmétiquement ils auraient dû dévaluer de plus de 80% pour lui garder son pouvoir d'achat en or, c'est-à-dire diviser par plus de cinq la valeur nominative unitaire d'une masse monétaire qui avait été plus que quintuplée. Ils dévaluèrent encore de 10% en janvier 1973, ce qui incita les pays producteurs de pétrole à quadrupler leurs prix, ce dont les économies européennes ne se sont jamais relevées d'après les ministres de l'économie qui répètent "*c'est la crise*" depuis lors. Mais c'est à l'occasion de la première dévaluation que le ministre des finances étatsunien fit comprendre au reste du monde, par la formule mentionnée ci-dessus, que les États-Unis continueraient de gérer le dollar selon leurs propres intérêts (l'impression à outrance) et que le reste du monde aurait intérêt à défendre sa valeur. Le monde accepta manifestement, fit du dollar la référence monétaire et l'outil de paiement international, et constata un peu plus tard (en 1976) la libre fluctuation des monnaies.

Depuis 1971 le système monétaire et commercial international consiste donc à ce que les États-Unis impriment à volonté de la monnaie non garantie par des actifs tangibles, tandis que le reste du monde produit des biens échangeables contre cette monnaie de singe. Les économistes étatsuniens appellent très justement ce système le "*free lunch*", ou repas gratuit.

En plus d'exporter des biens vers les États-Unis afin d'obtenir des dollars pour payer leurs propres importations (et constituer des réserves de change), les pays tiers ont obéi à l'intimation exprimée par John Bowden Connally, défendant le dollar pour éviter que les montants qu'ils en détiennent perdent de la valeur. Les plus grands détenteurs de dollars, donc les pays dont la balance des paiements (exportations moins importations) est la plus importante, comme la Chine, le Japon et les pays exportateurs de pétrole, défendent ainsi le dollar en achetant de grandes quantités d'obligations étatsuniennes, ces fameux Bons du Trésor libellés en dollars, dès que la devise de ce pays à l'économie négative (plus consommatrice que productrice) semble baisser. Car les États-Unis, bien qu'ils puissent imprimer leur monnaie sans limitation, prétendent être une économie normale en empruntant à l'étranger. L'émission de ces emprunts, achetables en dollars, permet d'absorber une partie des dollars en circulation dans le monde afin d'en maintenir la demande, en les fixant dans ces immobilisations financières (les Bons du Trésor) que les banques centrales prétendent considérer comme des actifs.

Le produit de la vente à l'étranger des emprunts du pays participe à ce que les économistes étatsuniens devraient appeler le "*free salary*", ou salaire gratuit. Les États-Unis ont la particularité d'avoir une fiscalité négative, car même s'il y existe des impôts ceux-ci ne couvrent pas l'ensemble des dépenses gouvernementales, et en fin de compte et en moyenne l'Étatsunien reçoit de son gouvernement plus qu'il n'y contribue[13], en l'occurrence une quote-part des 80% des profits réalisés dans le monde, qui sont envoyés de la sorte aux États-Unis pour y être fixés. On pourrait d'ailleurs préciser que seule une bien maigre portion du produit financier des États-Unis termine dans la poche de ses citoyens, mais c'est une autre question et ce ne sont pas les déséquilibres internes à ce pays qui déstabilisent et menacent gravement le monde.

Si les dollars émis par les États-Unis restaient en circulation dans l'économie mondiale, et si ceux gagnés par chaque pays en exportant étaient utilisés pour importer, la masse monétaire déjà existante suffirait à l'essentiel de l'économie mondiale. Il suffirait de l'augmenter seulement chaque année d'une part du pourcentage de croissance de l'économie mondiale (3,6% en 2017), et d'autre part des emprunts émis par les pays qui importent plus qu'ils n'exportent. Une demande annuelle si modérée de dollars fraîchement émis ne suffirait pas à couvrir le déficit de la balance des paiements étatsunienne (c'est bien pour obtenir de nouveaux dollars qu'on envoie des produits à un pays qui n'a rien d'autre à offrir en échange que son papier), en d'autres termes à tirer la planche à billets.

Les États-Unis ont donc multiplié les "produits" financiers (au sens commercial d'assemblages élaborés, pas au sens comptable de produits et charges) destinés à fixer les dollars du monde, ou les retirer de la circulation. La constitution et la commercialisation de ces produits financiers, et des produits dérivés spéculant sur leur évolution, est désormais l'activité économique principale des États-Unis, qui de puissance agricole (économie

---

[13] Les redistributions sociales représentent de l'ordre de 30% du PIB alors que la pression fiscale n'est que de 26% du PIB.

productive), puis industrielle (économie transformative), puis de services (économie informative), est devenue une puissance financière (économie spéculative) vivant des paris. Si au niveau mondial l'économie financière représente, bon an mal an, de l'ordre de cent fois l'économie réelle, le coefficient multiplicateur est encore plus important aux États-Unis.

Le Fonds Monétaire International s'inquiète, assez tardivement, du fait que la capitalisation boursière mondiale, c'est-à-dire la valeur du capital des entreprises (hors secteur financier) cotées en bourse, représente en 2018 déjà 85 mille milliards[14] de dollars soit 105% du produit brut mondial ou du total de l'activité économique hors économie financière (avant l'incroyable inflation de la capitalisation boursière début 2020). Pour mémoire, l'Union Européenne considère qu'un pays endetté durablement à plus de 60% de son PIB est à peu près certainement insolvable et doit donc songer à négocier avec ses créanciers une "restructuration" (réduction) de sa dette, ce qui est d'ailleurs le cas des poids lourds de l'UE, dont la dette se situe autour de 100% du PIB. Le cas de la Grèce endettée à 160% n'est qu'anecdotique, puisque l'économie de ce pays représente moins de 2% de l'économie de la zone euro. Cela signifie d'ailleurs que pour moins de 2% de leur PIB annuel (0, 2% en étalant sur dix ans) les partenaires de la Grèce auraient pu racheter et remettre l'excès de sa dette (contractée grâce aux maquillages financiers opérés par Goldman Sachs) et éviter l'effondrement social, la famine, et accessoirement retirer aux spéculateurs étatsuniens un

---

[14] Mille milliards font un billion au sens français (échelle longue) ou un trillion au sens étatsunien (échelle courte). Quand on lit "*one billion*" en anglais étatsunien il faut comprendre un milliard en français.

argument qui leur a permis de faire perdre à l'euro plusieurs points de pourcentage.

En ce qui les concerne, les États-Unis clament que leur dette fédérale de 23 mille milliards de dollars[15] en 2019 représente "seulement" 109% de leur PIB annuel, guère plus que les plus gros membres de l'euro. Néanmoins en avril 2018 la commission budgétaire du congrès (parlement) étatsunien notait que le service de la dette fédérale, qui avait absorbé l'année précédente 9,4% des recettes fédérales (pratiquement un dollar sur dix perçus), absorberait quatre ans plus tard, en 2022, 16% des recettes fédérales, à savoir qu'un dollar sur six perçus (ou empruntés ou imprimés) par l'État irait au service de la dette. Ces prévisions ayant été faites selon des *scenarii* fiscaux très optimistes, les économistes tablaient déjà en réalité sur 20% ou un dollar sur cinq, sans cependant prendre en compte la hausse des taux d'intérêt qui venait de commencer. Un tel poids de la dette souveraine étant intenable, la commission laissait entendre, en 2018, qu'une restructuration de la dette, c'est-à-dire une remise de dette par les créanciers sous menace de défaut intégral, comme ce qui fut négocié en Argentine puis en Grèce (d'ailleurs proportionnellement bien moins endettées), aurait nécessairement lieu entretemps, au plus tard en 2020. Pour répéter ou résumer, en 2018 la commission budgétaire du parlement étatsunien conclut que les États-Unis devraient renier leur dette au plus tard en 2020.

À titre de préparation des esprits on se souvient de la crise du "plafond d'endettement" (*debt ceiling*) auto-imposé et sans cesse relevé, culminant en juillet 2011 par

---

[15] 23 mille milliards font donc 23 billions en français ou 23 trillions en anglais étatsunien.

l'annonce au monde, par les États-Unis, de leur imminente cessation de paiement. Après avoir dangereusement étalé sur la place publique financière leurs dissensions intestines (qui connurent des soubresauts moins médiatisés les années suivantes), ils décidèrent certes de lever leurs obstacles internes à la souscription de nouveaux emprunts pour payer les intérêts des anciens, ce dont la Chine prit d'ailleurs bonne note et tira les conséquences. Mais la crise avait servi à tester la réaction politique, nulle en l'occurrence, du monde créancier à l'annonce du défaut imminent du pays sur sa dette.

En dépit du discours officiel la dette étatsunienne n'est en réalité comparable avec aucune dette européenne. En Europe comme partout sauf dans le pays le plus endetté au monde, la dette est calculée en ajoutant aux dettes fédérales ou nationales les dettes locales et les engagements de sécurité sociale, ce que la dette budgétaire fédérale étatsunienne de 109% du PIB (en 2019) n'inclut pas. Pour comparer des données calculées de la même manière, il faudrait ajouter à la dette budgétaire fédérale étatsunienne 2 mille milliards au titre des dettes publiques locales et 45 mille milliards au titre des engagements fermes de sécurité sociale (retraites déjà "gagnées"…)[16]. Selon cette définition appliquée dans le reste du monde, la dette totale des États-Unis est donc d'au moins 70 mille milliards ou 350% du PIB, un niveau d'endettement plus que double de celui de la Grèce et même supérieur à celui du Japon, et qu'aucun pays n'a jamais réussi à honorer (ni d'ailleurs à contracter faute de prêteurs assez fous).

---

[16] On omettra ici le montant difficile à évaluer des dettes des agences publiques à personnalité juridique distincte.

Cependant il existe des estimations plus pessimistes de l'endettement réel des États-Unis, rejoignant en gros celle de Steve Bannon (que l'on ne présentera pas ici) qui calcule que son pays a un passif total de 200 mille milliards, un actif de 50 à 60 milliards et donc une situation débitrice nette de l'ordre de 150 mille milliards. Pour l'anecdote, Bannon aime rappeler que le 18 septembre 2008 au matin Hank Paulson et Ben Bernanke déclarèrent au deuxième président George Bush qu'ils venaient d'injecter 500 milliards de dollars de liquidités dans le système financier étatsunien et avaient encore besoin de 1000 milliards de dollars pour le jour même, faute de quoi ce système financier s'effondrerait dans les trois jours, le système financier mondial dans les trois semaines et tous les systèmes politiques du monde dans le mois suivant.

Tous ces chiffres ne tiennent pas compte de l'envolée de leur endettement en 2020. Début avril, selon le conseiller économique présidentiel Larry Kudlow le premier paquet d'aide à l'économie (en réalité au capitalisme boursier), en ajoutant à l'enveloppe du Trésor celle de la Réserve Fédérale, se montait à 6200 milliards de dollars, auxquels il fallait ajouter les 2300 milliards additionnels annoncés par cette dernière le 9 avril et les 2000 milliards qu'elle avait déjà jetés depuis le 17 septembre pour tenter d'enrayer la chute des obligations étatsuniennes. Au total cela faisait déjà 10 500 milliards, propulsant la dette fédérale à 33 000 milliards (33 trillions en échelle courte), soit près de 160% du PIB de 2019. Et il y aura vraisemblablement d'autres injections de sommes colossales, se traduisant en accroissement colossal de la dette, avant la fin de l'année. De son côté le PIB étatsunien en 2020 (et les années suivantes) sera très inférieur à celui de 2019, dans une proportion certes encore impossible à déterminer. En fait ce PIB a atteint son pic en 2019, en termes réels ou dollars constants, et s'il le dépasse nominalement un jour ce sera en dollars très dévalués. Ceci est probable pour d'autres pays, mais certain pour les États-Unis dont le PIB est en grande partie financé par la dette c'est-à-dire abondé par le reste du monde. Ainsi, mécaniquement l'endettement fédéral en 2020 (et suivantes) sera inévitablement supérieur à 200% du PIB, sans même y ajouter l'endettement provincial et les engagements de sécurité sociale que l'on a mentionnés plus haut.

Aussi, quand bien même le dollar aurait encore une valeur, et quand bien même l'économie redeviendrait profitable, une telle dette est simplement irrécouvrable, et les mondes financier et politique le savent.

L'économie étatsunienne ne peut d'ailleurs pas redevenir profitable. On a vu plus haut le poids de la dette actuelle, or celle-ci ne peut qu'augmenter car même l'effet de levier ne fonctionne plus dans cette économie sinistrée où le secteur bancaire n'est plus un parasite mais une gangrène qui prélève plus de 80% de tout nouvel apport à l'économie. Ce pourcentage est énorme, même supérieur aux "seulement" 57% que ponctionne l'État redistributif (qui s'est pourtant défaussé de ses missions régaliennes) sur l'économie productive française. Depuis au moins une vingtaine d'années, les chiffres montrent avec constance que pour accroître le PIB des États-Unis d'un dollar il faut augmenter la dette de six dollars. Déjà lorsque la dette officielle fédérale était égale au PIB, un point de pourcentage de dette était égal en valeur absolue à un point de pourcentage de PIB, aussi la donnée précédente signifie que pour gagner 1% de croissance (200 milliards de dollars de PIB supplémentaire) il fallait investir 6% d'accroissement de la dette (1200 milliards d'endettement supplémentaire). Si l'endettement progressait ainsi, de manière constante depuis vingt ans, six fois plus vite que l'économie, il aurait plus judicieux d'empêcher la croissance économique, pour éviter cet accroissement sextuple de l'endettement. Seul un régime politique convaincu que le pays ne rembourserait jamais ses dettes pouvait prendre de nouveaux emprunts aussi inefficaces[17].

Les États-Unis sont insolvables. On peut ajouter que même si le monde entier avait été d'accord pour prendre en charge la dette étatsunienne et n'avait eu aucune dette par ailleurs, il n'y serait pas arrivé vu que la dette étatsunienne totale (pas limitée à celle du gouvernement fédéral) était déjà bien supérieure aux 100% du PIB cumulé de tous les autres pays du monde. Or de plus, le reste du monde n'était pas lui-même exempt de dette, puisque depuis la crise de l'endettement étatsunien de 2008 les banques centrales du monde entier ont été poussées à l'endettement, amenant la dette cumulée du reste du monde au double de celle des États-Unis en valeur absolue. Cette incitation politique récente à l'endettement forcené s'est faite, on s'en rappelle, sous le prétexte de sauver les banques étatsuniennes dont l'effondrement aurait prétendument ruiné le monde, selon l'expression "trop grosses pour être autorisées à faire faillite" ou encore "porteuses d'un risque systémique".

Pour le monde financier dollarisé la motivation réelle était plus vraisemblablement de compromettre tout le monde, selon le principe que si les principales puissances économiques s'endettaient jusqu'à un niveau insupportable (certes pas au niveau des États-Unis car c'est impossible) elles accepteraient les mesures extrêmes nécessaires à l'effacement mutuel des dettes. Et pour la Chine, qui a tenté

---

[17] Un régime politique intérimaire pourrait aussi agir ainsi, mais les États-Unis ont la même constitution depuis leur indépendance il y a deux siècles et demi.

jusqu'en 2009 de sauver le dollar dont elle détient une montagne, le raisonnement est que puisque les États-Unis accélèrent leur endettement en sachant qu'ils ne rembourseront jamais, il n'y a pas de raison que la Chine ne fasse pas de même.

Évidemment la monnaie d'un pays en faillite et sur le point de faire défaut sur sa dette ne vaut pas grand-chose, néanmoins d'autres facteurs ont lourdement pesé pour lui faire perdre quasiment toute valeur. Par exemple, si l'on considère qu'il fallait 35 dollars pour acheter une once d'or le 14 août 1971 (dernier jour de la convertibilité du dollar) et 1921 dollars pour acheter la même chose le 6 septembre 2011 (dernier jour de cotation libre de l'or) cela signifie que la valeur du dollar a été divisée par 55 entre ces deux dates, et que son cours actuel en d'autres monnaies, la parité dollar/franc (par exemple) n'ayant pas significativement changé dans le même laps, est largement surévalué. On arriverait à la même conclusion en comparant le pouvoir d'achat du dollar entre 1971 et 2011 sur d'autres biens (kilogramme de pain ou manteau de laine par exemple), mais il se trouve que l'or est la monnaie d'échange dont le pouvoir d'achat a le moins varié au cours des siècles.

Pour prendre une autre approche, si l'on considère que la masse monétaire en dollars a doublé entre 2001 et 2006 cela signifie que, tous paramètres égaux par ailleurs, la valeur intrinsèque unitaire réelle d'un dollar a été divisée par deux. Et si l'on considère que la masse monétaire totale a encore été doublée entre 2005 et 2017, passant de 7 à 14 mille milliards, cela signifie que la valeur réelle d'un dollar a encore été divisée par deux donc par quatre en seize ans. Une estimation de la masse monétaire ne peut cependant plus venir que d'économistes indépendants, puisque le gouvernement étatsunien a cessé le 23 mars 2006 de diffuser l'agrégat monétaire M3 du pays, qui devint ainsi le seul au monde à ne plus communiquer cet indicateur aussi important que le PIB ou le montant de la dette. En l'occurrence, l'agrégat monétaire M3 prend en compte non seulement la masse d'une monnaie en circulation sous forme de billets et pièces (M0), mais aussi le montant des comptes courants bancaires tenus dans cette monnaie (M1), les dépôts à terme inférieurs à 100 000 dollars (M2) et les dépôts supérieurs à ce montant (M3), à savoir des instruments financiers complexes mais surtout les réserves de change détenues par les banques et celles détenues par les banques centrales de tous les pays.

L'instauration unilatérale de cette opacité sur la monnaie de règlement international et de réserve des banques centrales permettait certes d'occulter l'accélération de la turboplanche à billets, mais aussi de cacher le moment où les banques centrales se déferont massivement de leurs dollars et de leurs actifs libellés en dollars. Selon les calculs de la Réserve Fédérale de Saint-Louis le M3 des États-Unis arrivait à 13,8 mille milliards de dollars en 2018, soit au triple de son montant de 2000, mais aux États-Unis seuls la base monétaire interne avait quintuplé plus récemment en passant de 0,8 à 4 mille milliards entre 2008 et 2014.

L'économie tient plus du champ d'observation multidisciplinaire que de la science avec des lois et des relations de causalité infaillibles, et les sciences sociales et surtout les sciences humaines y jouent un plus grand rôle que les sciences exactes. En l'occurrence seule la psychologie des foules, évidemment manipulable par la communication, peut expliquer l'extrême surévaluation d'une monnaie qui arithmétiquement ne vaut plus grand-chose depuis un certain temps.

Par ailleurs le FMI criait, il y a deux ans, à la catastrophe imminente du fait que le total des dettes du monde s'élevait à plus de trois fois le produit brut mondial (le poids de la dette étatsunienne y est bien sûr déterminant) c'est-à-dire du total de l'activité économique hors économie financière. Sauf erreur l'endettement mondial se situait entre 255 et 260 mille milliards de dollars, et le PIB entre 85 et 88 mille milliards, pour l'année 2019. Une dette de 300% du PIB, c'est sensiblement supérieur à ce que les économistes considèrent comme irrécouvrable. Le monde est insolvable, ou en d'autres termes virtuellement ruiné. Pourtant ce niveau d'endettement, considéré comme désespéré et insolvable par tous les économistes, n'est pas le pire risque économique que court le monde.

C'est le fait que l'économie financière pèse le centuple de l'économie réelle qui est un très grave danger pour l'humanité. Ce danger est même infiniment plus menaçant que l'homme qui se vante d'avoir abattu la Banque d'Angleterre (sans se vanter d'avoir simultanément abattu le Système Monétaire Européen), et qui a aussi financé toutes les "révolutions de couleur" depuis trente ans. L'humanité pourrait survivre en mangeant des pommes de terre, mais certainement pas en se contentant d'électrons composant une suite de zéros même faramineuse sur une ligne comptable d'ordinateur. Or il n'est pas dit que ce soit l'épuisement, inéluctable à terme, des ressources surexploitées, qui déclenche l'effondrement global dont Piero San Giorgio a si magistralement mis en évidence le caractère inévitable.

Car si une puissance (oligarchie, pays, organisation internationale…) contrôlant l'économie mondiale trouvait la possibilité d'accroître l'économie financière de 2% en anéantissant totalement l'économie physique qui ne représente que 1% du total, la logique économique lui ordonnerait de le faire immédiatement[18]. En tout cas on pouvait raisonnablement craindre un tel risque, jusqu'à la fin 2019.

En milieu d'année 2020, on peut sérieusement se demander si ce risque n'a pas cessé d'être une hypothèse.

---

[18] Pour sa part la "main invisible" des marchés céréaliers a provoqué une famine au Mexique pour brûler de l'éthanol de maïs dans les moteurs des véhicules surcylindrés étatsuniens.

FAUTE DE SOLUTIONS

4 – Grande réinitialisation

En actualisant ce *Onzième Coup* pour sa seconde édition (juillet 2020), on décide de conserver le titre de ce chapitre. Le concept de Grande Réinitialisation, ou en anglais *Big Reset* ou encore *Great Reset*, que les lecteurs de Stratediplo connaissent depuis plusieurs années, est devenu soudainement fameux en juin 2020, lorsque le Forum Économique Mondial a annoncé que ce serait le thème de son sommet de Davos en janvier 2021.

Le pays le plus belliqueux du monde tant en termes de dépenses militaires que de conflits, déclarés ou non conventionnels, en cours ou déclenchés depuis trente ans, a certes des intérêts, comme tous les pays et même plus, mais aussi des besoins désormais criants.

En préalable il convient de noter que les États-Unis, comme d'autres puissances complexes, sont le siège de plusieurs pouvoirs qui n'ont pas les mêmes intérêts, et ne poursuivent donc pas toujours les mêmes objectifs. Cette multipolarité des centres de décision, dont la principale caractéristique culturelle commune est l'inconséquence due à l'absence de vision à long terme, peut dérouter un observateur ou un interlocuteur étranger, et lui donner une impression d'irrationalité engendrée par l'existence de plusieurs rationalités.

Au sein même du gouvernement on peut trouver l'exemple du conflit d'intérêts entre d'une part le renseignement extérieur qui se finance sur la production et la commercialisation de drogues dures (les plus rentables) dans le monde, et d'autre part la lutte intérieure contre la consommation de drogues dures (les plus nocives) aux États-Unis, qui a marqué la géopolitique des drogues dans le monde dans les années soixante-dix et quatre-vingt jusqu'à l'accord entre la Central Intelligence Agency et la Drug Enforcement Administration. La deuxième moitié des années quatre-vingt-dix a alors été marquée par le retrait des États-Unis de l'industrie de la cocaïne, produite en Amérique du Sud et consommée essentiellement en Amérique du Nord, ce qui a ouvert la voie à la pacification du Pérou puis de la Colombie, où auparavant l'armée étatsunienne en uniforme était présente pour aider l'armée gouvernementale, tandis que la CIA armait la guérilla pour maintenir l'insécurité interne favorable aux cartels. En contrepartie de ce retrait les États-Unis ont pris le contrôle de l'industrie de l'héroïne, produite en Asie et consommée essentiellement en Europe (où elle tue 60 000 personnes par an dont la moitié en Russie). Cela a d'ailleurs rendu nécessaire l'installation des Talibans en Afghanistan en 1996, leur éviction en 2001 quand après quelques années de gouvernement ils ont éradiqué la monoculture du pavot pour restaurer la suffisance alimentaire du pays, puis leur réinstallation en 2011 sous lourd contrôle militaire…

Un autre exemple d'intérêts divergents est la guerre de religion, en Syrie actuellement mais ailleurs auparavant, où bon nombre de véritables patriotes étatsuniens, y compris dans les forces armées, croient sincèrement, notamment depuis le coup de théâtre du 11 septembre 2001, que les États-Unis combattent l'islam dans le monde. Ceux-là croient très volontiers que leur pays ne favorise l'expansion armée de l'islam que par une inexplicable série d'erreurs et de fautes, du type des parachutages hebdomadaires "sur coordonnées erronées" d'armes et de munitions en Syrie. Les premières déclarations du très spontané Donald Trump juste après son élection montrent qu'il pensait alors qu'en Syrie les États-Unis combattaient l'État Islamique et ses alliés, comme l'assure la propagande de couverture.

Hors gouvernement il y a bien sûr les intérêts très divergents entre la banque et la population, dont le gouvernement n'est manifestement ni l'émanation ni le défenseur en cette deuxième plus grande démocratie au monde. Pour mémoire par exemple, à partir de la fin 2008 le gouvernement a déversé des centaines de milliards de dollars par jour pour éviter la faillite des banques victimes directes ou indirectes de l'effondrement des produits financiers carambouillés, basés sur les prêts hypothécaires irrécouvrables en raison du surendettement initial des ménages auxquels ils avaient été accordés et de la baisse récente du prix de l'immobilier. On s'attendait alors à ce qu'en contrepartie logique de ce renflouement financier gigantesque, le gouvernement imposerait un moratoire sur les saisies et expulsions, ou accorderait des allocations logement aux plus nécessiteux. En tout cas dans les pays se réclamant de la démocratie sociale, même un gouvernement dit "de droite" serait intervenu devant une situation bien plus grave que les pires catastrophes d'apparence naturelle survenues aux États-Unis, comme Katrina par exemple. Mais au contraire le gouvernement de Barack Hussein Obama a laissé les banques, déjà pourtant grassement indemnisées de leurs manœuvres frauduleuses[19], agir comme elles l'avaient manigancé, puisque c'était le but des prêts hypothécaires aux ménages surendettés.

---

[19] Lesdites banques s'en tireront devant la justice par des "règlements amiables", ou amendes sans condamnation, totalisant 107 milliards de dollars (l'équivalent des budgets militaires de la Russie, de la France et d'Israël ensemble) au 29 octobre 2013.

Elles ont alors procédé à la saisie de millions de maisons quel que fût le nombre d'annualités déjà payées avant la première mensualité arriérée, à l'expulsion de millions de familles de leur logement principal voire unique (ce qui est interdit dans beaucoup de pays), puis bien sûr à la revente des maisons après période de retrait du marché, et démolition de centaines de milliers de maisons les plus modestes comme à Détroit (un tiers de la ville qui ressemblait de toute façon à Sarajevo en guerre a été rasé), afin de retendre le marché. Des dizaines de millions de personnes se sont trouvées à la rue en plus de leurs difficultés financières, et dix ans plus tard les bons d'alimentation étaient encore délivrés à quarante millions de bénéficiaires (il serait intéressant de savoir si ces bons nourrissaient quarante millions de personnes ou de foyers). Cet exemple, qu'on n'imagine même pas sous les régimes les moins démagogues, illustre à merveille comment certains intérêts financiers puissants peuvent utiliser ou neutraliser le gouvernement en vue de forfaitures cyniques pouvant entraîner de grandes souffrances pour la population. Nul ne peut attendre que le gouvernement des États-Unis, qui a pourtant la chance inouïe de pouvoir imprimer toute la monnaie qu'il veut, recherche nécessairement le bien de sa population. Il peut à tout moment, pour certains intérêts financiers, prendre des décisions humainement surprenantes.

L'un des besoins importants qu'aura ce pays après la résolution de son endettement sera de normaliser son économie. Il devra cesser de vivre au-dessus de ses moyens puisqu'il n'aura plus accès au crédit, et il devra présenter des comptes équilibrés, ou raisonnablement déficitaires en termes commerciaux comme en termes budgétaires, s'il veut pouvoir un jour emprunter de nouveau après avoir fait défaut sur sa dette historique. Cela impliquera un changement total de mode de vie d'une population habituée depuis toujours au gaspillage insouciant. Les Étatsuniens vivent en moyenne dans des maisons de 233 m² (contre 113 en France), conduisent des voitures d'une puissance moyenne de 283 chevaux (contre 106 en France), et tout à l'avenant, de même qu'en matière de gaspillage de nourriture, de consommation électrique inutile etc.

Le redimensionnement de la consommation étatsunienne au niveau de la production nationale représentera donc une sérieuse réduction du train de vie, non pas en termes de confort mais de superflu, qui nécessitera une prise de conscience et un effort permanent. Si l'on considère que, entre la production pour leur consommation interne et la production pour leurs échanges internationaux, les États-Unis produisent de l'ordre de 15 à 20% de ce qu'ils consomment, et obtiennent les 80 à 85% restants par l'endettement, la fin de leur crédit (au sens propre, la confiance accordée par leurs créanciers) imposera une division par cinq ou six de la consommation du pays. Ce changement drastique du mode de vie ne se fera ni spontanément ni paisiblement, et il faudra un grand traumatisme collectif et personnel pour qu'il puisse s'opérer[20], aussi n'est-il pas certain que l'hyperinflation y suffira… certes les études comparatives de Dmitry Orlov avec l'effondrement de l'URSS augurent que celui des États-Unis sera bien plus meurtrier, la société y étant totalement atomisée. Un tel recentrage sur l'indispensable peut aussi passer par des mesures autoritaires comme la fermeture des activités déclarées "non essentielles" ou le rationnement des produits non essentiels, d'ailleurs on peut se demander si ce n'est pas l'ensemble du monde développé qui vient d'y être condamné ou préparé, au printemps 2020.

---

[20] En actualisant ce texte en juillet 2020 on peut se demander si un tel grand traumatisme n'est pas en cours.

Pour tenter de repousser cette reconfiguration obligatoire le gouvernement doit défendre l'hégémonie du dollar, même s'il laisse aux autres le soin de défendre sa valeur. Quelques mois après les accords de Bretton Woods imposant l'hégémonie mondiale du dollar, les États-Unis ont conclu avec l'Arabie Séoudite le pacte du Quincy leur assurant pour soixante ans (il fut renouvelé en 2005 pour la même durée) la coopération de la future puissance pétrolière afin d'augmenter sans cesse la demande de dollars dans le monde. Fin 1956 les États-Unis sont allés, avec le soutien de l'URSS, jusqu'à menacer de frappes nucléaires la coalition franco-anglo-israélienne qui avait restauré la liberté de circulation dans le canal de Suez et donc interrompu la hausse du prix du pétrole censée tirer la demande de dollars. C'est d'ailleurs ce qui a poussé la France à associer Israël à son programme nucléaire militaire, décidé après le refus de soutien militaire des États-Unis à la France en mars 1954 (répétition de la réponse du 15 juin 1940), qui l'avait aussi incitée à lancer l'Union de l'Europe Occidentale (fondée en octobre 1954) avec une obligation réciproque d'aide militaire, que l'Alliance Atlantique ne comportait pas.

Et c'est certainement ce souci de maintenir l'insécurité des flux pétroliers qui poussa ensuite les États-Unis à tenter d'interrompre le programme français de transfert de technologies nucléaires à Israël (complexe de Dimona). Lorsqu'en 1971 les États-Unis abandonnèrent unilatéralement leur obligation de convertibilité du dollar en or, l'Arabie Séoudite protesta, alors les États-Unis lui révélèrent très vraisemblablement le programme nucléaire militaire d'Israël aidé par la France. Ils lui imposèrent un accord renforcé l'obligeant formellement à ne vendre son pétrole qu'en dollar (quitte à quadrupler son prix) en échange de protection militaire et d'armement, puis entre 1971 et 1973 ils étendirent, par d'autres accords, cette obligation à tous les membres de l'Organisation des Pays Exportateurs de Pétrole.

Mais avec le temps et l'impression illimitée de dollars leur faillite est devenue inéluctable et le dollar peut à tout moment tomber à sa valeur véritable et ruiner ses détenteurs, ce qui incite les pays qui, eux, ne peuvent pas l'imprimer à volonté, à se tourner vers des devises plus solides.

Le 30 octobre 2000 l'ONU a autorisé l'Irak à vendre son pétrole en euros plutôt qu'en dollars dans le cadre du programme de famine punitive *oil-for-food*, et en 2002 l'Irak a déclaré que désormais le prix de son pétrole serait fixé et payable en euros exclusivement. Les États-Unis ont alors annoncé successivement, en six mois, une demi-douzaine de motifs fallacieux (dont le grand public n'a retenu que le dernier) pour attaquer l'Irak, ce qu'ils ont finalement fait début 2003… et leur première décision après la capitulation a été de rétablir le dollar comme unique monnaie de paiement pour le pétrole irakien. À son tour La Libye a décidé en 2010 de vendre son pétrole en euros, puis elle a invité les pays africains à créer une monnaie commune garantie par l'or comme l'était le dinar libyen. Elle a été attaquée au printemps 2011 d'abord par des milices islamistes dépêchées d'Égypte par les Frères Musulmans soutenus par les États-Unis, puis bombardée et envahie par l'OTAN… dont la première décision après la victoire fut de restaurer le dollar comme monnaie de paiement, et accessoirement de voler les réserves d'or libyennes.

Le 31 août 2011 les États-Unis ont donné à la Suisse, dernier pays dont la monnaie était garantie par de l'or à hauteur de 85%, un ultimatum d'une semaine exigeant notamment un gros tribut illégal sur le montant des comptes bancaires possédés dans ce pays par des Étatsuniens. Quelle que fût la très lourde menace non divulguée associée à cet ultimatum envers le pays qui avait tenu tête au Troisième Reich, le 6 septembre la Suisse a définitivement abandonné l'étalon-or, a aussi annoncé la mise en vente de son stock souverain d'or et a même abandonné le secret bancaire qui avait fait sa richesse depuis un siècle.

L'Iran a été forcé à abandonner l'usage du dollar dans les années deux-mille, en raison des sanctions étatsuniennes résultant progressivement en un véritable bannissement de ce pays du système financier international fondé en 1944 et modifié en 1971. Ses comptes à l'étranger furent volés, le commerce lui fut interdit et les entreprises étrangères commerçant avec lui furent aussi l'objet de mesures répressives dont la seule justification pseudo-légale fut qu'une opération libellée en dollars n'importe où dans le monde impliquerait *in fine* une opération de compensation interbancaire aux États-Unis (ce qui était justement prévu par les accords de 1944 par lesquels les autres pays acceptèrent de commercer entre eux en dollars). Cette opération de compensation serait sujette aux interdictions dictées sur le territoire des États-Unis en vertu de la loi dite *International Emergency Economic Powers Act* de 1977. Enfin en 2012 la Belgique elle-même fut menacée de sanctions si elle ne forçait pas l'entreprise Swift à refuser les transactions avec l'Iran. Pourtant l'ensemble du renseignement étatsunien avait bien déterminé en 2007 (d'après la synthèse rendue publique le 3 décembre) que l'Iran avait dès 2003 interrompu son programme nucléaire militaire, qui ne pouvait donc être la raison véritable de cette guerre financière.

Justement on se rappelle qu'après un ballon d'essai contre le Crédit Suisse la justice étatsunienne a condamné en juin 2014 la BNP à une amende, record historique mondial, de 9 milliards de dollars (plus que le budget militaire du Pakistan, de la Corée du Nord ou de l'Iran). Le motif en était que la BNP avait, de 2002 à 2012, "violé" l'embargo imposé aux entreprises étatsuniennes envers le Soudan, l'Iran et Cuba. En l'occurrence elle avait licitement compensé des opérations légales entre des entreprises de ces pays et des entreprises européennes (non légalement soumises aux lois étatsuniennes), sans aucune implication aux États-Unis autre que l'usage de leur monnaie imposée comme monnaie de commerce international en 1944. La France et l'Union Européenne ont certes accepté ce que les politiciens (à défaut des juristes qui restent médusés) appellent maintenant l'extraterritorialisation des lois de l'hyperpuissance, dont les autorités se réjouissent de ce succès qui fera jurisprudence dans le monde. Voilà une illustration supplémentaire de l'impression d'irrationalité que peut donner l'existence de centres de pouvoir poursuivant des objectifs distincts voire incompatibles. Car cette condamnation de la BNP constitue, comme d'ailleurs l'interdiction à l'Iran d'utiliser le dollar, une faute stratégique magistrale des États-Unis, qui en ôtant au dollar sa prétention de monnaie universelle mettent en évidence le fait que le prétendu "système monétaire international" n'était en réalité qu'une zone dollar… Ils encouragent ou poussent ainsi le reste du monde à utiliser d'autres moyens de paiement, ce qui facilitera l'abandon de la fiction dollar dont ils vivent gratuitement.

Et en effet l'Iran s'est tourné vers la Chine, alors en voie de devenir le premier importateur mondial de pétrole qu'elle est maintenant, qui lui a acheté son pétrole en euros, en or, puis en yuans acceptés par un nombre croissant de pays, un exemple que d'autres pays pensaient suivre. En 2011 les États-Unis ont compris leur faute, et se sont mis en fin d'année à courtiser l'Iran d'une manière empressée et ridicule pour que ce pays accepte qu'on lève les sanctions à son encontre, sans conditions ou plutôt moyennant un accord préservant les apparences d'une négociation ardue à Genève. Cet accord finalement signé à Vienne le 14 juillet 2015 accordait ce que l'Iran demandait, à savoir la reconnaissance par les grandes puissances, notamment les plus menaçantes, de son droit à l'enrichissement civil de l'uranium conformément au Traité de Non-Prolifération. L'accord offrait aussi, comme on l'expliquait le 11 novembre 2013, un beau paquet d'incitations financières promises par les États-Unis et essentiellement payables par leurs alliés, dont le total fut estimé par Israël à cent milliards de dollars[21].

Ces supplications à l'Iran pour qu'il accepte la levée de l'embargo financier et réintègre la zone dollar étaient certainement motivées avant tout par la prise de conscience de l'épuisement prochain du pétrole séoudien, et dans une moindre mesure par les états d'âme de l'Arabie Séoudite. En effet celle-ci envisageait de cesser de vendre la totalité de son pétrole en dollars, et d'autre part elle lorgnait vers le marché chinois, quitte à conclure une alliance militaire avec Israël en remplacement de la protection étatsunienne. Les États-Unis pensaient donc transférer à l'Iran le rôle de soutien du pétrodollar. Néanmoins l'Iran a annoncé en février 2016 vendre désormais son pétrole en euros, ce qui explique la reprise des hostilités étatsuniennes à son égard. Puis il a annoncé le 18 avril 2018 que l'ensemble de ses échanges internationaux se feraient prochainement en euros, ce qui a poussé les États-Unis à dénoncer unilatéralement le 8 mai l'accord de Vienne sur le nucléaire iranien.

---

[21] http://stratediplo.blogspot.com/2013/11/les-avances-des-etats-unis-envers-liran.html

À terme un intérêt vital pour les États-Unis sera d'imposer un dollar à valeur fixe. Leur âge d'or, si l'on peut ironiquement se permettre l'expression, a été la période entre juillet 1944 (accords de Bretton Woods) et janvier 1976 (accords de la Jamaïque), ou du moins *de facto* mars 1973, où la parité des monnaies était fixe, avec quelques rares ajustements. Quel que fût le rythme de leur planche à billets, et même pendant quelques années après la fin de la convertibilité du dollar, le monde entier acceptait cette monnaie à un taux de conversion fixe. À la même époque d'ailleurs les États-Unis diffusaient dans le monde le postulat économique selon lequel la sous-évaluation d'une monnaie facilitait les exportations du pays sous-évaluateur, un dogme toujours enseigné dans les facultés d'économie et de sciences politiques et qui fait toujours autant rire dans les écoles de commerce, mais qui assurait que le reste du monde défendrait toujours le dollar en cherchant la sous-évaluation des autres devises.

Par exemple, si c'est la spéculation qui a réduit de 30% le taux de conversion en dollar de l'euro dans les deux ans de son introduction au cours arithmétique calculé selon le cours et le poids respectif des monnaies constituantes, ce sont ensuite les interventions de la Banque Centrale Européenne en faveur du dollar qui ont fait suivre par l'euro la chute, en valeur réelle absolue et en pouvoir d'achat, du dollar dont la masse monétaire était en expansion constante. Puis en juillet 2008 lorsque l'euro a atteint le cours symbolique de 1,6 dollars (ou plutôt lorsque le dollar est tombé à 0,62 euros) qui aurait pu faire effet de cliquet, et de nouveau en décembre 2009 et en 2011 lorsque l'euro est revenu au cours symbolique de 1,5 dollars (ou plutôt lorsque le dollar est retombé à 0,66 euros), c'est par des manipulations de taux de change qu'on a inversé la tendance des cours en l'absence de toute modification des réalités économiques respectives.

En fait tout ce qui est offert sur un marché informatisé et dont le cours, prétendument résultat de la confrontation entre l'offre et la demande, est calculé par un ordinateur, peut être manipulé, comme l'ont montré de nombreux exemples. En ce qui concerne la manipulation des taux de base bancaire en Europe, on se rappelle que le scandale du Libor a donné lieu à quelques amendes mais pas à la moindre arrestation. La Deutsche Bank a, elle, été mise en faillite par les États-Unis, qui ont attaqué son cours en bourse et lui ont infligé une amende de 14 milliards de dollars alors que sa valeur comptable n'était que de 17 milliards et que l'attaque en bourse l'a ramené à 14, comme punition pour avoir dénoncé les manipulations du cours de l'or.

Pour mémoire on a vu depuis le début des années deux-mille deux procédés de manipulation du cours de l'or à la baisse. Le premier consistait à ce qu'une banque A mette sur le marché une quantité d'or suffisamment importante pour jouer sur les prix (donc supérieure à la demande d'un moment de la semaine connu comme calme), qu'une banque B l'achète à bas prix et le remette en vente pour moins, qu'une banque C l'achète immédiatement et le remette sur le marché pour que la banque A le rachète (encore moins cher) aussitôt. Puisque l'entente consistait à faire baisser le prix sans que la moindre quantité d'or quitte les hangars de la banque A on pouvait jouer avec des quantités énormes qu'on n'avait pas en soute, surtout s'il s'agissait de marchés à terme. Ces manipulations pré-entendues et jouées en l'espace de quelques secondes ont bien fonctionné jusqu'à ce que des courtiers chinois utilisent des logiciels ultra-rapides (commandés à des programmateurs russes), louent des bureaux physiquement très proches des salles de marché afin de gagner quelques nanosecondes, et arrivent à insérer leurs ordres d'achat dans la seconde entre la mise en vente par B et l'achat par C (par exemple), empochant l'offre à bas prix des banques manipulatrices.

Le deuxième procédé consiste à déverser sur le marché une quantité énorme d'or "papier" (promesses de vente à terme). Puisque le marché et les prix ne sont pas séparés de l'or "physique" (le vrai) alors que le volume d'or papier représente au moins cent fois le volume d'or réellement détenu (les marchés à terme ont été conçus pour qu'on puisse y vendre des promesses de vendre ultérieurement ce qu'on n'a pas à l'instant du contrat), l'influence de ce dernier est marginale et celle du papier primordiale. Cela fonctionne parfaitement avec les spéculateurs occidentaux, que l'on peut à l'échéance du contrat dédommager en dollars d'un montant supérieur à celui de l'or promis (et pas livré) au cours du jour, et un peu moins bien avec les acheteurs chinois qui exigent livraison, mais c'est un autre problème.

Après quelques significatifs défauts (étouffés par la presse économique) de banques ou de marchés incapables de livrer l'or vendu, on a lancé une opération de propagande toujours en cours pour faire croire que l'or est surévalué et voué à baisser, afin que les porteurs occidentaux se défassent de ce qui leur reste. Cela sert à honorer les promesses de vente aux Chinois, qui font alors refondre les lingots en Suisse (au prétexte de les reformater de 12,4 kg en 1 kg) car ils se méfient des barres étatsuniennes de tungstène plaqué or destinées à miner la confiance en ce métal, que les États-Unis surnomment d'ailleurs relique barbare. Cependant le prix de l'or, dont les quantités échangées sont maintenant ridicules mais dont un semblant de marché prétend justifier le cours comme pour les autres métaux et matières premières, a été définitivement fixé (en dollars) fin 2011, nonobstant quelques fluctuations esthétiques. En effet l'annonce de la capitulation de la

Suisse face aux États-Unis, le 6 septembre 2011, aurait dû se traduire par une envolée immédiate du cours de l'or, mais une grosse opération d'abattement du cours, telle que décrite ci-dessus, eut lieu quelques secondes avant cette annonce et désorienta le marché.

Finalement les États-Unis bridèrent définitivement leur marché le Comex (Commodities Exchange), non sans avoir entretemps tenté d'acheter en 2012 le marché des métaux de Londres puis surtout opéré une autre manipulation du cours à la baisse les 12 et 15 avril 2013, qu'on a expliquée dans un article du 16[22], à savoir la mise soudaine sur le marché de 435 tonnes (quarante fois la vente chypriote ou le sixième des réserves italiennes ou françaises), en réalité du papier, ayant suffi à provoquer la vente précipitée de 1000 tonnes d'or physique par des thésauriseurs paniqués. Le 22 décembre 2014 les États-Unis ont mis en place un strict contrôle et encadrement de l'évolution des cours des métaux précieux sur leur marché, comme on l'a exposé ce jour-là[23], avec suspension ou fermeture des échanges en cas de dépassement de certaines marges de fluctuation tolérée.

Depuis lors il faudrait une semaine de séances de cotation pour que le cours de l'or revienne par paliers successifs à son niveau du 6 septembre 2011, et ces règles strictes excluent carrément (ne prévoient pas) qu'il puisse ensuite doubler par rapport à ce niveau. Pourtant, si l'on considère que la base monétaire interne des États-Unis a doublé depuis 2011, passant de 2 à 4 mille milliards de

---

[22] Il s'agissait là de la plus forte baisse de l'or depuis trente ans.

[23] www.stratediplo.blogspot.com/2014/12/les-États-unis-preparent-la-fin-de-la_22.html

dollars, la valeur réelle d'un dollar a été divisée par deux donc il devrait falloir deux fois plus de dollars en 2018 qu'en 2011 pour acheter le même gramme d'or, qui lui n'a pas changé de pouvoir d'achat depuis deux mille cinq cents ans (il faut toujours le même poids d'or pour acheter un kilogramme d'ail, une cape en laine ou un cheval de selle que sous Charlemagne, sous Jules César et sous Alexandre le Grand). Dominant la communication économique dans le monde, les États-Unis dictent par le Comex de New-York le prix de l'or en dollars, que le cartel de Londres ratifie. Ce prix arbitraire est illusoire puisqu'il n'y a presque plus d'échanges d'or physique faute de vendeurs voire de réserves occidentales, mais la Chine ne le remettra pas en cause tant qu'il lui reste quelque chose à acheter en Occident à ce prix dérisoire.

Cette fiction contrôlée d'une fixation du prix de l'or dans une salle de marché (électronique) par un jeu faussé d'offre et de demande est acceptée dans le monde. Elle pourra donc être étendue au dollar pour lui déterminer chaque jour une valeur "théorique" lorsqu'il n'y aura presque plus d'échanges parce que plus personne n'en voudra. Mais l'idéal pour les États-Unis serait de revenir, comme dans la période de 1944 à 1976, à un système de parités fixes entre le dollar et les autres grandes devises.

Enfin les États-Unis doivent aussi se débarrasser de leur dette. On l'a vu et tous les économistes en conviennent, ils ne pourront bientôt plus consacrer une part toujours croissante de leur PIB au paiement des intérêts, et ils ne pourront jamais rembourser le principal au niveau où il a été contracté. On se rappelle qu'au moment de la crise monétaire argentine (à l'origine une crise de surendettement révélée par celle de la Corée du Sud), début 2002, les économistes étatsuniens insistaient particulièrement auprès (et au sein) de toutes les instances internationales comme le Fonds Monétaire International, la Banque Mondiale, le Club de Paris et autres pour qu'on crée dans le droit international un statut de faillite nationale comparable au statut protecteur qui existe pour les entreprises en banqueroute. Évidemment ils se sentaient concernés.

Un pays qui ne peut plus rembourser ses emprunts peut faire comme l'URSS à sa constitution, déclarer qu'il ne reconnaît plus les dettes contractées antérieurement à telle date. C'est le défaut unilatéral de paiement, avec comme conséquence immédiate la perte de confiance des créanciers qui ne s'aventureront plus à octroyer des prêts au pays en défaut de paiement, même longtemps après l'événement, ni acheter les obligations qu'il oserait émettre.

Une autre possibilité consiste à négocier un étalement et une remise partielle des dettes, ce qu'on appelle une restructuration de la dette comme dans le cas de la Grèce récemment, mais qui n'est applicable qu'aux pays qui ont une capacité réelle de redressement. Dans le cas désespéré des États-Unis, même diviser leur dette par deux en en remettant 50% ne les rendrait pas solvables.

Une autre solution est le remboursement dans une monnaie extrêmement dévaluée. L'hyperinflation au Zimbabwe signifiait que la valeur de la monnaie était divisée par dix chaque mois (on ajoutait un zéro par mois aux billets), ce qui explique que le billet de base, qui en 2007 était le dollar zimbabwéen, était devenu en 2008 la centaine de trillions de dollars zimbabwéens. Cela n'a peut-être pas aidé ce pays à rembourser ses emprunts contractés en devises étrangères, mais dans le cas des États-Unis, qui ont emprunté dans leur propre monnaie, l'hyperinflation signifiera qu'ils pourront rembourser, comme prévu, dans leur propre monnaie qui ne vaudra alors plus rien les emprunts contractés lorsqu'elle avait de la valeur. C'est le premier effet positif auquel les économistes pensent immédiatement en matière de forte inflation, mais on comprend que les politiciens soumis à réélection n'y soient pas favorables.

Une autre solution, qu'ils ont étudiée, aurait été d'abandonner le dollar avec ses dettes et d'adopter une autre monnaie. Certes si les États-Unis faisaient défaut sur leurs dettes en dollar, puis lançaient des emprunts dans une nouvelle monnaie (comme l'austral en Argentine), cela ne rassurerait pas les prêteurs potentiels. Mais si cette nouvelle monnaie était commune avec d'autres pays, et pas sous leur seul contrôle et reflétant leur seule économie, la situation serait nouvelle. C'est la raison des réflexions d'abord sur l'améro, monnaie commune avec le Mexique et le Canada mais où le poids de l'économie étatsunienne par rapport à l'ensemble marginaliserait l'apport des deux autres pays à la stabilité de la monnaie, et de toute façon une telle fusion demande des décennies de travail. C'est la raison aussi des réflexions sur l'entrée du dollar dans l'euro, évidemment impossible puisqu'il n'en remplit, et de loin, aucun des critères.

De là est née cependant l'idée d'une "fusion" du dollar avec l'euro, une incongruité économique totale qui n'exige par contre que de parvenir à convaincre quelques technocrates vénaux et politiciens apatrides prêts à toute trahison des intérêts des peuples d'Europe. Mais le rythme d'une telle chimère est lui aussi dicté par la rigueur du contrôle de présence aux réunions de commissions de fonctionnaires. Or les États-Unis sont dans l'urgence, l'effondrement est imminent.

Enfin, la dernière modalité pour se débarrasser de leur dette serait un accord international effaçant toutes les dettes. Concrètement, il ne s'agirait pas de les compenser multilatéralement en déduisant des dettes de l'un les dettes des autres envers lui, car cela ne suffirait pas à annuler les dettes du pays de loin le plus endetté envers le reste du monde. Il s'agirait donc plutôt d'un accord général de principe, forfaitaire et sans calculs, d'annuler toutes les dettes à une certaine date. Évidemment plus il y a de grandes puissances endettées, plus il y a de chances qu'elles acceptent et imposent cette idée. C'est la raison pour laquelle la Banque Centrale Européenne et celle du Japon ont été depuis 2009 incitées à participer à l'impression accélérée de monnaie par l'émission emballée de dette souveraine, jeu auquel s'est jointe quelques années plus tard la Banque de Chine avec l'euphorie de quelqu'un qui a compris que cette dette ne serait jamais à rembourser.

Surtout, un événement mondial très grave pourrait lever les dernières réticences de certaines grandes puissances à mettre en œuvre un tel accord d'absolution mutuelle des dettes. Jusqu'en 2019 ce très grave événement mondial semblait ne pouvoir être qu'une guerre mondiale. En 2020 on peut ajouter d'autres possibilités, à savoir une pandémie tuant autant qu'une guerre mondiale, une assignation à domicile de la population civile (couvre-feu étendu à la journée), un arrêt de l'économie réelle, ou encore une disette, dans tous les cas un événement d'une gravité telle qu'on n'en voit pas tous les siècles, et frappant le monde entier, ou au minimum les puissances décisives.

Les États-Unis ont donné un nom à cet accord de "jubilé" universel des dettes, emprunté au bouton sur lequel on appuyait pour arrêter et relancer les ordinateurs enrayés à l'époque où, fabriqués dans ce pays, ils n'avaient pas encore une fiabilité asiatique. C'est le *Big Reset*, qu'on appellerait en français la remise à zéro des compteurs, ou encore la Grande Réinitialisation, traduction qui était effectivement couramment employée depuis plusieurs années, et vient d'être utilisée par le Forum Économique Mondial soi-même sur ses pages en français. Pour visualiser en quoi cela consiste il faut se remémorer les films cultes des États-Unis, les *westerns*, aux héros desquels s'identifient tous les Étatsuniens. Si *fair-play* est un mot anglais, le concept et l'honneur du bon joueur qui accepte de perdre parfois, comme il veut qu'on accepte lorsqu'il gagne, n'a pas traversé l'Atlantique. Le jeu emblématique de ce pays est le poker, qui n'est d'ailleurs que feinte et *bluff* avec un peu de chance plutôt que d'habilité. Et celui qui perd, invariablement, met fin au jeu en le renversant et en recourant aux armes à feu. S'il est le méchant il tirera traîtreusement sur son vis-à-vis sous la table, s'il est le gentil il se lèvera brusquement et défiera son vis-à-vis en duel dehors, mais dans tous les cas il renverse la table. Voilà ce qu'est le *Big Reset*, ou *Great Reset*.

Bien sûr, comme tous les pays les États-Unis ont aussi des intérêts nationaux normaux touchant à leurs approvisionnements, à leurs marchés commerciaux, à leurs capacités militaires, à la santé de leur économie etc., qui peuvent d'ailleurs être portés par des agents distincts voire concurrents. N'étant confrontés à aucune menace sur leur propre territoire ils peuvent prendre ces intérêts nationaux pour des intérêts vitaux. Mais leurs intérêts véritablement supérieurs sont monétaires, puisque c'est leur monnaie qui leur permet de vivre aux dépens du reste du monde. Pour ces intérêts-là, les vrais centres de pouvoir s'accorderont pour tout faire, y compris le plus impensable ailleurs. Ils feront tout pour défendre le dollar (tant qu'il est défendable), puis l'imposer au monde à une valeur invariable, et par ailleurs remettre à zéro le compteur de leur dette.

5 – Force majeure

Une guerre mondiale est le produit de divers facteurs. En termes historiques la guerre mondiale a d'abord été permise par la démocratie nationaliste à la française. La démocratie assure que toute décision prise par un élu est légitime de par son origine sans considération de son contenu, elle trouve sa légitimité en elle-même en refusant toute autorité transcendante et en rejetant l'idée de principes moraux supérieurs[24], et elle professe le relativisme des actions car si tout peut démocratiquement se décider il n'y a pas de bien ou de mal. L'égalitarisme refuse que la guerre soit l'apanage d'un secteur dédié de la société éduqué pour cela, et donne donc des devoirs militaires à tout le monde. Le nationalisme permet d'une part de convoquer tout le monde à la guerre au nom d'un devoir national, et d'autre part d'interpeller toute la nation même lorsqu'un seul peuple est concerné. Enfin le gouvernement pas intérim institutionnalisé de la démocratie assure qu'un décideur ne sera plus là au moment du constat des résultats de sa politique. Il y avait eu auparavant des cas de mobilisation générale, spontanée ou obligatoire, d'un peuple ou d'une cité, mais la révolution française a institutionnalisé la conscription universelle même en temps de paix, et d'autres pays ont suivi.

---

[24] La république française est d'ailleurs le seul régime au monde à s'opposer catégoriquement au *jus cogens*.

Un deuxième facteur qui a facilité le déclenchement de guerres mondiales, et c'est aussi une conséquence de l'idéologie de l'État-nation, est la concentration étatique. Il y a trois ou quatre siècles on trouvait plusieurs centaines d'États souverains rien qu'en Europe, et un nombre indéterminé en Afrique et en Asie, aussi il aurait fallu plusieurs centaines de décisions souveraines pour qu'une telle communauté internationale entre en conflit généralisé. Par contre il y a un siècle on ne trouvait plus qu'une cinquantaine d'États souverains au monde, évidemment plus grands, plus puissants et mieux à même de se coordonner ou d'intimider les récalcitrants, aussi quelques dizaines de décisions suffisent à embraser le monde. Même sans l'embraser en totalité, il est évident qu'un conflit entre deux États-empire touche une plus grande portion de l'humanité qu'un conflit entre micro-États. La mondialisation, en constituant de grands ensembles de composants politiquement liés entre eux, prédispose à la généralisation de la moindre étincelle. Et si le nombre d'États *de jure* souverains a quadruplé depuis la fin de la deuxième guerre mondiale, les relations de pouvoir entre les quelques grandes puissances et les nombreux États *de facto* dépendants assurent que le monde n'est pas vraiment multipolaire, que la neutralité est une posture difficile à tenir sous de fortes pressions, et qu'une guerre peut donc vite devenir générale.

Un troisième facteur facilitateur du déclenchement de guerres mondiales est l'illusion de guerres propres, distantes et indolores pour le déclencheur. Il y a les pays qui n'ont pas été touchés par les précédentes guerres mondiales (en Amérique notamment) voire les pays qui n'ont jamais connu une seule guerre sur leur sol ou l'ont oubliée depuis longtemps (pays insulaires notamment). Il y a aussi les pays qui ont connu des guerres mais pas vitales, dont ils pouvaient se dégager en cas de difficultés. Et il y a surtout, aujourd'hui, les nombreux pays pour lesquels faire la guerre consiste à envoyer au bout du monde quelques troupes ou quelques avions, consommables sans dommage, dans le cadre d'une coalition multinationale. Les gouvernements de ces pays-là ont d'ailleurs dépensé une bonne dose de communication pour convaincre leurs électeurs que ça ressemble à ça, qu'une guerre, qu'ils appellent d'ailleurs pudiquement "intervention" voire simplement "opération", n'est pas grand-chose, et qu'on y est obligé pour tenir son rang international. Le bombardement téléguidé de Damas dans la nuit du 13 avril 2018, illuminé par la défense anti-aérienne syrienne, a produit un joli feu d'artifice sur les écrans de télévision, sans le moindre mort côté agresseurs (d'ailleurs la perte de quelques pilotes professionnels n'aurait pas ému les électorats) et relativement peu côté agressé (sans valeur pour les électorats agresseurs).

Un quatrième facteur, et il est apparenté au premier, est le mode de gouvernement de beaucoup de pays du monde, au nom de la démocratie (en réalité l'oligarchie éclairée par démoscopie), par des régimes centralisés totalitaires sans corps institutionnels intermédiaires ou contre-pouvoirs, et à plus forte raison quand au nom de la technocratie (l'efficacité) le gouvernement s'est coupé du peuple. La vraie démocratie n'est pas une garantie de pacifisme mais la tyrannie facilite le déclenchement d'une guerre, surtout quand elle est exercée par une classe politique sans attaches familiales ou de terroir (patrie) donc apatride. Lorsque les décideurs politiques sont de plus physiquement et économiquement surprotégés, et mentalement isolés du peuple, les décisions les plus graves leur semblent plus faciles ce qui augmente la probabilité (le risque) qu'ils les prennent.

Un cinquième facteur propice à la guerre est l'existence de puissances multinationales non étatiques, sans responsabilité de populations. Un exemple de type de puissance non étatique sont les grandes entreprises, dont certaines ont déclenché des guerres au XIX° siècle, comme la guerre du Pacifique où la Bolivie a perdu son accès à l'océan. Par ailleurs et surtout, il se trouve aujourd'hui des puissances financières comme les grandes banques capables de décider et obtenir la destruction d'un pays ou d'affamer une population. Il se trouve aussi des groupes ou conférences informels transnationaux de personnalités économiques (voire politiques) non élues, qui se réunissent toutes les années pour décider secrètement en comité restreint de la marche du monde puis "orienter" conséquemment les gouvernements élus ou pas. On ne s'étendra pas en exemples, puisque les préconisations et priorités de ces groupes sont assez suivies d'effet pour montrer leur puissance.

Un sixième facteur polémogène est l'existence et le jeu de l'outil militaire d'une alliance, l'OTAN, bien connue pour agir en autonome, hors chaîne de commandement des pays membres, et pour être utilisée pour couvrir des exactions. Lorsqu'un bombardement cause des morts civiles ou détruit un dépôt humanitaire de l'ONU ou un hôpital, un porte-parole déclare qu'il s'agit "de l'OTAN", et même si cette alliance n'a aucun avion en propre et si tous ses matériels portent l'identification d'un pays membre, elle ne dévoile jamais le pays dont les forces ont commis une exaction. Pourtant, l'OTAN n'étant pas un sujet de droit international, elle est transparente et ce sont donc les pays membres qui sont justiciables en cas de crimes de guerre. La responsabilité particulière de chaque État engagé dans une opération est d'ailleurs clairement rappelée dans sa Convention sur le Statut des Forces du 19 juin 1951, mais largement cachée par tous ses membres qui ne manquent jamais une occasion de prétendre mensongèrement (notamment vis-à-vis des pays tiers) que l'OTAN est une organisation internationale, alors qu'elle n'a aucune personnalité juridique ou morale propre. Toutes les "coalitions" rassemblées par les États-Unis sont utilisées de la sorte pour fournir un écran opaque afin de cacher les responsabilités et soustraire les forces armées de leurs membres au droit humanitaire mais aussi à la justice internationale.

Enfin un septième facteur de guerre est le "quatrième pouvoir", le médiatique, qui de contre-pouvoir interne dans les démocraties il y a un siècle est devenu d'abord un instrument politique de déstabilisation de pays tiers, puis un pouvoir transnational indépendant (ce qui ne signifie pas impartial) des institutions politiques souveraines, capable de faire tomber des États ou de provoquer des guerres. On peut particulièrement le constater depuis une vingtaine d'années, et de manière plus aigüe en 2018, où les trois agences de presse de l'OTAN (AFP, Reuters et AP) ont par exemple totalement réussi à imposer à la presse mondiale le mensonge sur l'attaque chimique fictive de Douma le 7 avril[25] puis à occulter la conférence de démenti des témoins à La Haye le 26 avril[26]. Auparavant ces agences avaient porté presque jusqu'au prix Nobel de la Paix les faux Casques Blancs devenus célèbres en intoxiquant l'ONU le 30 septembre 2015. Elle dictent la publication quotidienne de plusieurs dizaines d'articles antirusses (une quinzaine rien qu'en Allemagne), sans besoin de la East Stratcom Task Force ouverte en septembre 2015 par l'Union Européenne pour coordonner sa propagande en Russie et en Europe de l'est.

---

[25] www.stratediplo.blogspot.com/2018/04/cette-presse-fire-and-forget.html

[26] www.stratediplo.blogspot.com/2018/05/leffroyable-posture.html

Par nature la presse est déstabilisatrice, puisqu'elle ne parle pas des trains qui arrivent à l'heure donc elle met l'accent sur les incidents et dysfonctionnements, et comme un discours rationnel noterait qu'un train en retard est une rare exception au trafic ferroviaire normal, elle tient plutôt un discours sensationnaliste et affectif et s'adresse à l'émotivité du public. Pour dramatiser, la presse exagère et ment parfois effrontément. De plus pour les trains en retard elle cherche plus des coupables à juger que des causes à expliquer, selon l'excellent mot d'Hubert Védrine cité en dédicace[27]. La presse se pose donc en juge et présente au public des actes d'accusation en le mettant en position de jury, ce qui fait évidemment de toute entrevue et interrogation d'un politicien un procès en accusation. En français imagé, la presse n'est généralement pas pour la paix des ménages (les trains ponctuels).

Devant tant de facteurs facilitateurs du déclenchement d'une guerre mondiale, il faut ajouter qu'elle ne se présentera pas, et ne sera pas nommée, comme telle. Les précédentes ont été qualifiées de mondiales *a posteriori*, après constatation de l'ampleur qu'avait progressivement prise le conflit. Et même lorsque l'élargissement et l'escalade majeurs seront évidents et assumés, cela sera présenté comme, par exemple, une intervention d'une auto-proclamée "communauté internationale" contre un pays récalcitrant, ou de l'Organisation pour la Coopération et le Développement Économique contre l'Organisation de Coopération de Shangaï… mais le terme de guerre mondiale ne sera pas prononcé même si c'est ce qui est recherché.

---

[27] *Les mondes de François Mitterrand*, éditions Fayard 1997.

Une légende populaire assure que la guerre est un bon exutoire des mécontentements, et un bon moyen de rassembler un peuple derrière un gouvernement en difficulté.

C'est surtout une formidable occasion pour rebattre les cartes. La guerre mondiale qu'on n'a pas numérotée, à savoir l'agression du monde par la révolution française, a vu d'abord l'affirmation soudaine de la France comme superpuissance déstabilisatrice, puis son effondrement militaire pour avoir eu "les yeux plus gros que le ventre" en s'attaquant au pays russe que même la Russie n'avait pu dompter. Cette guerre a aussi offert la surprise de l'imposition de la Russie comme pacificatrice des grandes puissances occidentales comme la France, l'Autriche-Hongrie, l'Angleterre et la Prusse, et a débouché sur la Sainte Alliance. La première guerre mondiale numérotée a vu la disparition de la Russie du paysage stratégique européen et le sabordage de la France pourtant sortie première puissance mondiale de la guerre. Elle a débouché sur la création de la Société des Nations sur les ruines de l'entente européenne qui avait succédé à la Sainte Alliance.

Enfin la deuxième guerre mondiale a vu l'imposition de l'URSS et des États-Unis comme superpuissances, en rivalité équilibrée jusqu'au début des années quatre-vingt-dix. Elle a débouché sur la création de l'ONU sur les ruines de la SdN, mais avec une ambiguïté certaine puisque l'ONU prétendait au départ ne regrouper que des ennemis de l'Allemagne et du Japon (l'Italie ayant quitté l'Axe), au point d'inciter des pays à déclarer symboliquement la guerre à l'Allemagne déjà défaite afin de pouvoir les compter comme membres fondateurs pour des raisons trivialement alimentaires (cas de l'Argentine). Cette ambiguïté fut révélée lorsque l'ONU prétendit ensuite à une vocation universelle en invitant tout nouvel État souverain même adepte de doctrines similaires au national-socialisme, et même en conflit avec tous ses voisins déjà membres... mais sans d'ailleurs jamais tenter, beaucoup l'oublient, de s'ériger en autorité supranationale.

Cependant l'émergence de l'URSS et des États-Unis à l'issue de la deuxième guerre mondiale ne fut pas symétrique.

L'URSS a immédiatement pâti de l'attaque allemande, puis plus généralement beaucoup souffert de la deuxième guerre mondiale, à un niveau que peu de pays même européens peuvent imaginer hormis l'Allemagne. Elle a fourni la moitié des effectifs et a subi de l'ordre de la moitié des pertes de la guerre au niveau mondial, vraisemblablement les trois-quarts au niveau européen. Bien qu'ayant perdu plus de combattants qu'aucun autre pays elle a perdu encore plus de civils, au total plus d'un sixième de sa population (plus d'un Soviétique sur six). En conséquence elle a ensuite subi une nouvelle famine, qui s'est prolongée après la guerre. La deuxième guerre mondiale, une génération après la révolution, a représenté une calamité terrible qui a donc, au sens propre, plus que décimé l'URSS. Elle y est appelée la Grande Guerre, qualificatif que les Français attribuent plutôt à la première guerre mondiale, et la capitulation allemande du 9 mai (8 mai selon l'heure berlinoise) est encore célébrée aujourd'hui en Russie avec une ferveur inégalée ailleurs. Même si l'URSS en est sortie victorieuse, cette guerre mondiale a laissé de sérieuses cicatrices, ne serait-ce que par les souffrances (et les pertes) endurées, que la guerre asymétrique d'Afghanistan, pourtant plus récente et dont l'URSS s'est retirée battue.

Pour la Russie la deuxième guerre mondiale, qui lui a été imposée (contrairement par exemple à la France qui l'a choisie), a été un événement extrêmement négatif et il est certain que l'idée même de guerre mondiale y a une connotation très négative dans l'esprit des gens. La perspective d'une troisième les effraie donc, et ils sont réellement atterrés par les déclarations et préparations atlantico-uniopéennes.

En ce qui les concerne les pays aujourd'hui membres de l'Union Européenne ont eu des fortunes diverses pendant la deuxième guerre mondiale, de l'Allemagne qui en a beaucoup souffert au Portugal qui ne l'a pas vue. Les derniers anciens combattants ont été enterrés et les derniers témoins enfants sont en maison de retraite. Les chapitres encore dédiés aux peuples d'Europe dans les chétifs livres d'histoire condamnent un "nazisme" abstrait de tout nationalisme pangermanique et de toute doctrine socialiste, et finalement la principale vocation de ces chapitres est d'introduire l'amitié franco-allemande et l'unification européenne.

Pour sa part la France a ensuite connu les guerres asymétriques d'Indochine puis d'Algérie, traumatismes politiques conclus par le dernier coup d'État du colonel de Gaulle mais assez indolores pour l'opinion parisienne (hormis l'intermède du contingent en Algérie). Elle est légèrement intervenue dans les guerres peu mécanisées de ses protectorats africains, sans cesser comme ses voisins (mais différemment) de se préparer à la prochaine guerre mondiale en Europe. Ensuite elle n'a engagé dans la grande bataille rangée aux accents mondiaux de 1991 (la deuxième guerre du golfe) que des unités constituées de militaires de métier[28]. Après la fin de la menace communiste, la première puissance militaire d'Europe occidentale a engagé ses forces et entraîné ses voisins d'abord dans les opérations de paix de l'ONU, puis dans les actions de guerre des États-Unis, et a participé dernièrement à des destructions sans suite, des conquêtes et des occupations, sans en subir la moindre conséquence sur son territoire. Il en est de même de ses voisins. Depuis près d'une vingtaine d'années les pays d'Europe occidentale sont en guerre en permanence, hors d'Europe, sans que cela affecte le moins du monde la vie quotidienne de leurs citoyens, hormis bien sûr les militaires résiduels exténués de cet activisme belliciste.

En résumé, pour les pays d'Europe occidentale la deuxième guerre mondiale n'est plus qu'un vague souvenir d'écolier, non pas associé aux horreurs de la guerre mais aux monstruosités du "nazisme" qu'il fallait absolument défaire avant l'unification politique du continent. Les populations actuelles d'Europe occidentale ont oublié ce qu'est la guerre, et voient à la télévision leurs armées de métier gagner proprement des guerres conventionnelles d'intensité croissante, pour des motifs moraux toujours déclarés impératifs. La perspective d'une troisième guerre mondiale envoie beaucoup plus de gens s'asseoir devant leur téléviseur que manifester dans les rues.

De leur côté les États-Unis ont immédiatement profité d'une part des besoins agricoles de l'Europe occidentale qui avait mobilisé ses populations rurales, et dans une moindre mesure des besoins industriels allemands soudains. Puis lorsqu'ils entrèrent finalement en guerre,

---

[28] Ce mot est ici mûrement pesé, la fonctionnarisation ultérieure des armées françaises ayant rappelé qu'il n'est pas synonyme de professionnalisme.

trahissant leur neutralité bienveillante envers une Allemagne militairement bloquée en URSS, ce fut sous la forme de corps expéditionnaires puisqu'ils n'ont pas été amenés à combattre sur le sol américain. Les États-Unis ont certes, au-delà de nourriture et de matériel militaire, temporairement envoyé plusieurs millions de soldats en Europe (revenus pour la plupart), mais leur population et leur territoire sont restés intouchés et les quelques centaines de victimes "civiles" qu'ils clament étaient en réalité engagées dans leurs opérations militaires. Avec de l'ordre de 0,4 millions de morts (à 99,6% militaires), soit 0,7% du score total de la guerre qui a tué 60 millions de personnes (dont moitié de Soviétiques), les États-Unis sont la puissance qui s'en est le mieux tirée. Leur participation fut pourtant loin d'être mineure au niveau militaire à la fin de la guerre, notamment de par leurs fournitures d'armement au front soviétique qui a consommé 80% des forces allemandes, mais leur territoire et leur population ont été épargnés et le bilan final de la guerre a été largement positif pour les États-Unis.

Ensuite le conflit asymétrique au Vietnam fut comparativement plus douloureux, sur le plan psychologique, pour la population étatsunienne, et n'apporta aucun bénéfice économique. Mais le conflit conventionnel suivant, en péninsule arabique en 1991, prit des allures de guerre mondiale, au moins du côté de la coalition arabo-occidentale, et apporta aux États-Unis de grands profits stratégiques (et accessoirement aussi économiques), faisant d'eux l'hyperpuissance unique alors que l'autre superpuissance avait disparu et que l'Alliance Atlantique avait perdu sa pertinence et sa raison d'être.

En résumé, pour les États-Unis la deuxième guerre mondiale, où ils sont intervenus volontairement (et tardivement), a été un événement extrêmement positif et il est vraisemblable que le nom même de "WWII" y ait une connotation largement positive dans l'esprit des gens. Il n'y a aucun doute que la perspective d'une troisième ne les inquiète pas (hormis les militaires) et qu'ils y seraient plutôt favorables.

Une guerre régionale au Proche ou au Moyen-Orient, par exemple la grande confrontation sunnite-chiite, suffirait à renchérir le pétrole (sauf en cas d'effondrement majeur de sa consommation comme lors de l'arrêt de l'économie mondiale au deuxième trimestre 2020) et augmenter la demande de ce dollar qui permet le *free lunch* des États-Unis. Une guerre civile en Europe occidentale, par exemple la révolution des babouches, suffirait à sinistrer durablement les économies rivales européennes et à éliminer l'alternative monétaire au dollar. Mais aucun de ces deux événements ne paraît susceptible d'entraîner ou d'excuser un effacement de toutes les dettes et une remise des compteurs à zéro, nécessaires à l'annulation de la dette étatsunienne. Pour que le monde accepte une mesure aussi drastique il faut un événement exceptionnellement grave.

Il faut une guerre mondiale.

… C'est du moins ce qui semblait évident jusqu'en 2019. En 2020, on peut admettre qu'une pandémie majeure, mettant à l'arrêt les économies, tuant de 1,5 à 2% de la population touchée, changeant durablement les modes de vie et affectant sérieusement les coûts d'obtention des biens et services superflus et même essentiels, un tel événement pourrait être le cas de force majeure rendant inutile la guerre mondiale.

6 – Argument ultime

Une affabulation populaire traumatisante, peut-être héritée des idées pacifistes infusées par l'Union Soviétique dans les pays d'Europe alors libre, assimile abusivement guerre mondiale et apocalypse nucléaire. Or guerre mondiale et guerre nucléaire sont deux réalités bien distinctes dont l'une n'implique pas nécessairement l'autre.

Il est vrai que la détonation de toutes les ogives nucléaires mégatonniques existantes occasionnerait une catastrophe de très mauvais augure pour la survie de l'espèce humaine, de l'ordre des mammifères voire d'une bonne partie du règne animal. Mais une guerre nucléaire n'implique pas l'échange de toutes les têtes déployées, pas plus qu'un conflit conventionnel n'implique le tir de toutes les cartouches distribuées. Surtout, une guerre mondiale n'induit pas nécessairement l'utilisation d'armes nucléaires, de même que la deuxième guerre mondiale n'a pas vu l'utilisation d'armes chimiques si cruelles lors de la première. Ceci est d'autant plus vrai que les capacités des armes modernes (missiles) en matière notamment de précision, de portée et éventuellement de capacité de saturation et de percée rendent les armes nucléaires à peu près facultatives pour une grande puissance militaire moderne, hormis dans un rôle de dissuasion stratégique… ou de coercition.

Si les principaux vainqueurs de la deuxième guerre mondiale, en se cooptant comme membres permanents du Conseil de Sécurité de l'ONU, s'en s'ont justifiés par le fait qu'ils étaient les pays les plus peuplés représentant ensemble plus de la moitié de la population mondiale, le caractère fallacieux de cet argument a été révélé très rapidement à l'indépendance de l'Inde, puis confirmé après la perte par la France et le Royaume-Uni de leurs empires coloniaux. Pour le tiers-monde nouvellement indépendant, représentant dès les années soixante les trois-quarts des sujets internationaux membres de l'ONU, la seule justification possible des cinq exceptions statutaires était la puissance, manifestement plus militaire qu'économique, et symbolisée par l'arme nucléaire à laquelle tous les membres permanents avaient accédé avant même que les colonies émancipées entrent à l'ONU. Cette conviction fut renforcée lorsqu'un sixième membre supposé du club nucléaire (et tout petit pays) fut autorisé par les autres à mépriser systématiquement et répétitivement toutes les résolutions de l'Assemblée Générale de l'ONU à son encontre, sans avoir besoin de solliciter un siège permanent (que l'Assemblée Générale aurait refusé), et donc sans devoir reconnaître sa capacité nucléaire ou signer le traité de non-prolifération.

Toutefois, si la possession de l'arme nucléaire confère un statut spécial (convoité à juste titre), son utilisation confère un statut unique et exceptionnel, dont ne jouit à ce jour qu'un seul pays, mais d'une manière de moins en moins évidente au fur et à mesure de l'extinction du souvenir de cette utilisation. De plus on a vu la multiplication des démonstrations de possession (Inde, Pakistan et Corée du Nord), des aveux de confection et démantèlement (Afrique du Sud), des évidences de capacité (Brésil, Argentine, Italie et Allemagne), des affirmations d'acquisition (Arabie Séoudite) et des suspicions de développement (Libye puis Iran). On pourrait ajouter que si Israël a obtenu sa capacité nucléaire par la France et les pays de l'hémisphère austral ont développé leur propre industrie (d'abord civile), les pays asiatiques ont été grandement aidés par les États-Unis.

Ceux-ci publient parfois "par mégarde"[29] un manuel complet pendant plusieurs mois, et ont de plus aidé directement la Libye et le Pakistan, à travers l'organisation Tinner dite réseau Khan, donc indirectement la Corée du Nord, l'Iran aussi aidé directement par l'opération Merlin, et l'Arabie. Quels que fussent les motifs stratégiques de ce soutien actif à la prolifération (le dollar a certes toujours autant profité de l'insécurité mondiale que des tensions proche-orientales), il a contribué à la banalisation de la possession statique de l'arme nucléaire, donc à la distinction entre possession et utilisation.

On pourrait ajouter que leur comportement désinvolte en matière de sécurité des armes nucléaires, comme le largage "par accident" (en réalité par imprudence) de machines infernales multimégatonniques les 13 février 1950, 23 janvier 1961 et 17 janvier 1966 (pour les sept bombes avouées) ne milite pas en faveur d'un critère qualitatif de leur exceptionnalité. Il en est de même de l'excellence de leur chaîne de commandement du feu nucléaire, qui le 8 octobre 1962 (une semaine avant la crise des missiles de Cuba et Turquie) a ordonné, avec les quatre confirmations sécurisées requises, aux bases de missiles d'Okinawa le tir de quatre missiles nucléaires stratégiques sur Vladivostok, Hanoi, Pékin et Pyongyang (l'officier de tir a désobéi), comme l'a révélé le Bulletin of the Atomic Scientists[30]. Tout cela ne peut qu'encourager la

---

[29] C'est aussi "par mégarde" qu'ils disséminent le bacille du charbon dans le monde.

[30] www.thebulletin.org/okinawa-missiles-october8826

prolifération, de la part de pays inquiets de devoir se prémunir de cette puissance nucléaire dangereuse et imprévisible , comme l'a fait la Corée du Nord dont le statut de puissance nucléaire militaire a été reconnu, et scellé par un accord favorable (et la levée de toutes les sanctions) le 13 février 2007, soit quatre mois après son premier essai nucléaire.

Or d'une part les États-Unis veulent réaffirmer leur caractère exceptionnel, et d'autre part ils doivent imposer quelque chose dont les autres ne veulent plus (le dollar).

Le phare Ouest n'éclaire plus le monde, le rêve américain vanté par Hollywood ne fait plus recette et bientôt même les Étatsuniens immigreront illégalement en Europe pour échapper à la misère sanitaire. Au niveau interétatique, les États-Unis ne peuvent plus dicter n'importe quoi comme en 1944, en 1971 voire en 1991. Ils se sont totalement écartés du jeu diplomatique multilatéral et ne sont plus invités que par automatisme, par leurs alliés, aux conférences de résolution des conflits qu'ils ont fomentés.

Bien qu'étant finalement revenus sur leur décision de quitter l'aventure spatiale européenne dite internationale (qui allait continuer sans eux), ils ne se sont pas remis du retentissant échec de leur programme spatial, au point de n'avoir plus de vecteurs nationaux indépendants de l'étranger, Russie et France en particulier. Leur retard technologique, en dépit d'un budget militaire presqu'encore équivalent à celui du reste du monde, a récemment mis leur puissance expéditionnaire, basée sur une dizaine de groupes aéronavals, à la merci des missiles hypersoniques chinois puis russes, et des systèmes de neutralisation radio-électronique russes. Ancienne grande puissance agricole, les États-Unis encaissent le déclin relatif de leur contribution à l'alimentation mondiale (et le réveil de la Russie) et doivent tordre le bras à l'Union Européenne pour y écouler leurs produits frelatés. Et ils ne peuvent plus prétendre être la "locomotive économique" d'un monde dont la première puissance commerciale depuis de bonnes années, et première puissance économique depuis peu, frise officiellement (et dépasse peut-être secrètement) les 10% de croissance annuelle depuis bien deux décennies, d'ailleurs plus par la satisfaction des besoins internes que par l'exportation des surplus, qui ont cependant supplanté 80% de la production industrielle du reste du monde.

Au début des années deux-mille la Chine, premier créancier des États-Unis et assise sur une montagne de dollars condamnée à la dépréciation, leur a proposé une révision du système monétaire international dans le sens d'un rééquilibrage des devises de réserve et des monnaies d'échange, mais ils ont refusé. Après la révélation en 2008 du caractère insoutenable du surendettement étatsunien, à l'occasion de la crise des prêts hypothécaires dits *subprime* c'est-à-dire irrécouvrables, la Chine a encore tendu la main aux États-Unis avec insistance pour tenter de sauver le dollar, en échange cependant d'un engagement de sérieux budgétaire. Non seulement ils ont refusé, mais ils ont ensuite lourdement présenté au monde atterré, créanciers arabes compris, le spectacle (titré "*debt ceiling*") de leurs désaccords internes sur l'alternative entre soit s'endetter toujours plus pour payer leurs intérêts, soit faire tout de suite défaut sur leur dette.

La Chine a alors intensifié sa politique d'achat d'or, que les pays occidentaux, hostiles à l'adossement des monnaies qui bride l'imprimante à billets et hostiles aux valeurs qui ne produisent aucun rendement (métaux), prétendent nouvelle, mais qui remonte en réalité à 1983. Cette année est, par coïncidence, justement celle où les banques centrales occidentales ont commencé à "louer" massivement leur or (qu'elles prétendent toujours pouvoir récupérer un jour) aux banques commerciales qui le vendent "à terme" sur papier, ou comptant avec livraison physique. Alors que jusqu'en fin 2002 le gouvernement chinois interdisait à ses citoyens de posséder de l'or, sous peine de prison, il l'a ensuite autorisé puis fortement encouragé, notamment depuis 2010, par des campagnes publicitaires, l'ouverture de boutiques partout et l'instauration d'une culture de la thésaurisation de l'épargne, qui atteint 40% du PIB[31]. 2002 est aussi l'année de l'ouverture du marché Shanghaï International Gold Exchange, d'abord destiné à titre expérimental au marché intérieur puis ouvert aux négociateurs asiatiques, donc vraisemblablement l'année où le gouvernement chinois a estimé avoir désormais accumulé suffisamment d'or pour ses besoins stratégiques (monétaires).

Pendant un siècle le prix international de l'or a été déterminé à Londres par accord entre des banques européennes, ces "*golden five*" contraintes d'accepter en 2015 trois banques chinoises (gros nouveaux acheteurs) qui participent donc maintenant à la détermination du cours mondial, à Londres, non pas par de faux contrats triangulaires de spéculation à terme et à la baisse, mais en se portant acquéreur de toute quantité physique livrable. L'or est ensuite revendu sur le marché de Shanghaï aux banques et intermédiaires qui sont prêts à payer une "prime" au-dessus du cours londonien pour avoir du métal au lieu de papier. On y trouve surtout des banques et courtiers

---

[31] Aux États-Unis l'épargne est négative, ce qui confirme leur insolvabilité.

asiatiques, mais aussi une grosse banque étatsunienne[32] qui vient racheter à Shanghaï (plus cher) un peu d'or "physique" pour le revendre (moins cher) sur les places de Londres et New-York afin bien sûr encore d'entretenir le mythe de la baisse du cours (et donc de la solidité des monnaies fiduciaires) mais surtout maintenant de retarder leur défaut définitif et donc l'écroulement dudit mythe.

De loin premier extracteur mondial avec une production annuelle de 450 tonnes qui devrait largement couvrir ses besoins stratégiques, industriels, joailliers et d'épargne, la Chine est cependant aussi le premier importateur net, passant devant l'Inde en 2013 et absorbant un tiers de la production mondiale. Pour satisfaire sa boulimie elle achète aussi toutes les compagnies minières étrangères qu'elle peut, quitte à payer une prime très généreuse par rapport à leur valeur en bourse. En la matière elle est aidée par les banques centrales occidentales, qui en bridant le prix de l'or ont mis en difficulté beaucoup de compagnies et fait fermer beaucoup de mines dont les coûts d'extraction sont supérieurs aux cours de vente artificiellement bas.

De toute évidence la Chine a décidé d'adosser sa monnaie, au moment opportun, sur l'or. Elle déclare des réserves officielles pas inquiétantes, du même ordre de grandeur que les puissances européennes, mais les économistes qui comparent les chiffres d'exportation à ceux d'importation et de production[33] émettent des

---

[32] Il s'agit de Goldman Sachs, connue pour recaser ses anciens dirigeants comme politiciens à l'Union Européenne.

[33] C'est par cette méthode que les économistes ont acquis la certitude, il y a quelques décennies, que les prétendues réserves étatsuniennes de 8100 tonnes (chiffre inchangé depuis un demi-siècle) n'existent plus.

estimations qui, dans l'ignorance de la thésaurisation chinoise privée, vont jusqu'à 30 000 tonnes pour les réserves gouvernementales (25 000 lors de l'ouverture aux épargnants en 2003)

Cela n'empêche évidemment pas la Chine d'avoir aussi jusqu'en 2013 accumulé des réserves de change (devises étrangères) équivalentes à 3500 milliards de dollars. Ce montant est supérieur à celui des cinq pays suivants (Japon, Suisse, Arabie Séoudite, Russie et Taiwan), et équivaut à vingt-huit fois les réserves de change des États-Unis qui représentent à peine celles de l'Indonésie ou le tiers de celles du Brésil. C'est bien pour cela que la Chine a défendu le dollar, dont elle détient tant, aussi longtemps que possible en dépit de l'incurie du pays émetteur. Entretemps, l'achat de l'Afrique et de quelques terres arables en Extrême-Orient russe, en Sibérie et en Patagonie ne pouvant consommer tous les dollars que détient la Chine avant leur dévalorisation totale, elle fonde des banques d'investissement et de développement pour aider les pays que les institutions financières mondiales et asiatiques boudent pour des raisons économiques ou idéologiques. La Chine s'achète ainsi des gratitudes souveraines, d'Asie en Amérique en passant par l'Afrique et l'Europe, pour l'après dollar et monnaies liées.

Après avoir ouvert complètement son économie et son marché des changes pour que les détenteurs tiers puissent utiliser leurs yuans, la Chine a conclu au cours de l'année 2013 des accords de compensation en monnaies respectives sans dollar intermédiaire (en négociation depuis 2010) avec le Brésil, la Russie, l'Australie et plusieurs pays asiatiques, puis avec la France, le Royaume-Uni et enfin la Banque Centrale Européenne. En devenant le premier importateur mondial de pétrole la Chine a réussi à le payer en sa monnaie à la Russie, à l'Iran (ce qui déciderait les

États-Unis à lever leurs "sanctions"), au Vénézuéla, à la Colombie, à l'Angola, au Nigéria et au Soudan. Au même moment plusieurs pays occidentaux ont commencé à lever des emprunts d'État libellés en yuans, avec un succès inespéré.

Et depuis octobre 2016 le yuan renminbi fait partie du panier de monnaies du FMI, avec le dollar étatsunien, l'euro, la livre sterling et le yen, et les membres du FMI peuvent déclarer leurs réserves dans cette devise. Les États-Unis ont pu retarder cette décision mais pas l'empêcher, surtout que leur réponse à leur crise de surendettement de 2008, à savoir l'hyperendettement et le quintuplement de leur masse monétaire nationale entre 2008 et 2014 (division volontaire par cinq de la valeur réelle de leur monnaie), n'a rassuré personne.

La Chine a trouvé dans l'or le moyen de compenser l'inévitable écroulement de la montagne de dollars qu'elle a accumulée jusqu'en 2013, et d'éviter que sa monnaie suive les autres dans l'effondrement. Certes, elle a acheté l'or que les banques centrales occidentales ont bradé pour cacher l'effondrement du dollar et des monnaies liées, mais il serait sans valeur si celles-ci arrivaient d'autorité à clore définitivement les transactions sur une proclamation finale d'un prix fixe ridiculement bas, et si les économistes arrivaient à convaincre le monde qu'une monnaie ne peut plus être garantie par un métal comme au Moyen-Âge.

C'est pour cela que la Chine a fondé son marché de Shanghaï puis l'a ouvert en 2014 aux acteurs étrangers, le destinant à devenir le dernier refuge des transactions de métal véritable. Lorsque les marchés londonien et newyorkais auront définitivement fait défaut, la demande explosera à Shanghaï et la Chine vendra encore assez d'or pour que des transactions aient lieu, à un prix laissé libre de bondir (dans une vraie monnaie) jusqu'à vingt ou trente fois le cours actuel, voire cent fois si tous les porteurs de papier adossé à 1% de stocks existants sont prêts à tout pour obtenir livraison.

Le monde a compris que ce qu'on appelait système monétaire international n'était en réalité qu'un système occidental, et en fait une zone dollar, et qu'un autre système existe désormais autour de la nouvelle première puissance économique mondiale. Cette inéluctable réorganisation du monde ne peut être parée par aucune arme économique ou conventionnelle.

Cependant les États-Unis ont inclus la suprématie monétaire au nombre de leurs intérêts nationaux, tout comme la sécurité de leurs approvisionnements, leur liberté de prosélytisme extérieur et la sécurité de leurs amis, en plus bien sûr de ce que tous les pays considèrent comme intérêts vitaux, notamment l'intégrité de leur territoire, la protection de leur population et la souveraineté de leur gouvernement. En réalité, puisque cette suprématie monétaire leur fournit le fameux "repas gratuit" qui leur permet de financer la sauvegarde de tous leurs autres intérêts, elle constitue leur intérêt suprême.

Pour le défendre ils sont prêts à tout, y compris bien sûr l'utilisation d'armes nucléaires même à titre préventif et contre des adversaires qui en sont dépourvus. Comme cette nouvelle doctrine de l'attaque nucléaire qu'ils appellent préventive est en nette rupture avec l'ancien principe de riposte graduée de l'époque où ils avaient un ennemi puissant, ils l'ont affirmée maintes fois depuis une vingtaine d'années. Ils n'avaient pourtant pas eu besoin d'utiliser des armes nucléaires pour punir l'Irak d'avoir abandonné le dollar, comme ils allaient par la suite punir d'autres pays pour la même raison, mais leurs décideurs politiques ont alors jugé qu'il devenait judicieux de lancer la gesticulation nucléaire.

L'assertion nucléaire a besoin de publicité pour être entendue par le monde, et d'explication pour être assimilée. Si un conflit escaladait accidentellement, si les États-Unis étaient confrontés à une menace sur leurs nécessités véritablement vitales, ou même si la dégradation d'une situation tactique quelque part les amenait à devoir recourir à l'arme nucléaire, le résultat ne serait pas le même car ils auraient été contraints à cette extrémité, ce qui ne soutiendrait pas le message selon lequel ils choisissent librement, avec préméditation et avec gravité d'asséner un avertissement ou une punition extraordinaire.

C'est pourquoi les États-Unis ont amplement préparé le monde à leur attaque nucléaire contre l'Iran, au lieu d'y recourir sans préavis, début 2006 puis début 2007. Personne n'oubliera comment les agences de presse qui diffusent les informations étatsuniennes dans le monde entier ont lourdement imposé cette question pendant plusieurs mois, débordant largement le premier trimestre de ces deux années-là[34]. Les politiciens, militaires et journalistes du monde atlantico-uniopéen l'ont intensément commentée jusqu'à la nausée, sans d'ailleurs qu'aucune alerte sur une grave menace contre la paix soit étudiée au Conseil de Sécurité de l'ONU, sans que les gouvernements des pays alliés se rebiffent, sans que les organisations internationales instaurent un embargo contre le pays menaçant, sans que les parlements exigent la sortie

---

[34] Le Conseil de Sécurité de l'ONU avait donné le 29 mars 2006 trente jours à l'Iran pour suspendre ses activités d'enrichissement d'uranium (ce que l'Iran a refusé puisque le Traité de Non-Prolifération lui garantit le droit à l'enrichissement) puis lui a de nouveau donné le 23 décembre 2006 jusqu'au 21 février 2007 pour suspendre ces activités.

immédiate de l'OTAN et l'isolation diplomatique des États-Unis. Leur acte aurait été approuvé par presque toutes les puissances qui ont voix au chapitre.

Aussi ouvertement qu'officiellement, la *Nuclear Posture Review* de 2002, commandée par le deuxième président Bush et approuvée par le congrès, expose la nouvelle doctrine étatsunienne de guerre nucléaire dite "préventive" et précise d'ailleurs qu'elle n'est pas applicable seulement contre les États "voyous" mais aussi contre la Russie et la Chine. Sa mise en œuvre a été explicitée dans le *Concept Plan 8022* de fin 2003, sur la base duquel la marine et l'armée de l'air ont préparé les plans de frappes des flottes sous-marine et aérienne, et qui ne prévoit pas de déploiement au sol ni d'opérations de combat en général, car il ne s'agit pas d'une planification opérationnelle mais exclusivement destructive.

D'après Le Monde du 20 avril 2006 "*la quasi-totalité des chefs militaires et des services de renseignement*" étatsuniens seraient hostiles à cette utilisation des armes nucléaires, pensant qu'elle ferait l'objet d'une réprobation mondiale. D'ailleurs des journaux étatsuniens, comme le *New Yorker* du 8 avril, éventaient alors des menaces de démission d'officiers généraux suite aux ordres préparatoires au bombardement nucléaire de Natanz et d'autres sites en Iran. Il serait intéressant de connaître la position du commandement étatsunien quatorze ans plus tard, après l'apparente acceptation mondiale des annonces d'agression nucléaire imminente, proférés par leur pays envers divers autres depuis lors.

Comme l'expliquait le Washington Post en mai 2005 ce plan est "*offensif, déclenché par la perception d'une menace imminente et mis en œuvre sur ordre présidentiel*", c'est-à-dire sans approbation préalable du congrès. Ce type d'attaque est déclenchable, comme le rappelait encore Le Monde le 26 février 2007, "sous vingt-quatre heures", donc encore plus rapidement que le bombardement précipité de la Syrie tôt le 14 avril 2018 lorsque les trois pays ayant proclamé (par leurs agences de presse) l'attaque chimique fictive du 7 à Douma ont appris l'arrivée imminente des enquêteurs de l'OIAC. La brièveté d'un tel délai (vingt-quatre heures) révèle que des plans de frappes prévisionnels ont été élaborés à l'avance contre un certain nombre de pays. Concernant l'Iran en 2006 et 2007, la presse a mentionné l'existence de deux plans. Le premier était limité à une vingtaine[35] d'installations nucléaires mais était censé amener le gouvernement iranien à capituler en douze heures. Le deuxième plan comprenait deux mille cibles dont des installations militaires, des infrastructures civiles vitales, des centres économiques, des administrations et la direction politique, dans le but de paralyser totalement le pays en deux à trois jours. Il s'agit donc de bombardements stratégiques, sans intérêt militaire mais à finalité politique.

Pourtant, pour couper court aux critiques le gouvernement étatsunien appelle les bombes B61-11 actuelle et B61-12 future des armes nucléaires tactiques, un adjectif que la polémologie réserve au champ de bataille, ou encore "*mininukes*". Il construit même tout un discours de propagande sur la destination "*bunker-buster*" de la B61-11, au point que certains journaux européens l'appellent simplement bombe antibunkers, en omettant de préciser sa nature thermonucléaire. Cette bombe a une imprécision de l'ordre de cent vingt mètres. Bien que les données

---

[35] Les déclarations originelles, venant d'un pays encore culturellement voire mentalement réticent au système décimal, mentionnaient plus précisément "deux douzaines".

techniques affichent une capacité de pénétration de plusieurs dizaines de mètres de roche, selon la notice constructeur prévoyant un lâcher (par gravité) à très basse altitude, les tests pratiques effectués dans les conditions de bombardement coutumières des pilotes étatsuniens, à savoir douze mille mètres d'altitude, montrent une pénétration réelle de l'ordre de six mètres de terre gelée.

À titre de comparaison, la bombe conventionnelle antipistes française Durandal (plus ancienne, plus légère et sans pointe en uranium), stabilisée par parachute en position verticale au-dessus de l'objectif puis précipitée vers lui par une fusée supersonique, a une capacité de pénétration équivalente (du moins lorsqu'elle est lâchée par des pilotes français sous cent mètres de plafond) et une précision dix fois meilleure. Elle ne doit plus garder beaucoup de secrets technologiques pour les États-Unis, car ils l'utilisent depuis trois décennies. Aussi, s'ils visaient vraiment les installations ennemies enterrées ils auraient certainement développé une arme plus maniable (y compris politiquement) que la B61-11 nucléaire.

Une explosion dans le sol est plus destructrice qu'une explosion en surface (dont une bonne partie de l'énergie part en l'air), comme le savent tous les apprentis sapeurs qui ont placé la même charge d'explosif au pied d'un mur et dans une niche du mur, ou les enfants qui jouent aux pétards dans un bac de sable. En l'occurrence, l'académie nationale des sciences étatsunienne a calculé que l'explosion souterraine des 400 kilotonnes de la B61-11 produisait les mêmes effets que l'explosion d'une bombe de 6 à 10 mégatonnes en surface. En d'autres termes, l'explosion souterraine de cette bombe "seulement" vingt-sept fois plus puissante que celle d'Hiroshima produirait les effets de l'explosion en surface d'une bombe cinq cents fois plus puissante que celle d'Hiroshima. En effet, bien que des commentateurs reproduisent encore les spéculations étatsuniennes des années quatre-vingt-dix selon lesquelles la B61-11 aurait la tête à puissance variable de 10 à 360 kilotonnes de la B61-7, on sait depuis la *Nuclear Posture Review* de 2001 qu'elle a une puissance fixe, qui s'avère être de 400 kilotonnes. Une bombe de 400 kilotonnes produisant les mêmes effets qu'une bombe de 6 à 10 mégatonnes peut difficilement être qualifiée d'arme tactique.

Et justement les vrais stratèges et scientifiques étatsuniens, contrairement aux journalistes proclamés "experts" par les journaux, considèrent sans hésitation les bombes B61-7 et B61-11 comme des armes stratégiques, et les bombes B61-3 (de 0,3 à 170 kilotonnes) et B61-4 (de 0,3 à 50 kilotonnes) comme des armes non stratégiques. C'est ce qu'on appelait autrefois en France des armes préstratégiques ou d'ultime avertissement avant la vitrification, seule la bombe de quelques kilotonnes à effets collatéraux réduits[36] ayant été destinée au champ de bataille. D'ailleurs même les bombes B61-3 et B61-4, dont on sélectionne au moment de l'activation une puissance parmi plusieurs possibles, doivent être envisagées à leur puissance maximale (respectivement 170 et 50 kilotonnes), puisqu'on ne connaît aucun cas d'un commandant étatsunien qui, mis devant le choix entre neutraliser et détruire son ennemi, ait choisi la simple neutralisation : les bombes seront armées à leur puissance maximale.

Aujourd'hui l'essentiel de l'arsenal nucléaire gravitationnel étatsunien est constitué de B61-3 de

---

[36] C'est par le développement de cette bombe à rayonnement renforcé que le président François Mitterrand a convaincu le secrétaire général Mikhaïl Gorbatchev de renoncer à libérer le prolétariat ouest-européen.

puissance maximale 170 kilotonnes et de B61-4 de puissance maximale 50 kilotonnes, soit respectivement onze fois et trois fois leur ancêtre d'Hiroshima. Dans les toutes prochaines années, tous ces modèles de B61 seront remplacés par un modèle unique, B61-12, qui devait initialement entrer en dotation à partir de 2020. Toutefois le programme a été accéléré depuis la déclaration de guerre à la Russie, ainsi la production en série a très vraisemblablement commencé en 2018.

Cette B61-12, commandée sauf erreur à 480 exemplaires et reprenant la tête de la B61-4, dispose d'une puissance sélectionnable de 0,3, 5, 10 et 50 kilotonnes. Mais en remplaçant entre autres (dans les planifications stratégiques) la B83-1, la future bombe montre qu'elle peut produire le même effet stratégique qu'une bombe de 1,2 mégatonnes. Disposant d'un empennage de queue articulé elle a une précision de l'ordre de trente mètres, et il est vraisemblable qu'elle a une capacité de pénétration comparable à celle de la B61-11, car les scientifiques ont calculé que même à sa puissance minimale de 0,3 kilotonnes son explosion souterraine produirait les mêmes destructions qu'une bombe de 4,5 à 7,5 kilotonnes en surface, soit du tiers à la moitié de la bombe d'Hiroshima.

L'ancienne bombe nucléaire tactique française susmentionnée explosait en altitude, donc elle tuait par les radiations immédiates mais elle ne provoquait pas de retombées, ce qui était voulu car elle était destinée à être utilisée sur les territoires français et allemand. Au contraire les bombes explosant au sol pulvérisent et soulèvent de grandes quantités de matières ionisées (radioactives) formant des nuages allant contaminer d'autres régions, et cet effet indésirable et différé est bien plus important encore dans le cas d'explosion à faible profondeur. Cela n'a pas empêché le sénat des États-Unis de décider en 2003 que les explosions souterraines de ce type étaient inoffensives pour les populations civiles. Par ailleurs l'uranium appauvri de la pointe de la B61-11 et certainement de la pointe de la B61-12 est aussi pulvérisé et empoisonne la terre pour quelques milliards d'années, avec des effets sur l'animal bien connus des parents serbes de monstres difformes.

La presse n'est pas seule à se focaliser sur la bombe B61-11 plus facile à vendre au public grâce à son étiquette d'antibunker, puisqu'au sujet de l'Iran en 2006 et 2007 le gouvernement étatsunien annonçait qu'il utiliserait cette arme. Il le rappelle d'ailleurs à chaque nouvelle tentation de solution "militaire" (en réalité stratégique) d'un conflit politique, comme dans les cas de la Corée du Nord puis de l'Iran au début 2018.

Les missiles de croisière Tomahawk emportés par la marine peuvent aussi porter une tête nucléaire (de 200 kilotonnes). Enfin, dans un mouvement que les stratèges ont considéré à la fois comme une multiplication des capacités et comme un abaissement du seuil d'emploi, les États-Unis ont adopté en 2018 et fabriqué en 2019 une cinquantaine d'exemplaires d'une nouvelle tête W76-2 de 5 à 7 kilotonnes, soit un tiers de celle d'Hiroshima. Cette tête équipe depuis décembre 2019 un vingtième ou un dixième des missiles Trident de certains sous-marins nucléaires lanceurs d'engins, en remplacement de la tête W76 vingt fois plus puissante. Sa vocation n'est pas de dissuader mais d'être utilisée.

En tout cas il s'agit bien de bombardements stratégiques, comme le confirme la puissance destructrice réelle des outils envisagés, d'ailleurs considérés comme stratégiques par les scientifiques. Certains pays visent et détruisent réellement des infrastructures ennemies, y compris enterrées, plutôt que des populations, comme la

France (qui les fait préalablement évacuer), Israël et la Russie, puissances nucléaires à capacités stratégiques et tactiques. Mais ces pays n'envisageraient jamais de faire larguer sur un bunker, que ce soit d'une courageuse proximité d'appui-feu ou d'une condescendante altitude étatsunienne, une bombe thermonucléaire de cent mètres d'imprécision, d'à peine quelques mètres de pénétration, d'une puissance nominale vingt-sept fois supérieure à celle d'Hiroshima et d'une puissance destructrice cinq cents fois supérieure à celle-ci. Évidemment une telle attaque pulvérisera totalement la moindre preuve d'infraction (prétexte à l'attaque) du pays ainsi attaqué, et aucune organisation internationale ne trouvera de scaphandrier Tchernobyl pour aller chercher dans un cratère de trois cents mètres une molécule interdite, une immatriculation de centrifugeuse, un passeport de terroriste ou un lingot-étalon or.

Mais surtout il y aura des morts incalculables, y compris immédiates. Si l'on peut s'interroger sur le nombre de morts nécessaires pour qu'un pays gouverné par un parlement soucieux des vies du peuple implore sans conditions l'arrêt des bombardements, on peut aussi s'interroger sur le montant de destructions nécessaires pour faire capituler un régime qui place la souveraineté du pays au-dessus des sacrifices de la population. En tout cas les États-Unis sont certains d'obtenir la reddition inconditionnelle des ayatollahs en douze heures, par le traitement d'une vingtaine de cibles seulement. Si leur chirurgie n'a pas la précision du laser, elle doit être lourdement ablative. Et pour mémoire leur stratégie favorite, de Dresde à Raqqa en passant par Nagasaki, Banja Luka et Bassorah, consiste plutôt à bombarder les populations ennemies qu'à affronter leurs armées.

La communication publique, au cas où il resterait quelques âmes sensibles dans les électorats atlantico-uniopéens, parlera de frappes précises et limitées sur des objectifs légitimes, et si des images ou des bilans humains percent la chape médiatique on accusera l'ennemi d'avoir déployé des otages civils comme boucliers humains. La communication intergouvernementale plus discrète, elle, rappellera que ce pays a vitrifié Hiroshima et Nagasaki pour un enjeu bien moins vital que la survie du dollar, et intimera aux grandes puissances, Chine en premier lieu, de continuer d'accepter et soutenir le dollar.

Le 8 janvier 2002 le gouvernement étatsunien a présenté au parlement des plans d'attaque nucléaire contre plusieurs pays (pour certains non dotés d'armes nucléaires[37]), ce qui fut révélé par la presse le 9 mars, confirmé par les présidents George Bush puis Barack Hussein Obama et inscrit dans l'exposé annuel de la posture nucléaire. Les États-Unis ont ainsi officiellement remplacé leur stratégie de dissuasion par une stratégie de la "frappe en premier", c'est-à-dire, selon le droit international, de l'agression (nucléaire).

La révision publiée en janvier 2018 de la posture nucléaire ajoute même que les États-Unis pourraient utiliser des armes nucléaires en réponse à la neutralisation électronique de l'un de leurs satellites (elle précise même "par la Russie" puisque celle-ci a neutralisé le Donald Cook le 12 avril 2014). Il s'agit donc d'utiliser des armes nucléaires en riposte à une (supposée) attaque électronique

---

[37] Cela amena l'Assemblée Générale de l'ONU, après trois ans de discussions au sein d'une commission de révision du traité de non-prolifération nucléaire, à constater la caducité dudit traité par lequel les puissances nucléaires s'engageaient à ne pas utiliser d'armes nucléaires contre des pays n'en possédant pas.

non létale, contre du matériel, n'ayant pas blessé ou visé le moindre citoyen ou soldat étatsunien, et à l'origine non authentifiable. Sur ce dernier point, les cyberarmes étatsuniennes du type de Stuxnet elles-mêmes comportent de fausses "signatures" (lignes de programme) russes, ce qui est d'ailleurs interdit par le droit international puisque c'est l'usurpation d'un drapeau ennemi ou neutre.

On peut deviner ce qu'il adviendrait si un ennemi, plutôt qu'altérer un système électronique, tuait quelques militaires étatsuniens (ou pouvait en être accusé) comme on a tué des Russes en Syrie. Mais on n'ose imaginer ce que les États-Unis s'estimeront en droit de commettre lorsque la fin de leur suprématie monétaire menacera la gratuité de leur repas. Il faut pourtant tenter de l'imaginer.

Le gouvernement étatsunien poursuit la politique de fuite en avant dépensière comme s'il n'y avait pas de lendemain, ou de remboursement. Le monde sait que son débiteur est insolvable, et s'apprête à ne plus accepter sa monnaie de Monopoly. Les États-Unis préparent leur *ultima ratio*, l'assertion nucléaire pour réimposer par la terreur de leur monstruosité leur privilège de *free lunch* obtenu par la ruse en 1944 et volé par la trahison en 1971.

POSSIBILITATION

Le onzième coup de minuit de l'avant-guerre

7 – Choix de la cible

L'assertion nucléaire étatsunienne pourrait prendre pour objet n'importe quel pays coupable de lèse-dollar, hormis la Chine fort capable en retour d'alléger la surpopulation mondiale d'un tiers de milliard d'Étatsuniens sans états d'âme envers toute autre forme de vie animale ou végétale entre le Mexique et le Canada. Mais la date est inconnue et la politique a des vicissitudes changeantes, aussi les États-Unis entretiennent-ils des tensions avec plusieurs cibles potentielles, sachant toutefois que plus leur cible sera grosse, voire réputée intouchable, mieux elle servira le message selon lequel ce pays est fou et prêt à tout pour perpétuer son repas gratuit. Aujourd'hui il a présélectionné Corée du Nord, Iran et Russie, demain il sélectionnera peut-être Algérie, France ou Pakistan, car peu lui chaut. Le Vénézuéla et la Biélorussie sont trop insignifiants.

Par contre, tandis que ses États membres et plus encore ses peuples sont conscients de l'inévitable interdépendance économique et surtout énergétique de l'Europe de l'Atlantique à l'Oural, l'Union Européenne a de sérieux griefs idéologiques envers la Russie.

Sur le plan géopolitique et comme on l'a vu précédemment la Russie a vocation à rejoindre l'AELE, avant ou après le Royaume-Uni dont la sortie de l'UE n'est d'ailleurs pas consommée. Car quels que soient les accords de libre-échange avec les pays asiatiques à commencer par la Chine, l'activité productive de la Russie est, comme sa population, concentrée en Europe. Or la logistique dépend plus d'impératifs physiques que de règlements politiques. Certes des conduits fixes peuvent être installés pour les matières fluides, comme par exemple pour les livraisons pétrolières du premier producteur mondial la Russie au premier consommateur mondial la Chine, puisque l'Union Européenne a préféré rester dépendante des incertains approvisionnements payables en dollar et venant par mer d'un Proche-Orient instable, et que même pour l'approvisionnement gazier elle pourrait fort bien soumettre ses membres, contre leurs intérêts, aux diktats étatsuniens.

Le coup d'État précédant la partition de l'Ukraine, et les choix imposés aujourd'hui à la Moldavie, n'émanciperont pas l'Arménie ni même la Géorgie de leur géographie, et l'attraction du dynamisme économique russe tiraillera à terme au moins la Finlande, la Bessarabie réunifiée et la Bulgarie, ainsi que les États qui surgiront des cendres de l'ex-Ukraine, à savoir Malorussie kiévienne, Novorussie transdnieprienne et odessienne, voire Galicie élargie.

Sur le plan économique la Russie présente sur les dix dernières années un insolent palmarès de réussite, et de grimpée des classements internationaux en matière d'indices de développement, d'épargne, d'investissement, de sentiment de bien-être, de compétitivité globale, de facilité d'enregistrement d'une entreprise ou d'obtention d'une ligne de téléphone fixe, de couverture internet et de coût des communications en général, de liberté d'entreprise, d'attractivité des investissements étrangers et de liberté de rapatriement des profits, d'innovation etc. Sa dette publique est… inférieure à 13% du PIB. Au niveau de la vie de tous les jours, il suffit de noter qu'après l'effondrement de tous les indicateurs, consécutif à la sortie brutale du communisme, le niveau de vie a été quadruplé en quelques années et a rejoint un niveau ouest-européen.

Compte tenu de la censure dans les pays soumis aux trois agences de presse de l'OTAN, ces nouvelles n'y font pas la une des journaux même économiques (il n'en est pas de même en Asie). Mais n'importe quel entrepreneur à la recherche d'un nouveau marché, ou n'importe quel étudiant à la recherche d'un stage d'avenir, trouve ces données en un instant sur les sites internet des organisations économiques. Les hostilités financières déclenchées en 2014 ont certes entraîné une chute immédiate du rouble, par contre le blocus économique de la Russie imposé aux pays d'Europe occidentale par l'Union Européenne sur incitation des États-Unis a permis d'augmenter significativement le commerce russo-étatsunien, comme prévu. Mais ce blocus économique a aussi amélioré l'autosuffisance de l'économie russe, notamment en matière alimentaire. La demande interne a insufflé à l'agriculture maraîchère un développement important, et de plus le secteur des petites entreprises de conditionnement et transformation alimentaire a prospéré, s'est diversifié, et s'est même enrichi de quelques entrepreneurs ouest-européens attirés par l'aubaine, ou simplement poussés par les difficultés du même secteur dans leurs pays d'origine qui sont plus soucieux de blesser la Russie que de protéger leurs producteurs agricoles et alimentaires.

Les pionniers ouest-européens en Russie sont soigneusement entravés par le régime de visas de l'espace Schengen, qui handicape évidemment les hommes d'affaires italiens, français et allemands par rapport à leurs concurrents sud-américains ou asiatiques qui n'ont qu'à acheter un billet d'avion pour se réunir avec leurs partenaires potentiels russes. Mais ils sont encore plus entravés par le régime de transferts financiers bloqué avec les banques russes, qui complique à dessein la concrétisation des investissements.

Car l'autre grand reproche de l'Union Européenne à la Russie, c'est d'être un paradis fiscal. Au moment où la république arrive à avoir étatisé 58% de l'économie française, un niveau de totalitarisme que même l'économie dirigée de l'Union Soviétique n'avait pas atteint en dépit de l'extinction officielle de l'économie privée, et où peu de grands pays libéraux peuvent afficher (au prix de carences sociales) un niveau de prélèvements inférieur à 40% de l'économie, le plus grand pays du monde et l'une des premières économies d'Europe fait bien mieux. Il ne s'agit évidemment pas de comparer la Russie aux micro-États qui vivent d'une rente assise sur des services d'opacité rendus au monde financier ou sur l'extraction d'un trésor géologique, ou qui simplement n'ont pas de coûts supra-municipaux (défense, diplomatie, enseignement, recherche, transports…) compte tenu de leur exiguïté territoriale ou de leur isolement insulaire.

Mais il s'agit d'un pays aussi peuplé que l'Allemagne et la France ensemble, étendu sur un territoire sans équivalent au monde et plutôt défavorisé sur le plan climatique. Une génération après l'effondrement de la bureaucratie communiste, l'État russe a construit une défense efficace, peut-être désormais la meilleure au monde (il n'en est pas de même en matière de capacités offensives) puisque les pays compacts neutres ne comptent plus, la Yougoslavie ayant été démembrée, la Suède étant envahie et la Suisse en cours d'aliénation. Il a aussi conservé un appareil d'enseignement performant, particulièrement notable en comparaison du naufrage éducatif ouest-européen piloté par la France. Son système de santé se relève, tiré par le contexte économique et démographique. Sa politique de travaux publics est ambitieuse, digne de celle des pays ouest-européens du temps de leur prospérité (à faire pâlir un conducteur ou un ingénieur venant des États-Unis en ruine).

Sa remise à niveau de la Crimée a avantageusement respecté les promesses faites, au point que la vie y est aujourd'hui certainement plus agréable qu'en Allemagne de l'Est en dépit de l'absence de financements extérieurs[38]. Les gros coups humanitaires portés par le pouvoir issu du coup d'État de Kiev, comme la fermeture totale de l'isthme de Perekop et surtout la coupure de l'eau douce du Dniepr puis de l'électricité (goulet d'étranglement de toute la péninsule)[39] ont révélé un État russe bien plus réactif et efficace que son homologue français à Saint-Barthélemy par exemple. L'État russe a lancé un programme de colonisation (peuplement) volontaire de l'Extrême-Orient, stratégiquement important pour qu'il reste russe. Et il a aussi engagé un grand programme de décollectivisation de l'habitat, qui se traduit par le financement de la construction de millions de maisons individuelles, pour sortir la population russe des HLM soviétiques. C'est là vraisemblablement le projet le plus socialement significatif du gouvernement actuel et celui qui laissera le symbole le plus concret du tandem Poutine-Medvedev.

Tout cela, l'État russe le fait avec un niveau de pression fiscale paradisiaque, où les personnes physiques paient moins de 15% d'impôt sur le revenu, et dont on taira ici, par égards pour le lecteur d'Europe occidentale, le niveau d'impôt sur les bénéfices. L'État russe bat à plate couture des records d'efficience, et présente un étalon de

---

[38] L'Allemagne de l'Est a abondamment bénéficié des transferts de fonds structurels français et italiens.

[39] Le régime "Maïdan" montrait là son peu de considération pour la population ukrainienne, à laquelle la Russie aurait pu couper le gaz en représailles légitimes.

comparaison très désobligeant voire dangereux pour la technocratie uniopéenne et des pays membres.

L'Union Européenne, plusieurs fois plus peuplée, plus riche et plus puissante que la Russie craint aussi la comparaison en matière de défense de ses citoyens. Elle a certes prétendu créer une "citoyenneté européenne", en réalité seulement uniopéenne, avec même un passeport prétendument unique délivré par les États membres. Mais elle a simultanément laissé certains d'entre eux instituer une catégorie de citoyens de deuxième classe, en l'occurrence des serfs qui, nés dans un pays de l'Union et dépourvus d'autre nationalité que celle de leur pays de naissance, s'y voient refuser quelques droits civiques élémentaires. En violation de la Convention Européenne de Sauvegarde des Droits de l'Homme et des Libertés Fondamentales ces populations n'ont même pas le droit de vote, alors qu'elles sont comptées pour la détermination du nombre de députés de leur pays au parlement européen, où ils sont élus par les citoyens de première classe. Il s'agit évidemment de la Slovénie, la Lettonie et la Lituanie où des millions de citoyens ont moins de droits que n'importe quelle minorité en Russie, un pays qui, lui, fait scrupuleusement bénéficier des droits prévus par ladite convention les membres de sa centaine de peuples.

Plus grave encore, des centaines de milliers de citoyens chypriotes vivent depuis deux générations dans des conditions de réfugiés de guerre, sans espoir de retour sur leurs terres situées dans l'Union Européenne, ni même la moindre indemnisation pour leur spoliation. Dans le même temps leurs impôts servent à verser au pays non européen qui occupe le leur des milliards d'euros de "mise à niveau institutionnelle" en vue de son intégration, et d'aide aux réfugiés dits syriens qui en réalité n'en voient pas un centime puisque le décideur budgétaire turc préfère s'en servir pour entretenir l'armée d'occupation de Chypre… L'Union Européenne joue les gros bras militaires en Afrique pour y empêcher le lever du drapeau français, et au Kossovo et en Métochie pour y empêcher la restauration de la souveraineté serbe prévue par la résolution 1244 du Conseil de Sécurité de l'ONU, mais tolère l'occupation militaire de la moitié du territoire d'un pays membre par un pays tiers, et des milliers de violations de l'espace maritime et aérien de la Grèce chaque année.

En comparaison la Russie a une politique mesurée mais ferme de la défense de ses citoyens même dans les pays voisins, comme l'a montré sa réaction militaire immédiate (décidée en un très court délai par le président Medvedev puis unanimement soutenue par le parlement), mais limitée, à la tentative de déportation de la population russe d'Ossétie du Sud en août 2008. Le gouvernement russe a alors engagé les moyens militaires nécessaires pour défaire l'armée géorgienne, puis les a retirés sans marcher sur Tbilissi. Devant cette détermination à protéger ses citoyens on comprend que des peuples russes ou pas de Géorgie, d'Arménie, d'Azerbaïdjan, de Moldavie et d'ex-Ukraine demandent à être réincorporés à la grande Russie, au moment même où des peuples d'Europe occidentale soumis de force à la colonisation islamique souhaitent quitter l'Union Européenne pour récupérer leur souveraineté et pouvoir défendre leur intégrité, leur identité et leur nature.

Accessoirement et sur le plan monétaire la Russie, où l'euro est largement acccpté, envisage d'écarter encore plus de son commerce international l'intermédiaire dollar, tant avec la Chine qu'avec l'Union Européenne et autres partenaires.. Le 24 mai 2018, le ministre des finances russe Anton Silouanov a déclaré que la Russie envisageait d'utiliser prochainement l'euro pour l'ensemble de ses échanges internationaux. Mais elle peut aussi être raisonnablement suspectée de ne pas exclure, à terme, un retour à l'étalon-or pour sa monnaie, à l'imitation de la Chine et de quelques autres pays d'Asie. On a suffisamment évoqué précédemment cette question pour ne pas revenir ici sur son caractère inacceptable pour des autorités uniopéennes qui n'ont pas pour vocation, et l'ont largement démontré depuis 1999, de défendre l'euro mais de soutenir le dollar, et donc de descendre toutes les autres devises (pour tuer les alternatives) lorsque ce dernier s'effondrera.

La Russie est aussi un exemple largement méconnu de démocratie, qui serait franchement gênant pour la technocratie uniopéenne s'il était mieux connu. L'Union Européenne aurait certainement des enseignements à tirer du système politique et de l'articulation des différents niveaux de gouvernement dans une fédération immense, variée, rassemblant de nombreux peuples aux cultures, religions et niveaux de développement socio-technologique divers. La subsidiarité y est tout autre chose qu'un principe professé et de véritables gouvernements participatifs se sont substitués aux soviets de cooptation des apparatchiks et d'enregistrement de leurs décisions du temps du parti unique. On peut renvoyer à ce sujet à l'excellente étude du politologue Ivan Blot[40], qui montre que pratiquement tous les échelons de gouvernement sont élus au suffrage universel direct y compris les maires et les préfets, qu'il existe une institution constituée de citoyens pour contrôler le fonctionnement de toutes les administrations, et que très généralement la démocratie directe est respectée voire encouragée… Finalement Ivan Blot montre que la Russie d'aujourd'hui est bien plus démocratique que la France.

---

[40] *La Russie de Poutine*, éditions Bernard Giovanangeli 2016.

Il est d'ailleurs significatif que les Russes votent volontiers, sans que ce soit obligatoire comme dans certains pays, alors qu'après le communisme à parti unique et méthodes tyranniques ils pourraient ne pas croire en la démocratie... on se souvient de leurs questions candides ("*est-ce pareil chez vous ?*") à la découverte des premiers isoloirs qui "laissent voir les pieds et n'ont pas de loquet comme les toilettes".

On connaît l'aversion de la technocratie uniopéenne, Commission Européenne en premier lieu, envers la démocratie tant commune que dans les États membres, exprimée parfois en termes assez crus comme en mai 2018 au sujet de la constitution d'un gouvernement italien reflétant le résultat des élections législatives. On a vu aussi divers pays membres marginaliser dans leur constitution et dans leur pratique politique l'usage du referendum après les expériences (certes ignorées par les politiciens) de 2005 notamment. Après un discours ambigu, entre autres, à Chypre et en Grèce, l'Union a clairement montré sa préférence pour le coup d'État de Kiev plutôt que pour le referendum de Simféropol.

Qu'un gouvernement puisse conserver durablement autour de 80% d'opinions positives, et qu'un chef d'État obtienne encore plus, peut être simplement nié sous prétexte d'invraisemblance. Mais que le pays le plus peuplé d'Europe puisse se gouverner, et bien, avec des méthodes que les technocrates électophobes associent volontiers au populisme des tribus bovinocoles des hautes vallées helvètes, pourrait donner des idées de consultation populaire aux Bavarois, Bretons et autres indociles. Car tandis que pour le reste du monde le mot "mondialisation" ne représente qu'une vague tendance à l'uniformisation informationnelle et économique, pour les Européens c'est très concrètement le régime supra-étatique qui dicte depuis

Bruxelles ses directives aux assemblées nationales d'enregistrement.

Sur un autre plan encore la Russie a réussi un sérieux relèvement de sa situation sanitaire, notamment pour les hommes dont l'espérance de vie sous le président alcoolique était tombée au-dessous de l'âge de la retraite. Les modes de vie saine sont généralement appréciés, sans effet de mode, le sport est une pratique générale et il est désormais mal vu de boire, peut-être en contraste avec le désastre des années quatre-vingt-dix qui a vu tant de femmes devenir veuves prématurément. Les sondages montrent que les gens sont satisfaits de leur mode de vie, avec de forts taux de bien-être général, de sentiment de sécurité[41] (là aussi un fort contraste par rapport au grave naufrage sécuritaire des années quatre-vingt-dix), et des perspectives d'emploi à faire pâlir d'envie un Étatsunien.

Par voie de conséquence, et peut-être aussi en raison de l'incitation gouvernementale (une prime au deuxième enfant représentant de l'ordre d'un an de revenu moyen), la natalité s'est redressée, alors qu'elle était encore au début du siècle inférieure à la mortalité et que la population du pays diminuait sensiblement d'une année sur l'autre. Le solde naturel est désormais positif, avant même de prendre en compte l'immigration qui ajoute encore son solde positif. Depuis le début de la décennie la population croît comme dans les pays développés sans éradication *in utero*. D'ailleurs le nombre d'avortements a été divisé par quatre en une génération, sans campagne de propagande et sans, pour l'instant, la prohibition légale qu'une fraction croissante de la population souhaite. Tous les couples de

---

[41] On parle là de sécurité des biens et surtout des personnes, nécessité sociale, et service régalien refusé aux citoyens en Europe occidentale.

vingt-cinq ans ont déjà deux enfants, et la plupart des jeunes femmes sont accompagnées d'une poussette.

À titre d'illustration on relèvera qu'en Crimée le retournement démographique s'est produit sans transition. La péninsule se dépeuplait encore en 2013 sous le régime ukrainien de désaffection, et sa population a commencé à augmenter dès 2015, avant même que soient réalisées toutes les promesses russes (et que le tourisme se relève), et alors que le blocus atlantico-uniopéen a réellement compliqué la vie quotidienne et renchéri les prix alimentaires.

Ce redressement démographique n'interdit pas à la Russie d'être le deuxième pays d'immigration au monde, mais il contredit le discours malthusien dominant, selon lequel l'élévation du niveau de vie entraînerait mécaniquement la chute de la natalité. Il contredit aussi les conclusions et solutions de la thèse syllogique de l'ONU du 21 mars 2000 sur les "*Migrations de remplacement, solution au déclin et au vieillissement des populations*"[42]. Avalées inconditionnellement par les instances uniopéennes et dictées par elles aux pays membres, les solutions de cette élucubration strictement numérique sur postulats erronés font abstraction des questions économiques, démographiques et culturelles. Elles comptent pour échangeables nombre pour nombre, sur seuls critères d'âge et de sexe, des ressortissants de civilisations différentes totalement disparates en matière d'éducation, de compétences, d'employabilité, d'ambition sociale, de perspectives contributives, de coût social et pénal, d'aptitude relationnelle notamment avec les membres

---

[42] www.un.org/en/development/desa/population/publications/ageing/re placement-migration.shtml

d'autres civilisations, et autres critères où la démographie ne peut ignorer la sociologie.

Sur le plan démographique les résultats de la Russie infligent donc un démenti cinglant aux prédicats uniopéens. Car les Russes ont renoué avec leurs valeurs traditionnelles, un temps niées par l'universalisme communiste. Ils ne sont certes pas les seuls à avoir expérimenté ce que Radovan Karadžić, aux confins de la psychanalyse et de la poésie, nomma l'éveil de l'âme repliée[43] (pour ne pas dire opprimée) au sortir du matérialisme intégral, une libération spirituelle plus ou moins intensément ressentie chez tous les peuples non protestants, de Yougoslavie jusqu'en Pologne en passant par la Roumanie.

Dans la rue, les petits de six ans aux côtés de leur maman ou sur les balançoires fredonnent des chansons où le mot "Russie" revient souvent, sans nationalisme républicain malsain mais simplement parce que cette grande fédération de tant de peuples est pour eux l'horizon de la civilisation, comme pour les Français autrefois l'aire latine (France-Italie et l'extension Autriche-Espagne) et aujourd'hui l'Europe occidentale. Évidemment les contes et chansons pour enfants ont pour cadre un village de bois dans une forêt enneigée et l'enfant Pierre qui criait "*au loup !*" parlait russe et n'avait jamais vu de crocodile. De même "*il était une fois*" n'est jamais dans un pays lointain mais dans la taïga profonde, car il y a plus de paysages et de distances entre Sébastopol et Vladivostok qu'entre Dunkerque et Tamanrasset. La Russie se suffit quand elle est nommée. Les jeunes parents qui se réjouissent de l'attachement instinctif de leurs enfants à la terre de leurs ancêtres, palpable et charnelle, sont ceux dont les parents

---

[43] *L'éveil de l'âme repliée*, éditions Âge d'Homme 1994.

n'avaient appris à l'école qu'une appartenance à une invisible classe prolétaire mondiale.

Ces parents d'aujourd'hui, quand ils avaient dix ans en 2000, étaient heureux de rapporter de l'église ou de l'école un livre d'images racontant l'histoire ou la légende d'un Saint Vladimir ou d'un Saint Nicolas, que leurs propres parents spiritomisés empruntaient pour savoir enfin à quoi se référait le nom de la place centrale ou de l'église en ruine. Ces enfants, bons ou pas en mathématiques, étaient fiers de rapporter à la maison quelque savoir dont leurs parents avaient été privés, et d'en savoir plus qu'eux sur quelque chose. Aussi dans les chansons enfantines un autre mot qui revient souvent est "orthodoxe", qui signifie simplement pour eux chrétien, comme en France beaucoup disent "catholique" en pensant chrétien, même si on n'y entend plus très souvent *Catholique et Français* ou le cantique *Prouvençau e Catouli*. Ainsi ne sont-ce pas seulement les thèmes patriotiques comme ceux de Nikolaï Rastorguev (Lube) qui ont du succès, mais tous ceux qui exaltent des vraies valeurs, comme dans les chansons de l'humoriste Piotr Matrenitchev. Tout cela n'est pas très eurotiquement correct.

En Russie il n'est pas impossible de voir au bord des autoroutes de grands panneaux de type publicitaire avec le portrait de Catherine II ou de Nicolas II, et pour légende *"quand le gouvernement a la foi le peuple est bien soigné"*. À titre de comparaison, et comme le dit Ivan Blot au sujet d'un concours interne à une administration qu'on lui avait mentionné en Russie il y a vingt ans, on n'imaginerait pas un ministre de l'intérieur de la V° république française remettre un prix à un fonctionnaire pour une peinture représentant Louis XVI et Marie-Antoinette.

Or la Russie respecte son histoire sans lui appliquer rétroactivement le jugement des idéologies d'aujourd'hui, et elle peut à la fois entretenir les monuments au révolutionnaire sanguinaire Lénine dans les parcs, et faire inaugurer par le président et le patriarche devant le Kremlin une statue de l'empereur Alexandre 1er qui après avoir vaincu les armées de la révolution française épargna Paris, restaura la France et pacifia l'Europe. Le respect de l'authenticité n'est d'ailleurs pas réservé à l'histoire des Grands-Russes, comme a pu le constater la population tatare de Crimée, revenue d'Asie centrale où elle avait été déportée par le bolchévisme, maintenue pendant une génération dans la précarité migratoire, sociale et économique par le gouvernement ukrainien et finalement naturalisée, éduquée, soignée et aidée à retrouver sa culture depuis la réunification.

À l'heure où les gouvernements de l'Union Européenne, à la suite de celui de l'État le plus vieux d'Europe, d'Afrique et d'Amérique, s'appliquent à effacer systématiquement de leurs livres d'histoire toutes les têtes qui dépassent ou qui pourraient rappeler que l'Union n'a pas été toujours peuplée d'une masse d'apatrides amnésiques identiques et interchangeables, ce retour aux identités populaires n'est pas en odeur d'européité.

Pire, la nouvelle Russie est chrétienne. Elle l'est sur le plan culturel, comme en atteste le ministre de la défense en relevant la tradition de se signer sous la Tour du Sauveur avant de passer en revue les troupes lors de la commémoration annuelle de la victoire, ou comme en attestent aussi tous les politiciens qui, à l'instar des foules, prennent leur bain glacé de l'Épiphanie. Elle l'est en ses croyances sans complexe, comme en atteste le président en allant se recueillir à Valaam, ou en faisant faire à une copie de l'icône de la Vierge de Kazan (dont l'original a accompagné toutes les victoires russes et dont la disparition a été suivie de grands malheurs) un tour aérien de la péninsule de Crimée avant la tenue du referendum de réunification. L'État russe n'est pas une théocratie mais les membres du gouvernement fédéral qui le souhaitent n'ont pas honte de s'associer publiquement aux célébrations religieuses de la population, lors des fêtes principales de l'année liturgique.

La Russie est chrétienne aussi désormais (de nouveau) dans son contrat social de solidarité généralisée, de secondarité de l'économique et de subordination des entreprises à l'intérêt général, une doctrine sociale bien antérieure au schisme entre la première et la deuxième Rome. Elle est donc aussi chrétienne dans ses dogmes stratégiques sur la guerre juste, on y reviendra plus loin. Il ne s'agit pas là d'une position idéologique mais de la réflexion, au sommet de l'État, de la mentalité et de la spiritualité de la population. Il se construit en moyenne depuis vingt ans un millier d'églises par an dans ce pays (où le communisme n'en avait certes pas laissé beaucoup), et il suffit de s'approcher d'une église le dimanche matin pour constater que rares sont celles qui suffisent aux foules qui s'y pressent, constituées de jeunes pour la plupart.

D'ailleurs sans être une mode le christianisme est, en Russie, inconsciemment associé aux idées de progrès, de liberté, de retour aux valeurs authentiques et à l'héritage culturel. Il n'a pas pour autant l'aspect superficiel de la "théologie de la libération" Vatican 2 d'une fraternité universelle mais orpheline de père, puisqu'au contraire tous ceux qui ont des questionnements, ou qui veulent fortifier leurs certitudes, se tournent vers les barbes et les ors du rituel sacré dominical et son mystère du surnaturel. Ce retour au sacré rappelle la Republika Srpska, où les déplacés sous une bâche dédiaient toutes leurs trêves à construire des chapelles (sauf les réfugiés musulmans qui avaient fui la fureur islamiste sans pour autant devenir chrétiens).

En politique internationale la Russie, sans ambition de superpuissance, redevient une puissance qui a tout pour ravir involontairement aux institutions européennes le rôle de guide moral enrichi de la dimension spirituelle qu'elles rejettent. Son poids démographique, économique et bientôt culturel assure qu'elle sera écoutée lorsqu'elle reprendra le rôle pacificateur et civilisateur que ses empereurs éclairés incarnaient au XIX° siècle, comme on le rappellera plus loin. Et de plus elle porte la défense de la Chrétienté comme une mission, notamment maintenant au Levant où la France a non seulement mis fin à sa protection millénaire mais également, depuis peu, pris le parti de l'oppression mahométane. Lors du sommet de l'Organisation pour la Sécurité et la Coopération en Europe des 4 et 5 décembre 2014, la Russie a appelé l'attention sur la montée de la persécution des Chrétiens eu Europe occidentale, et a même osé attirer l'attention de l'Union Européenne qui s'était particulièrement impliquée quelques années plus tôt lorsque l'OSCE s'était inquiétée de l'islamophobie.

Il est certain que les quelques cas avérés de manifestation de cette islamophobie engendrée par le terrorisme islamique ne sauraient occulter les centaines de profanations annuelles d'églises en Europe occidentale (plus d'une par semaine en France), sans parler de la misochristie encouragée en permanence par la presse dans l'espace public, en singulier contraste avec la répression judiciaire du moindre soupçon d'irrespect envers l'islam. Le dicton juif allemand "heureux comme Dieu en France" ne s'applique certes plus à un pays dont le régime actuel a adopté comme nouvelle figure égérique (la Marianne républicaine) une sataniste célèbre pour l'impunité de ses actes de profanation avec effraction, destructions et attentat public à la pudeur, pendant les services religieux chrétiens.

Tandis que les médias moralisateurs atlantico-uniopéens reprochent la garde à vue des Femen et Pussy Riot coupables de profanations et destructions dans une cathédrale russe, ils approuvent silencieusement la déportation et l'exécution dans l'archipel "pénitencier" sous juridiction *de facto* islamique[44] des Européens de l'Ouest coupables d'abandon d'une tranche de jambon sur la voie publique devant une mosquée. Les tribunaux sont capables de prononcer jusqu'à six ans de prison ferme pour des propos ou écrits antimahométans, alors qu'ils libèrent sans incarcération des violeurs et des complices d'attentats très meurtriers. En réalité l'Union Européenne est foncièrement anti-chrétienne, comme l'a montré notamment la question des fondements historiques et culturels lors des débats intergouvernementaux sur le traité constitutionnel.

Ce qui gêne les idéologues de l'Union Européenne, et ils le font lourdement comprendre par leurs campagnes de dénigrement et leurs appels au renversement du gouvernement russe, c'est que la philosophie chrétienne est humaniste et s'oppose donc au matérialisme absolu. Selon celui-ci l'homme n'est pas animal, au sens de doté d'une âme, mais seulement un organisme biologique, une mécanique constituée de cellules, doctrine que les uns appellent transhumanisme et les autres marchandisation du corps humain, mais qui n'est en réalité qu'un déni d'humanité, au sens de spécificité humaine.

---

[44] www.stratediplo.blogspot.com/2017/07/deportation-hors-État-de-droit-pour.html

Les dictateurs d'opinion qui définissent le politiquement correct, soutenus par toutes les instances uniopéennes et bien sûr les agences de presse monopolistiques, ont des préoccupations qui ne relèvent en rien des questions économiques censées être la raison d'être de l'Union Européenne. Tandis que les lois de protection de la vie prénatale tombent dans les derniers bastions, des initiatives sont présentées devant tous les parlements, avec ou sans "débats de société", pour l'institutionnalisation *de jure* du géronticide déjà assuré de la discrétion et de l'impunité *de facto* dans bien des pays membres, France notamment.

L'Union Européenne est en pointe au niveau mondial dans le déni du dimorphisme sexuel et de l'existence même des sexes, d'ailleurs toujours démontrée par la science biologique, prétendant ériger l'idéologie du "genre" (choisi) en école de pensée cognitivement légitime, l'appelant même abusivement "théorie" au mépris de l'épistémologie et des principes de la science. Ce diktat est entré jusqu'au plus profond du droit français dont les mots "père" et "mère" ont été bannis... bien qu'il maintienne pour l'instant la discrimination sexuelle (doit-on dire générique ?), par exemple en matière d'obligations militaires. Les technocrates inventent des "droits" nouveaux pour éliminer les traditionnels, comme le "droit" pour toute personne d'obtenir un enfant même si elle ne peut le concevoir et le mettre au monde par les voies naturelles (à tous les sens pas encore prohibés du terme), c'est-à-dire le "droit" d'acheter un être humain, au détriment du droit non écrit, car coutumier, immémorial et naturel, d'avoir un père et une mère et de naître libre.

Les cliniques de vol d'organes *a priori*, protégées par les autorités multinationales d'occupation au Kossovo et en Métochie, ont été remplacées par des unités motorisées d'ablation forcée sur commande, amenées au plus près des lignes de chaos en ex-Ukraine. Ainsi est-il aujourd'hui plus facile (bien que plus cher) de se faire implanter de l'humain dans une clinique européenne que de s'en faire servir dans un restaurant chinois. À terme une politique uniopéenne du zéro vieillard dépendant, réclamée par des esprits aussi influents que Jacques Attali, sera aussi sûrement appliquée que la politique chinoise de l'enfant unique.

Même la revendication mahométane de la polygamie masculine sera demain instrumentalisée, comme l'est aujourd'hui la revendication ultra-minoritaire, mais suscitée simultanément dans le monde entier, d'accorder à l'appariement homosexuel le même statut juridique[45] qu'à l'accouplement naturel conventionnel, traditionnel, universel, animal et instinctif. L'objectif plus lointain est l'abolition pure et simple de l'institution du mariage et donc de la reconnaissance sociale de la cellule familiale, afin de laisser les individus seuls face à l'État, en accomplissement du vieux projet de la révolution dite française. Les philosophes et théologiens de toutes confessions appellent ce rejet de l'ordre naturel et des lois de l'univers, sous couvert d'une promesse orgueilleuse de toute-puissance humaine, du nom de satanisme, en référence à l'esprit malin qui entraînerait l'homme vers l'enfer en lui promettant d'en faire l'égal de Dieu.

Il ne peut dont exister de tolérance uniopéenne d'un refuge est-européen de la normalité biologique. Il suffit

---

[45] Le 5 juin 2018 la Cour de Justice de l'Union Européenne a dicté que les États membres qui n'autorisent pas le "mariage" homosexuel doivent le reconnaître quand il a été contracté dans un pays qui l'autorise.

pour s'en convaincre de se rappeler l'échauffée à blanc de toute l'intelligentsia contre la loi 135-FZ par laquelle le parlement russe, à l'unanimité moins une voix, a interdit le 15 juin 2013 la propagande homosexuelle envers les mineurs. Les plus hauts meneurs d'opinion jusqu'au niveau ministériel ont traité la Russie de tous les noms et l'ont vouée à toutes les gémonies, en la sommant de restaurer le "droit" d'inciter les mineurs russes à l'homosexualité, ce que les élus du parlement russe considèrent comme une perversion d'ailleurs fomentée et financée en Russie par l'étranger. On n'arrête par le "progrès" des mœurs, et déjà aux États-Unis, la journée mondiale de l'orgueil homosexuel ne suffisant pas, sont nées il y a vingt ans les deux journées annuelles mondiales du "droit" de l'homme au viol de l'enfant ou International Boylove Day, tolérées dans les rues au nom du droit de prosélytisme des pédérastes, pudiquement mais fort mensongèrement renommés pédophiles.

Aussi la Cour Européenne des Droits de l'Homme n'a surpris personne en jugeant le 20 juin 2017 que la justice russe avait violé la liberté d'expression de trois personnes en les condamnant à une amende pour avoir déployé devant un lycée une banderole proclamant que l'homosexualité est normale (conforme à la norme).

Parallèlement, depuis dix-sept ans les forces armées de membres de l'Union Européenne protègent en Afghanistan, pour le compte du gouvernement étatsunien, la production d'héroïne qui tue trente mille jeunes Russes par an, et qui en affaiblit moralement bien plus encore. La Russie s'en est longtemps plainte, avant de comprendre que c'est une politique déterminée qu'elle ne peut espérer voir changer. Cette distinction russe entre le bien et le mal, ou entre le naturel et la dépravation, est considérée par les idéologues de l'Union Européenne comme un danger pour leurs projets envers les populations européennes.

Le différend est civilisationnel. C'est sous un double patronage politique et religieux qu'en 2016, à l'occasion de la fête de l'unité du 4 novembre, Moscou a érigé une statue monumentale (vingt mètres) de Saint Vladimir, fondateur de la Sainte Russie par son baptême en 988 à Chersonèse, à laquelle Catherine II a rendu son nom antique de Sébastopol après sa libération de trois siècles de joug turc (1475-1774) consécutifs à la prise de Constantinople.

Le président Vladimir Poutine lui-même ne perd jamais une occasion de citer l'héritage spirituel que la Russie doit au prince visionnaire qui, en convertissant et unifiant les peuples slave, varègue et ougro-finnois et en abolissant la peine de mort et l'esclavage, a fait une œuvre civilisatrice encore cruciale pour le monde mille ans plus tard. La citation placée en dédicace de ce livre est extraite de sa préface du livre d'Anna Kozireva "*Un choix pour les siècles – Saint Vladimir, baptiste de la Russie*"[46] sorti pour le millénaire de la mort du saint homme[47]. À titre de comparaison, si les Parisiens érigeaient une statue monumentale de Clovis ou de Saint Rémi avec une grande croix, ou si les Romains inauguraient une statue de l'empereur Constantin brandissant la croix par le signe de laquelle il a vaincu, l'Union Européenne y lirait sa fin.

---

[46] выбор на века – святой Владимир креститель Руси, éditions Patriarcat de Moscou 2015.

[47] Clin d'œil de l'histoire, Vladimir fut baptisé un an après qu'Hugues Capet fût élu pour restaurer la souveraineté de la France (qui avait commis la faute historique de fonder deux siècles plus tôt un empire européen), et sa petite-fille Anne épousa justement le petit-fils d'Hugues, le roi Henri 1er.

On ne saurait conclure cet inventaire des griefs sans évoquer la réfutation dans les faits, par la Russie, de la théorie marxiste du cours univoque de l'Histoire. Anatoli Sobtchak a rendu à la ville qui l'avait élu maire son nom historique de Saint-Pétersbourg. Après l'anarchie des années quatre-vingt-dix la jeune démocratie russe, certainement plus authentique et transparente que les ploutocraties d'Europe occidentale, a aléatoirement, naturellement ou providentiellement accouché d'un honnête gouvernement de transition (conduit par un disciple et ancien adjoint municipal de Sobtchak), certes solidifié ensuite par l'adhésion populaire à ses résultats tangibles, pour démanteler la technocratie soviétique et restaurer l'État russe. Cette mission à portée historique n'a pas encore complètement abouti, raison pour laquelle le gouvernement actuel a été récemment obligé d'admettre que des élections présidentielles auraient bien lieu l'année prochaine, et que l'ambition du prochain mandat (un concept ignoré de beaucoup d'intérimaires d'Europe occidentale) sextennal serait, trivialement, d'amener le niveau de vie parmi le premier rang international.

Mais la présidence d'honneur des célébrations réconciliatoires du centenaire de la révolution aurait pu être assurée par le chef de la maison Romanov, qui avait été invité à venir incarner à Saint-Pétersbourg, de manière permanente et institutionnalisée, l'histoire et la nation russes. Comme on l'écrivait[48] au surlendemain du malencontreux décès du prince Dimitri (pour lequel le premier ministre Medvedev présenta ses condoléances à la maison impériale), il lui avait été proposé un rôle protocolaire similaire à celui des rois du Royaume-Uni ou

---

[48] www.stratediplo.blogspot.com/2017/01/lhomme-qui-doit-etre-tsar.html

des Pays-Bas, le gouvernement fédéral ne pouvant évidemment conférer une légitimité supérieure à celle qu'il détient lui-même de la constitution. Au-delà en effet, seul un congrès transversal ou Zemski Sobor entre l'État, l'Église et la société civile (les trois piliers fondateurs rappelés dans la préface du *Choix pour les siècles*) pourrait remettre la souveraineté absolue à un régime transcendant, qui sur le plan politique assurerait la continuité du service par-delà les mérites, compétences et longévité des individus, et sur le plan constitutionnel ou fondamental assurerait la permanence et la souveraineté de la légitimité par-delà les modes juridiques du siècle.

L'Union Européenne fera tout pour empêcher une telle contre-révolution en Europe.

Mis à part la guerre mondiale où toutes les grandes puissances économiques doivent être impliquées, les États-Unis ont "juste" besoin d'une cible pour leur assertion nucléaire, mais c'est l'Union Européenne qui a choisi la Russie, dont la renaissance invalide tous les postulats uniopéens. Son but de guerre n'est pas d'obtenir quoi que ce soit du gouvernement russe, mais de renverser le régime actuellement à la tête de l'État russe.

8 – Écartement international

Ces quelques dernières décennies ont vu les États-Unis d'Amérique déployer deux stratégies distinctes mais convergentes, l'une visant à les séparer (au-dessus si possible) du commun des États et à les affranchir des règles communes, et l'autre visant à détruire tout cadre international, surtout lorsqu'il ne peut pas être simplement manipulé au service de leurs intérêts exclusifs. Leurs alliés, notamment ceux actuellement régis par des gouvernements mondialistes, ne se sont pas toujours conformés à ces stratégies, mais depuis 2014 ils se sont unanimement ralliés à leur nouvelle politique de marginalisation de la Russie.

Dès le 2 mars 2014 (avant le referendum criméen), sept membres du groupe de huit puissances économiques (dit G8) présentées comme "les plus industrialisées" ont annoncé par un communiqué, cosigné par l'Union Européenne, qu'ils suspendaient leur part des travaux préparatoires au sommet convoqué (depuis juin 2013) à Sotchi les 4 et 5 juin par la présidence dudit G8, en l'occurrence la Russie cette année-là. Pour mémoire, cette conférence de coordination de quelques puissances occidentales (plus le Japon) n'est pas vraiment le directoire économique informel du monde, puisque le groupe de Bilderberg s'adresse maintenant directement au G20 représentant en dix-neuf pays 90% de l'économie mondiale, mais c'est (ou c'était) réellement une initiative de concertation. En tout cas ce G8 n'est pas un sujet de droit international mais une réunion informelle de chefs d'État et de gouvernement, et il n'a d'ailleurs pas de statuts écrits mais quelques règles non écrites de fonctionnement, notamment la rotation annuelle de la présidence et du lieu de réunion de l'année.

En l'occurrence l'avant-dernière présidence a échu au Royaume-Uni qui a donc organisé au Lough Erne la réunion des 17 et 18 juin 2013, et la dernière présidence a échu à la Russie qui a convoqué la réunion des 4 et 5 juin 2014 à Sotchi, où la présidence suivante (Allemagne) aurait annoncé, si elle avait été présente, une prochaine réunion pour 2015 quelque part entre le Rhin et l'Oder. Mais dans les couloirs du Sommet International sur la Sécurité Nucléaire des 24 et 25 mars 2014 à La Haye, le président étatsunien a sommé ses collègues allemande, britannique, canadien, français, italien et japonais de ne pas se rendre au sommet du G8, et pour souligner l'affront il les a même invités à se réunir à la place, aux dates du G8 (4 et 5 juin), dans un pays non membre du groupe mais siège de l'Alliance Atlantique, à Bruxelles. Finalement au lieu d'une réunion subreptice les membres frondeurs y ont convoqué leur presse, qui a feint de ne pas remarquer que le G8 ne s'était jamais réuni ailleurs que dans un pays membre et plus précisément à l'invitation du président de l'année, et a diffusé largement une contre-vérité selon laquelle le G8 aurait expulsé l'un de ses membres et serait revenu au format G7.

Les sept membres auto-exclus du G8 ont ensuite, les années suivantes, tenu des réunions en-dehors du cadre habituel (certes non écrit) du G8, que leur presse a accepté de présenter au monde comme une institution internationale ayant expulsé la Russie, désinformation allée jusqu'à l'hypocrisie d'un président étatsunien émettant (télématiquement) en 2018 la pensée d'y inviter la Russie, seul membre restant du G8. Comme on l'écrivait en août 2015, c'est comme si vingt-sept pays de l'Union

Européenne sur vingt-huit déclaraient que le vingt-huitième a été exclu de l'Union, alors qu'il n'existe aucune disposition permettant l'exclusion d'un pays membre. On peut fonder une nouvelle organisation avec des participants dont certains sont membres d'autres organisations, mais prétendre lui donner le nom et l'héritage d'une organisation déjà existante comme le G8 ou ayant existé comme le G7 est une usurpation, et appeler "G7" la réunion irrégulière de sept membres du G8 est une mystification mensongère. Cependant elle a touché une très large audience, et le message était que la Russie pouvait être exclue d'une organisation internationale.

Affaire institutionnellement beaucoup plus grave, le 10 avril 2014 l'Assemblée Parlementaire du Conseil de l'Europe, très largement dominée par l'Union Européenne et les membres européens et asiatique de l'Alliance Atlantique[49], a décidé de ne pas reconnaître le referendum d'autodétermination criméen du 16 mars pourtant conduit en application du droit des peuples à disposer d'eux-mêmes garanti par la Charte des Nations Unies, mais de reconnaître par contre la légitimité du pouvoir issu du coup d'État du 22 février en Ukraine. Il n'est pas inutile de rappeler que le 13 décembre 2012 (un an avant le coup d'État) le Parlement européen, de son côté, avait condamné pour ses opinions *"racistes, antisémites et xénophobes contraires aux valeurs et principes fondamentaux de l'Union Européenne"* l'ancien Parti Social-Nationaliste d'Ukraine renommé Svoboda en 2004. La décision de l'APCE du 10 avril 2014 blâmait le président Ianoukovitch pour l'utilisation de tireurs d'élite contre les manifestants de la place Maïdan,

---

[49] Cinq des six membres majeurs de l'APCE, dotés de 18 parlementaires chacun (comme la Russie pourtant deux fois plus peuplée que la France, l'Italie et le Royaume-Uni), sont membres de l'OTAN.

alors que les gouvernements de plusieurs pays membres du Conseil de l'Europe connaissaient déjà la vérité à ce sujet.

Bien plus gravement, l'APCE a simultanément décidé de retirer à la Russie (membre majeur) le droit de vote, le droit de participation aux organes internes de l'Assemblée et le droit de participation aux missions d'observation électorale, tout en ne pouvant règlementairement pas interdire aux parlementaires russes de participer aux sessions, comme le réclamaient certains (aucun texte ne permet l'expulsion de la délégation d'un membre du Conseil de l'Europe). Cette suspension, prise par contorsion de l'article 9 du règlement de l'Assemblée permettant la révision de pouvoirs d'une délégation "pour raisons substantielles", a été prise initialement jusqu'à la fin 2014, puis prorogée le 28 janvier 2015 jusqu'à avril, puis prorogée depuis lors (à la majorité d'une voix et sur insistance britannique). Elle n'était censée être revue que si la Russie cessait son "agression contre l'Ukraine" et surtout "renonçait à l'annexion de la Crimée", c'est-à-dire jamais à l'horizon de l'espérance d'existence de ladite institution.

Tout en acceptant la légitimité du principe de l'existence d'une mesure disciplinaire de restriction de participation aux travaux des comités[50], la Russie a suspendu la participation de sa délégation aux sessions de l'Assemblée jusqu'au rétablissement de son droit de vote. Après trois ans de discussions stériles elle a finalement annoncé le 30 juin 2017 qu'elle suspendait aussi sa contribution de 10% du budget du Conseil de l'Europe (33 millions d'euros annuels certes aisément remplaçables par

---

[50] La Russie conteste cependant l'application d'une telle mesure à sa délégation et demande un audit comparatif du respect des droits de l'homme en Ukraine et en Russie, Crimée comprise.

toute donation d'un milliardaire "philanthrope") jusqu'à la restauration de son droit de vote, et au retrait du règlement de l'APCE de toute mesure permettant de discriminer une délégation nationale. Pour l'instant elle reste membre du Conseil de l'Europe, et participe notamment au Comité des Ministres où chaque pays dispose de la même voix. Pourtant le 5 mai 2017, par analogie avec la situation de certaines régions d'ex-Ukraine ce Comité des Ministres a accepté de signer un manifeste préparé par le régime Maïdan et déclarant que la population criméenne vivait dans des conditions difficiles, ce qui était évidemment contraire à la réalité et a amené le ministère russe des affaires étrangères à inviter de nouveau tous les organes de contrôle de toutes les organisations internationales à aller enquêter en Crimée.

En ce qui concerne le Conseil de l'Europe, un retrait du pays européen le plus peuplé serait bien plus significatif que l'absence actuelle du Vatican et de la Biélorussie, et pourrait déclencher d'autres départs. Cette institution paneuropéenne la plus ancienne et la plus exhaustive a joué son avenir pour s'aligner sur l'axe antirusse et être la première organisation internationale à écarter la Russie[51], au prix vraisemblablement de sa disparition à terme. À la session de début octobre 2018 la Russie a obtenu l'examen de la question des mesures discriminatoires envers la délégation d'un pays membre. Au bout de quatre ans de discussions, le ministre russe des affaires étrangères Sergueï Lavrov a clairement rappelé le 15 octobre que si ces

---

[51] Accessoirement, malgré l'inexistence de toute procédure réglementaire de destitution, le 28 avril 2017 des groupes parlementaires ont forcé à la démission le président de l'APCE Pedro Agramunt, en lui interdisant de la représenter dorénavant à cause d'un voyage officiel en Syrie dont il s'était pourtant publiquement repenti.

mesures n'étaient pas bannies, et plutôt que de faire de la figuration (facturée) donnant au Conseil de l'Europe une image fallacieuse d'exhaustivité continentale, la Russie, de loin le premier membre sur tous les plans, le quitterait. Juste au moment où le Royaume-Uni quitte l'Union Européenne et où l'Italie envisage d'abandonner l'euro, le plus grand pays d'Europe allait quitter la plus grande organisation internationale du continent, déjà obligée de boucler un premier exercice avec un budget réduit d'un dixième. Cela laissait craindre d'autres départs, par exemple de l'Italie mécontente des diktats pro-islamiques du Conseil de l'Europe. Devant ce risque accru d'une amplification des départs, l'Assemblée Parlementaire a voté le 25 juin 2019 le rétablissement des droits de la délégation russe, en dépit de fortes pressions britanniques et malorusses, sans abandonner ses exigences de livraison de la Crimée au régime issu du coup d'État de 2014.

Pour sa part, le 8 juillet 2015 à Helsinki l'Assemblée Parlementaire de l'Organisation pour la Coopération et la Sécurité en Europe a faussement adopté, dans des conditions inouïes, une résolution condamnant les actions de la Russie en Ukraine. Dans un premier temps la Finlande a refusé l'entrée sur son territoire, siège de la session 2015 et quarantième anniversaire de l'Acte Final de 1975, de six membres de la délégation russe (dont le président du parlement russe) au motif qu'ils figuraient sur la liste de personnes condamnées sans jugement par l'Union Européenne dans le cadre des mesures d'hostilité fallacieusement appelées sanctions. Or d'une part ce n'est pas en tant que membre de l'Union Européenne que la Finlande accueillait cette session mais en tant que membre de l'OSCE, et d'autre part les décisions de "sanctions" prises par l'Union Européenne spécifient expressément que les restrictions de voyage ne doivent pas être appliquées, et les visas nécessaires doivent être délivrés, lorsque les intéressés se rendent à une réunion d'une organisation internationale.

La décision illicite du gouvernement finnois a donc poussé toute la délégation russe à ne pas participer à la session, sauf un député porteur de deux projets de résolution, qui n'ont pas été examinés "en raison de l'absence de ses collègues". Puis la délégation canadienne a présenté à l'assemblée un projet de résolution antirusse préparé avec la délégation du régime issu du coup d'État en Ukraine. Cette résolution, en faveur de laquelle ont voté 96 parlementaires sur les 323 membres pleins, a été déclarée adoptée, en l'absence de la délégation russe et en contravention flagrante à la règle des deux tiers des voix, et fut inscrite à la déclaration annuelle de l'OSCE. Les délégations française, italienne, suisse, arménienne et d'autres ont dénoncé cette procédure comme une violation flagrante des principes démocratiques encore plus grave que la simple violation du règlement de l'assemblée. Ce précédent extrêmement grave augure surtout très mal du respect des règles de fonctionnement d'organisations internationales bien plus importantes pour la paix dans le monde que la pérennisation institutionnelle des accords d'Helsinki de 1975.

Le 30 septembre 2015 les médias atlantico-uniopéens se sont remplis d'accusations selon lesquelles la Russie, qui venait d'apporter le soutien aérien demandé par la Syrie face à l'agression islamo-atlantique, causait de nombreuses morts et destructions parmi la population civile. La pression fut telle que le secrétariat général de l'ONU déclara précipitamment que Ban Ki-moon s'en inquiétait. Quelques heures plus tard le même secrétariat général démentit tous ces propos en expliquant qu'il avait été intoxiqué par une campagne de désinformation conduite par une grande partie de la presse à partir de témoignages mensongers (il y avait aussi des images antérieures à l'intervention russe) fournis notamment par ce qu'il appela les White Helmets. Il était encore dans l'erreur puisque cette troupe de théâtre du front Al-Nosra[52], après avoir tenté d'abord de se présenter fallacieusement comme la Défense Civile Syrienne, usurpait là la respectabilité de l'organisation humanitaire gouvernementale argentine Cascos Blancos dont la reconnaissance par l'ONU, sous le nom anglais de White Helmets et ses traductions, est renouvelée tous les ans depuis la résolution 49/139 de l'Assemblée Générale du 20 décembre 1994. La manipulation du secrétariat général n'a pas cessé depuis lors.

En novembre 2015 le juriste canadien Richard McLaren, employé par l'Agence Mondiale Antidopage, a déclaré que la Russie avait institutionnalisé le dopage systématique de ses sportifs participant aux compétitions internationales. Cela déclencha une nouvelle campagne médiatique antirusse et poussa notamment l'Association Internationale des Fédérations d'Athlétisme à interdire aux athlètes russes de participer à des compétitions internationales, comme les Jeux Olympiques de Rio en 2016. Cela poussa aussi le Comité International Paralympique (CIP) à interdire à tous les athlètes paralympiques russes de participer aux Jeux Paralympiques de Rio en 2016 et aux Jeux Paralympiques d'Hiver de Peyongchang en 2018, mais aussi à interdire la présence du drapeau et de l'hymne russes. Le monde n'avait pas vu de telle politisation de l'agenda sportif depuis les sanctions légalement décidées par l'ONU contre l'Afrique du Sud

---

[52] C'est l'entité étatsunienne Purpose (Brooklyn, États-Unis) de George Soros qui possède le nom de domaine internet whitehelmets.org de leur site.

pour l'*apartheid*. Il a fallu deux ans d'enquête pour que l'AMA, en septembre 2017, innocente 95 parmi les 96 sportifs dénoncés, écartant donc une pratique institutionnalisée, et permettant aux calomniés de demander en justice la réparation du préjudice malintentionnellement causé par McLaren.

Certains passionnés de sport ont remarqué la flagrante différence de traitement avec le cas des athlètes étatsuniens, dont certains multirécidivistes n'ont subi que des remontrances verbales ou des interdictions nominatives de compétition d'une brièveté symbolique, et dont le pays n'a jamais été accusé d'incitation au dopage en dépit d'un pourcentage de dopés supérieur à celui de la Russie. Au début 2017 s'y est ajouté une campagne britannique de discréditation de la coupe de football 2018, inaugurée par la diffusion sur la chaîne d'État BBC2 le 16 février d'un "reportage" d'anticipation imaginant sur fonds publics le projet d'un "festival de violence" par les *hooligans* russes. La campagne a ensuite été élargie à la presse écrite (The Guardian…), puis reprise dans d'autres pays européens. Là comme pour l'accusation de l'institutionnalisation du dopage, pour le grand public l'impression résultante, et les *errata* futurs n'y changeront rien, est que la Russie est un pays voyou dans tous les domaines ne respectant même pas le sport, ce qui était bien sûr la finalité de ces campagnes de dénigrement calomnieux. Au niveau interétatique l'atteinte à la respectabilité internationale de la Russie est durable, avec des dommages concrets, par exemple, au niveau de la position que des petits pays pourront prendre à l'Assemblée Générale de l'ONU le jour où la Russie y sera calomnieusement mise en difficulté.

Un autre exemple très médiatisé de détournement de manifestation internationale à des fins conflictuelles contre la Russie est celui de la compétition Eurovision de la chanson en 2016. Il est inutile de rappeler ici la politisation de cette compétition d'audience commerciale, dont les règles changent souvent dans le détail sans toutefois altérer un principe essentiel, la garantie statutaire de la présence en finale des porte-drapeaux de cinq pays membres de l'Union Européenne (et de l'OTAN), dû à leur grosse contribution financière à l'Union Européenne de Radio-télévision. Cette garantie assure une visibilité mondiale à la question de société que ces puissances veulent promouvoir telle année, puisque si le thème en question n'a pas trouvé de paroles convaincantes et de musique porteuse dans les pays tiers il suffit de le faire chanter par le représentant de l'un desdits *Big Five*.

D'après le décompte des millions de voix du vote populaire le représentant de la chanson européenne dans le monde pour l'année 2016 devait être le chanteur russe. Aussi le choix des quelques dizaines d'experts s'est porté sur la candidate australo-coréenne, afin que l'énigmatique algorithme d'affectation de coefficients couronne la candidate antirusse, l'ex-soviétique kirghize chantant sous les couleurs de l'ex-Ukraine sous pseudonyme arabe. Ainsi le premier candidat européen fut-il relégué à la troisième place, derrière deux chanteuses asiatiques. Le règlement du concours prohibe les "*paroles, discours ou gestes de nature politique ou similaire*" (alinéa G de l'article 1-2-2), d'ailleurs en 2009 le pays organisateur (la Russie) avait ôté de la présentation visuelle de la candidate arménienne l'image d'un monument arménien du Haut-Karabagh, à la demande de l'Azerbaïdjan. Or cette chanson lauréate de 2016 sur la déportation des Russes tatares en Ouzbékistan par le Géorgien soviétique Staline fut universellement accueillie comme un message politique et interprétée comme un blâme sur la Russie.

Cela embarrassa d'ailleurs les parents de la chanteuse, naturalisés russes après la réunification de 2014 dans l'enthousiasme de la libération d'un régime qui avait pendant vingt ans refusé la nationalité ukrainienne (et l'officialisation de la langue) aux Tatares nés de déportés en Asie et venus en Crimée depuis la fin de l'URSS[53]. Néanmoins le pays organisateur, la Suède, ayant abandonné sa neutralité en entrant dans l'Union Européenne, avait choisi d'ignorer le règlement du concours pour en faire une tribune antirusse. Et le grossier déversement de haine antirusse de la présentatrice gouvernementale française de la finale, qui enverrait en prison quiconque oserait en prononcer le dixième au sujet d'une communauté mahométane, était parfaitement représentatif d'un véritable festival de misorussie débridée, de Stockholm à Constantinople. Les éditions antérieures et postérieures du spectacle annuel de cette organisation européenne ont porté d'autres messages, celle-ci devait diffuser et banaliser la haine de la Russie.

Une autre opération a été l'affaire dite des Panama Papers, lancée le 3 avril 2016 pour ramener au plus grand paradis fiscal mondial les fonds déposés chez ses petits concurrents. Pour mémoire, quelques micro-États enregistrent comme banques non résidentes des entreprises financières absentes de l'annuaire bancaire mondial mais disposant d'un compte dans une grande banque généralement aux États-Unis. Ces entreprises déposent sur ce compte l'argent de leurs clients, en tenant une sous-comptabilité permettant de leur facturer d'une part l'illusion d'avoir un compte bancaire distinct, et d'autre

---

[53] Pour un court résumé de l'histoire des Tatares de Crimée voir sur www.stratediplo.blogspot.com/2016/05/cette-eurovision-2016-qui-confirme-les.html

part l'assurance de l'anonymat puisque la vraie banque ne connaît que l'identité de la banque virtuelle qui y a ouvert un compte. D'autre pays se sont mis à ouvrir des comptes pour des banques virtuelles non résidentes, en particulier au Royaume-Uni et dans les pays baltes, gênant la place financière qui blanchit la plus grande partie de l'argent sale du monde, New-York.

Celle-ci a donc inspiré une chasse mondiale aux comptes non-résidents, répréhensibles ou pas, pour qu'ils viennent s'enregistrer dans la plus solide juridiction *offshore*, les États-Unis. Les grands moyens de communication européens ont participé avec une précipitation qui n'a d'égal que leur incompétence, notamment juridique[54]. Lancée en partenariat entre la gouvernance étatsunienne et la nébuleuse Soros[55], mais alliant en Europe le sensationnalisme au non professionnalisme, cette campagne est allée jusqu'à se revendiquer mensongèrement de forums internationaux existants, comme le G20 et l'OCDE (GAFI), et leur attribuer aussi fallacieusement l'inscription récente de certains États sur des "listes noires" vides depuis plusieurs années.

Surtout, les trois agences de presse dominantes ont manifestement passé, avec succès, la consigne à toute la presse atlantico-uniopéenne d'afficher en première page une photographie du président russe. Or le fond de cette affaire a consisté à soumettre onze millions et demi de prétendus courriers électroniques non authentifiés, volés

---

[54] www.stratediplo.blogspot.com/2016/04/

[55] www.stratediplo.blogspot.com/2016/05/panamalgame-derniere-assimilation_9.html

par une source secrète à un cabinet de conseil juridique au Panama puis anonymement envoyés au journal allemand Süddeutsche Zeitung, à une recherche automatisée de 730 noms, en l'occurrence 600 noms tirés de la liste de victimes de mesures coercitives illicites étatsuniennes et 130 noms choisis sur des critères occultes par le Centre étatsunien pour l'Intégrité Publique des autres pays. Certains de ces noms appartiennent d'ailleurs à des personnalités suffisamment publiques pour que leur patronyme apparaisse dans les échanges télématiques de tout consultant panaméen suivant un tant soit peu l'actualité mondiale.

On sait en tout cas que parmi les 730 noms recherchés ne figurait ni celui du président du pays commanditaire ni celui d'aucun dirigeant de ses grandes entreprises bancaires ou industrielles, ainsi même si leurs noms étaient cités dans chacun des onze millions de messages le logiciel de recherche ne les a pas présentés dans ses résultats. On sait aussi que les noms de tous les membres du gouvernement russe et des dirigeants de banques et d'entreprises nationales russes ont été recherchés en vain (hormis une mention d'un homme d'affaires). Cela n'est certes pas étonnant si l'on considère que le Panama est un protectorat étatsunien économiquement dépendant du pays dont l'armée l'occupe depuis l'invasion de décembre 1989. Mais tout cela n'a pas empêché que pratiquement toute la presse du monde atlantico-uniopéen mette en première page une photographie accusatrice du président du grand pays le plus probe. Une campagne de diffamation aussi généralisée ne pouvait pas rester sans effets, et a incrusté dans des millions d'esprits l'association visuelle et mentale du portrait du président Poutine à l'affaire des Panama Papers, et à une fictive condamnation éthique par le GAFI ou le G20[56].

La fin de l'année 2016 a vu une formidable opération de communication atlantico-uniopéenne accusant un peu la Syrie, et beaucoup la Russie, d'exactions systématiques contre la guérilla islamiste autour d'Alep, et annonçant un génocide lors de l'imminente libération de la dernière partie occupée de la ville[57]. En Europe l'apothéose de cette campagne a été, le 15 décembre, l'extinction de la Tour Eiffel en signe de solidarité avec les milices moudjahidines et de refus du plan de paix de l'émissaire de l'ONU Stefan de Mistura. De nombreux hommes politiques, dont des chefs d'État et de gouvernement des pays de l'axe antirusse, ont à cette époque publiquement appelé, dans des termes insultants, à la traduction du président Vladimir Poutine devant un tribunal d'exception pour crimes de guerre, ce qui impliquait d'attaquer la Russie, de la vaincre, de renverser son gouvernement légitime et de soumettre ses dirigeants à des simulacres prohibés par le droit international.

Une conséquence concrète de cette campagne de propagande étalée sur plusieurs mois a été le non renouvellement le 28 octobre 2016, pour la première fois, du mandat de la Russie au Conseil des Droits de l'Homme de l'ONU, successeur depuis 2006 de la Commission trop politisée. À ce conseil comme à d'autres commissions il y

---

[56] Accessoirement, effrayées par le scandale les banques françaises ont fermé des milliers de comptes légitimes d'entreprises et personnes non résidentes, causant des fuites de fonds propres (aux deux sens du terme) vers les États-Unis mais aussi des faillites.

[57] www.stratediplo.blogspot.com/2016/12/victoire-coalisee-majeure-alep_20.html

a généralement plus de pays candidats que d'élus et il est inévitable que des chaises tournent. Cependant beaucoup d'organisations para-gouvernementales avaient fait campagne pour la non réélection de la Russie au motif de "ses exactions" à Alep (alors que la coalition anti-syrienne commençait la destruction de Mossoul en Irak en préalable à l'effacement de Raqqa de la carte de Syrie). Et des diplomates de l'axe antirusse ont assuré que c'était effectivement la raison pour laquelle ce siège n'avait pas été renouvelé.

Il est à noter que pour le collège est-européen la Russie a été devancée de deux voix par la Croatie, qui n'a toujours pas rappelé ou indemnisé le huitième de sa population qu'elle a expulsé il y a une génération[58]. Au niveau mondial on a surtout acclamé la réélection au CDH (sur trafic d'influences) de l'Arabie Séoudite, connue pour son refus de reconnaître les droits de l'homme à la femme (et le droit des fillettes de neuf ans de choisir leur mari voire la virginité), célèbre pour ses trois décapitations publiques hebdomadaires et alors occupée à massacrer les Yéménites, mais aussi parrain et banquier des milices islamistes qui tenaient la population d'Alep en otage et en esclavage, l'ancienne Al-Qaeda en Syrie renommée Al-Nosra.

En réalité peu importe la composition d'un conseil dont personne n'espère qu'il quitte l'arène idéologique pour se pencher sur la situation des droits de l'homme dans les pays membres de l'ONU. Mais une élection par l'Assemblée Générale est autant un enjeu de reconnaissance pour les grandes puissances que pour les acteurs émergents, et la propagande antirusse a présenté

---

[58] La commémoration de cette grande déportation, le 5 août, y est d'ailleurs une fête nationale depuis lors.

cette élection comme une éviction, un désaveu et une lourde condamnation éthique de la Russie. Surtout, le message était que la Russie n'était plus une superpuissance intouchable mais un membre de l'ONU parmi deux cents autres, et même moins respectable que d'autres. Pour les États-Unis, qui jusque-là achetaient dans l'ombre la voix de tel ou tel îlot du Pacifique désireux de regoudronner la piste de son aérodrome ou de changer la voiture du maire, cette belle victoire devant tout le conclave mondial a ouvert des possibilités inespérées.

L'axe antirusse prétend s'interroger sur la neutralisation du droit de veto de la Russie au Conseil de Sécurité de l'ONU. On a d'abord forcé la Russie à utiliser plus fréquemment son droit de veto. Une méthode renouvelée plusieurs fois consistait, après toute attaque ou accusation d'attaque chimique en Syrie, à d'abord refuser le projet de résolution appelant l'envoi sur place d'une mission d'enquête de l'Organisation pour l'Interdiction des Armes Chimiques (parallèlement invitée par le gouvernement syrien), que la Russie présentait systématiquement, mais ne soumettait parfois même pas au vote en voyant qu'il y aurait un veto. Ensuite il suffisait de soumettre au vote (malgré la certitude d'un rejet) un projet de résolution accusant et condamnant la Syrie *a priori* et sans enquête, obligeant ainsi la Russie à y mettre son veto puisque la Chine ne se mêle généralement pas de ce qu'elle considère comme chamailleries entre pays occidentaux. Il y a eu sauf erreur plus d'une dizaine de cas similaires où l'on ainsi forcé la Russie à utiliser son veto. Puis le 14 mars 2018 (au déclenchement de l'affaire Skripal), alors qu'un député britannique appelait le premier ministre à lancer des démarches pour à terme évincer du Conseil de Sécurité de l'ONU la Russie qui ressemble de plus en plus à un État voyou défiant la légalité internationale, Theresa May lui a répondu que le Royaume-Uni allait travailler sur cette question mais que le problème était que la Russie disposant d'un droit de veto au Conseil de Sécurité elle s'opposerait à toute réforme visant son éviction.

En réalité tous les politologues savent bien que la réforme de l'ONU et en particulier du Conseil de Sécurité, demandée par certaines nouvelles puissances et engagée il y a plus de vingt ans, ne donnera pas de résultats visibles à moyen terme (voire à jamais). Aussi les gesticulations et déclarations conjoncturelles de ce type n'ont pas de véritable objectif productif, mais tendent simplement à affirmer un "problème russe". Les communiqués dictés par les trois agences monopolistiques à la presse du monde entier isolent dans leurs phrases la Russie d'une prétendue "communauté internationale" et du reste du Conseil de Sécurité. On dit que la Russie a "bloqué" telle résolution au Conseil de Sécurité (comme si les autres membres étaient unanimes), mais lorsqu'il s'agit d'un autre pays on dit que le Conseil ne s'est pas mis d'accord ou n'a pas approuvé tel projet. Par exemple le veto étatsunien systématique à l'adoption du message habituel de condamnation d'une attaque sur une ambassade, lorsqu'il s'agit d'une ambassade russe, est simplement présenté comme un refus du Conseil et pas comme le veto d'un pays nommément désigné. Et tout projet de résolution introduit par la Russie et refusé par un veto est déclaré "rejeté par le Conseil", comme si l'utilisation du veto ne montrait pas au contraire que sans lui la résolution aurait été approuvée...

En matière de veto l'idée de la France est un engagement mutuel des cinq membres permanents à ne pas y recourir dans les cas de crimes contre l'humanité, par un renoncement inséré au chapitre 5 de la Charte des Nations Unies. Certes, si ce sont les trois agences de presse monopolistiques de l'OTAN qui déterminent les crimes contre l'humanité, c'est cette dernière qui en pâtira. Par ailleurs la doctrine du droit international, jamais infléchie par le sinistre concept français récent de "devoir d'intervention", reste inflexible dans sa ferme condamnation du crime d'agression et son refus d'entériner qu'un crime contre l'humanité, aussi grave soit-il, puisse justifier la commission du crime contre la paix.

Le simulacre d'attaque chimique à Douma le 7 avril 2018 a été l'occasion d'une grande victoire médiatique atlantico-uniopéenne mais aussi d'un petit échec, l'impossibilité d'obtenir au Conseil de Sécurité un blanc-seing pour le bombardement illimité de la Syrie et de la coopération militaire russe, en dépit de la crédulité ou de la vénalité d'un nombre suffisant de membres non permanents, la Russie ayant opposé son veto. Alors le discours légaliste des pays va-t-en-guerre a fait l'objet de nombre d'études et publications diverses dans la presse anglophone stratégique, généraliste et même économique, allant du recours à la résolution 377 de l'Assemblée Générale qui permet à neuf membres du Conseil de Sécurité de soumettre à l'Assemblée, éventuellement sur convocation extraordinaire immédiate, une question que le Conseil n'a pu trancher (y compris l'emploi de la force armée), jusqu'à la suggestion d'exclure progressivement la Russie de tous les comités et toutes les commissions à désignation élective du système ONU.

Tout cela n'est bien sûr qu'un discours légaliste, puisque les États-Unis ont la possibilité matérielle d'interdire l'entrée de l'ambassadeur russe au Conseil de Sécurité (voire de fermer ce dernier). Déjà fin août 2015 les États-Unis ont interdit à la délégation parlementaire russe de participer à la réunion de l'Union Interparlementaire convoquée au siège de l'ONU à New-York, en délivrant notamment à la présidente du sénat russe Valentina Matvienko un visa limité aux strictes réunions de l'ONU et excluant expressément la réunion des présidentes de parlement des 29 et 30 août et la Conférence Mondiale des Présidents de Parlement du 31 août au 2 septembre, au motif que les États-Unis estimaient que ce n'était pas un événement de l'ONU même si celle-ci l'organisait. De la même manière les États-Unis ont refusé leur visa à des membres de l'état-major interarmées russe invités à faire un exposé à l'ONU le 12 octobre 2017. La finalité apparente de ces violations de l'Accord de Siège du 26 juin 1947 signé pour obtenir le siège de l'ONU est d'interdire aux organes gouvernementaux russes de présenter la situation à leurs homologues des autres pays membres, mais leur finalité cachée est certainement d'affirmer le pouvoir de choisir qui peut visiter l'ONU, et d'accoutumer le reste du monde à cet état de fait.

À l'occasion de la rarissime et gravissime expulsion précipitée, massive et infondée d'une centaine et demie de diplomates russes le 26 mars 2018 et suivants par les pays de l'axe antirusse (sans précédent même contre l'Afrique du Sud ou l'URSS), les États-Unis ont, comme en octobre 1987 face vis-à-vis de l'URSS, encore violé de manière flagrante l'Accord de Siège. En effet douze des soixante diplomates expulsés par les États-Unis n'étaient pas en poste aux États-Unis mais à l'ONU, dont l'Accord de Siège établit en son article IV que les États-Unis "*ne mettront aucun obstacle au transit à destination ou en provenance du district administratif*" des représentants des pays membres, des fonctionnaires de l'ONU et de ses invités temporaires, que ces dispositions "*s'appliqueront quelles que soient les relations*" entre les gouvernements concernés et celui des États-Unis et que "*les visas nécessaires […] seront accordés*". Ainsi les États-Unis n'ont aucun droit d'expulser des diplomates ou fonctionnaires détachés ou en poste à l'ONU, ni d'interdire la visite de personnes qui y sont invitées. Cependant, l'absence de réaction de la part de l'ONU et de protestation de la part de la communauté étatique et diplomatique mondiale a conforté leur sentiment d'impunité en la matière.

Les efforts pour exclure un État des organisations internationales paritaires où chaque pays peut prendre la parole sont un signe indubitable de la volonté d'un groupe de puissances de chercher des soutiens à une "intervention" multinationale contre l'État en question, comme on l'a montré, dans le Septième Scénario, au sujet de l'intervention coalisée visant à instaurer une autre paix en France[59]. Intervention dans un pays souverain sans son invitation, cela signifie évidemment agression, tant en droit international coutumier que selon la résolution 3314 de l'Assemblée Générale de l'ONU, ou encore crime contre la paix, le pire crime contre l'humanité puisqu'il est à l'origine de tous les crimes de guerre (*dixit* la doctrine du droit international). Alors que l'axe atlantico-uniopéen cohabite très bien avec toutes sortes de régimes infréquentables, son acharnement pour écarter la Russie montre ses intentions ultimes.

---

[59] *Le septième scénario*, édition Stratediplo 2015 (sur Lulu.com).

9 – Dissuasion inopérante

Tout en observant l'alimentation de la tension, la radicalisation des discours et la montée en puissance des forces, un certain nombre de politiciens européens restent passifs, voire contribuent à la surenchère, sous le prétexte que tout cela ne prête pas à conséquences car à leurs yeux la dissuasion nucléaire russe assurera toujours que les États-Unis ne commettront pas l'irréparable. C'est méconnaître gravement les ressorts de la dissuasion, en plus de la détermination désespérée des États-Unis.

La dissuasion n'est pas un ensemble de capacités techniques, c'est un jeu d'interaction psychologique : la réaction annoncée de l'un aux actions putatives de l'autre en fonction des modifications espérées de décisions selon les réactions optionnelles ou automatiques annoncées. En vérité la dissuasion idéale est l'invincibilité, car aucun décideur rationnel n'attaquerait un pays invincible (pari suisse gagné jusqu'à présent). Pour les pays vincibles, le principe de la dissuasion dite du faible au fort est d'assurer à l'ennemi potentiel qu'on peut lui infliger des dégâts supérieurs à l'enjeu qu'on représente. La dissuasion française était basée sur le principe d'automaticité, ainsi en disant *a posteriori* qu'il n'aurait jamais "pressé le bouton rouge" l'ancien président Valéry Giscard dit d'Estaing (auquel un dirigeant soviétique répondit qu'on le savait pour avoir étudié son profil psychologique) révéla que le président avait en réalité le choix. Il dévoila de la sorte que la doctrine de dissuasion française n'était donc destinée qu'à tromper les Français pour leur faire accepter le démantèlement de leur défense.

Cette doctrine était (est, pour ceux qui y croient encore) surtout basée sur le principe des représailles *post-mortem*, prohibé par le droit international coutumier d'origine chrétienne et le droit conventionnel moderne qui en découle. Ceux-ci interdisent d'une part les opérations non nécessaires à la victoire (même contre des forces régulières), donc *a fortiori* les opérations sans espoir postérieures à la défaite, et d'autre part les opérations contre une population civile (même utiles à la victoire), donc *a fortiori* les opérations de représailles anti-cités.

Et de toute façon, si en l'occurrence le gouvernement soviétique était aussi cynique que le gouvernement français était monstrueux, il n'avait qu'à se demander si la prise de l'Europe occidentale jusqu'à la côte atlantique valait le sacrifice de la vitrification de Moscou, Kiev et Minsk. Il y avait de fortes chances que la France ne mettrait pas ses menaces de représailles à exécution (ce que Giscard confirma donc), et par ailleurs les États-Unis assuraient qu'ils ne riposteraient que "graduellement" voire diplomatiquement, afin d'éviter la vitrification de New-York. La vérité est que le Pacte de Varsovie n'a pas envahi l'Europe occidentale pour seulement deux raisons, d'une part l'axiome marxiste selon lequel la supériorité économique est nécessaire pour gagner une guerre, et d'autre part le développement par la France d'une arme capable d'arrêter facilement les divisions blindées sans dommages pour la population environnante.

La dissuasion stratégique est donc basée, entre autres, sur la crédibilité du discours. Menacer de vitrifier la capitale du voisin à la première patrouille égarée du mauvais côté de la frontière n'est pas crédible, et ne dissuadera donc pas le voisin d'envoyer des patrouilles de reconnaissance. Cette crédibilité se fonde sur la plausibilité du discours et la cohérence de la position, exprimée dans une doctrine claire, sauf pour les pays qui veulent jouer sur l'incertitude (Israël), à condition qu'elle ne soit pas interprétée comme de l'indécision.

L'URSS, confortée par son énorme supériorité conventionnelle à forte composante chimique tactique, avait pour doctrine de ne pas employer l'arme nucléaire en premier mais d'en disposer seulement pour dissuader l'ennemi de l'utiliser, par la promesse de représailles nucléaires stratégiques en cas d'utilisation du nucléaire même tactique par l'ennemi : sa doctrine séparait clairement le nucléaire de tout le reste.

La France, confortée par son infériorité (volontaire) conventionnelle et par la supériorité chimique du Pacte de Varsovie, avait pour doctrine d'une part de dissuader l'invasion du sanctuaire national par la menace de représailles stratégiques anti-cités, et d'autre part de promettre de riposter par des moyens NBC, en l'occurrence nucléaires, à toute attaque par des moyens NBC, en l'occurrence chimiques : sa doctrine séparait clairement le nucléaire-biologique-chimique de tout le reste.

Ces deux doctrines étaient adaptées aux intérêts et postures respectives. Les gaz délivrés par les obus de tous calibres sont par excellence l'arme d'un assaillant blindé-mécanisé qui progresse en véhicules pressurisés et filtrés, qui craint surtout l'infanterie adverse et se soucie peu de la population sur le territoire de l'ennemi. Les neutrons délivrés par une explosion en altitude au-dessus de son propre territoire, qui traversent le métal et sont arrêtés par le béton et la terre, sont par excellence l'arme d'un défenseur dont l'infanterie est semi-enterrée et la population sous toit, et qui doit arrêter un corps blindé adverse en ménageant sa propre population[60].

De leur côté les États-Unis, après que le déploiement de missiles SS-4 à Cuba les ait obligés à retirer leurs missiles Jupiter de Turquie (et d'Italie), ont adopté diverses doctrines basées non pas sur la nature des armes mais sur leur théâtre de déploiement ou d'utilisation. Retranchés derrière l'article 5 du Traité de l'Atlantique Nord qui leur permet de choisir la nature et le niveau de leur réponse en cas d'attaque contre l'un de leurs alliés (raison pour laquelle la Grèce insista pour entrer dans l'Union de l'Europe Occidentale plus protectrice), ils ont découplé les armes nucléaires de théâtre des armes stratégiques. Ils ont ainsi distingué les armes déployées dès le temps de paix en Europe (dans des pays non nucléaires donc en violation du traité de non-prolifération) et celles basées sur leur territoire national visant les capitales hors du champ de bataille.

Leur doctrine de "riposte graduée" assurait que, afin d'épargner à leur territoire national une riposte stratégique ennemie, ils ne brûleraient pas le territoire soviétique tant que l'URSS se contenterait d'envahir l'Europe occidentale, ce à quoi ils n'opposeraient que leurs moyens prépositionnés en Europe. Cela ne les a pas empêchés de déployer en Europe et en Asie Mineure des armes nucléaires dont la puissance destructrice est très supérieure à la bombe stratégique anti-cités qu'ils ont larguée sur Hiroshima, mais ils les qualifient de tactiques et excluaient leur emploi sur le territoire soviétique, en échange bien sûr de l'intouchabilité de leur propre territoire. Au niveau

---

[60] L'argument "pacifiste" communiste selon lequel l'arme à effets collatéraux réduits était "capitaliste" en épargnant les infrastructures omettait que les gaz les épargnent encore mieux.

stratégique et entre superpuissances, la doctrine était l'équilibre de la terreur par l'assurance qu'aucune frappe désarmante ne puisse oblitérer la capacité de représailles massives.

En rescindant unilatéralement fin 2001 le traité antimissiles balistiques les États-Unis ont mis fin à cette stratégie d'équilibre de la terreur par assurance d'une capacité de destruction mutuelle en représailles. Sous couvert de contrôle de la course aux armements, et au motif réel d'économies, ce traité limitait la capacité défensive antimissiles de chacune de ces deux superpuissances, s'engageant à ne protéger qu'un seul site. Le constat de la rescision de ce traité par les États-Unis ne signifie évidemment ni qu'on approuvait ledit traité de limitation d'armes défensives, ni qu'on approuve une stratégie de menaces de représailles massives contre la population civile adverse, qui pour les sociétés civilisées est contraire au droit de la guerre (*jus in bello*) au moins depuis sa formulation par les docteurs de l'Église Augustin et Thomas d'Aquin, et sa confirmation dans le droit conventionnel humanitaire du XX° siècle.

La conséquence pratique, et la raison même, du retrait de ce traité est la possibilité pour les États-Unis (et pour la Russie) de déployer une protection antimissiles. Nonobstant, la conséquence psychologique est l'illusion d'invulnérabilité aux missiles adverses, donc d'impunité en cas de frappe "en premier" selon le vocabulaire étatsunien, c'est-à-dire d'agression selon le vocabulaire international.

Bien que le discours officiel se référât invariablement à une menace nord-coréenne (ou parfois d'États "voyous"), le fameux bouclier antimissiles étatsunien, activé après les accords avec l'Iran et la Corée du Nord, visait évidemment la Russie dès sa conception.

Seuls des journalistes étatsuniens sont assez ignorants de la géographie pour croire que le gouvernement nord-coréen ferait passer ses missiles par le trajet moitié plus long de l'Europe plutôt que par le trajet plus court de l'Alaska. Et seuls des politiciens étatsuniens sont assez ignorants du niveau cognitif du reste du monde pour croire que leurs homologues européens les croiraient. Tout en prétendant (pour l'auto-conviction médiatique interne donc) que ce système n'était pas dirigé contre la Russie, les États-Unis ont systématiquement refusé de détailler à celle-ci ses caractéristiques techniques, entre autres parce que le missile Aegis Ashore utilise le système de lancement vertical MK-41 du Tomahawk et permettrait donc de tirer ce missile de croisière, interdit en Europe par le traité sur les forces nucléaires à portée intermédiaire.

De toute façon les vecteurs Aegis à portée intermédiaire peuvent eux-mêmes avoir un usage offensif contre des objectifs aériens, spatiaux voire terrestres, et probablement aussi être équipés d'une tête nucléaire, ce qui constitue une autre violation du traité sur les forces nucléaires à portée intermédiaire, que les États-Unis violent déjà en produisant et en déployant en Europe des missiles interdits (type Hera, MRT, Aries, LV-2 et LV-3, Storm et Storm-2 par exemple) sous prétexte de vouloir les utiliser comme cibles inertes[61]. D'ailleurs le 20 octobre 2018 les États-Unis ont annoncé leur imminent retrait du traité, en vue d'une relance de la course aux armements nucléaires stratégiques non intercontinentaux.

---

[61] Depuis fin juillet 2014 ils accusent la Russie de violer le traité mais sans préciser par quels armements, l'Iskander de portée inférieure à 500 kilomètres n'étant pas concerné.

Il s'agissait aussi vraisemblablement d'une réaction à la récente prise de conscience de l'efficacité de la défense antiaérienne russe contre les missiles de croisière, notamment tirés de loin à partir d'une flotte navale, les incitant donc à baser des missiles nucléaires de portée intermédiaire à terre et plus près des frontières russes... et confirmant au passage la vocation offensive de leurs nouvelles bases de Redzikowo en Pologne et Deveselu en Roumanie. Finalement les États-Unis ont bien rescindé le traité sur les forces nucléaires à portée intermédiaire, avec effet au 2 août 2019. L'Union Européenne s'était prononcée contre cette rescision, mais il serait surprenant que la Pologne et la Roumanie refusent la réorientation offensive desdites bases et l'implantation de Tomahawk ou équivalents..

Le 18 août 2019, trois semaines après l'expiration du traité sur les forces nucléaires de portée intermédiaire, les États-Unis ont procédé au tir d'un missile de portée supérieure à 500 kilomètres. Il ne s'agissait pas d'un test technique mais d'une démonstration politique, puisque tous les éléments, séparément en service depuis de nombreuses années, en avaient été développés et produits pendant la période d'interdiction (et donc en violation) du traité. Le missile était une version modernisée du missile de croisière Tomahawk, et le lanceur était une plateforme MK-41 similaire à celles installées à Deveselu et Redzikowo, mais installée sur le polygone de tir de l'île de San Nicolás (Californie) depuis 2015, donc en violation du traité bien avant que les Etats-Unis n'accusent la Russie de le violer. Bien qu'on fasse dire au président Trump que le retrait de ce traité bilatéral n'avait pour but que la négociation d'un traité trilatéral incluant la Chine, la reconnaissance formelle de la violation du traité sur les FNI depuis des années indique que les États-Unis n'ont aucune intention de tenter de convaincre la Chine de prendre un tel engagement unilatéral.

Le déploiement officiel de missiles nucléaires de portée intermédiaire en Roumanie et en Pologne vise vraisemblablement à éviter de devoir les tirer de la flotte étatsunienne et prétendre ainsi à un découplage, ou une action "graduée" interdisant au pays agressé de riposter sur leur territoire national sous peine de représailles mégatonniques massives. Cela confirme d'une part que ces missiles sont destinés à être utilisés (pas à dissuader), et d'autre part, compte tenu de leur vulnérabilité à la défense antiaérienne russe, à être utilisés en masse pour un effet de saturation afin qu'au moins quelques-uns percent.

S'agissant d'ogives nucléaires douze fois plus puissantes que celle utilisée à Hiroshima, les populations européennes, qui ont pu découvrir ce 18 août la vocation réelle des bases roumaine et polonaise du faux "bouclier défensif antimissiles", pourraient se sentir concernées. Quant au motif de la reconnaissance de leur violation du traité sur les FNI depuis des années, il est probablement hautement politique et vise à affirmer au monde que les États-Unis ne s'estiment pas liés par les traités qu'ils signent. La portée de ce rappel officiel d'une réalité pourtant déjà de notoriété publique, et la décision d'y procéder à ce stade de l'avant-guerre et à cette courte distance de leur effondrement monétaire, devrait aussi concerner les populations mondiales. Cette annonce prépare évidemment l'assertion ultime.

En tout cas, les essais comme les experts prêtent au système THAAD (*Terminal High Altitude Area Defense*) du bouclier antimissiles une efficacité de l'ordre de 50%, mais en annonçant en octobre 2017 une efficacité de 97%, le président Trump exprime et renforce le sentiment national d'invulnérabilité. Or cette certitude (erronée ou pas) d'invulnérabilité stratégique sur leur territoire national, donc d'impunité, leur donne l'audace de commettre hors d'Amérique, et à un niveau infra-mégatonnique, des actes dont ils ne prendraient pas le risque s'ils craignaient des représailles sur leur territoire.

Fin 2006 les stratèges du Pentagone ont de nouveau conclu que la Russie et la Chine s'interdiraient de riposter à une éventuelle frappe initiale étatsunienne en raison de l'impossibilité de détruire tous les vecteurs étatsuniens, et donc d'écarter une deuxième frappe (ils ont surtout confirmé là leur méconnaissance de la valeur qu'accorde le gouvernement post-maoïste à sa population). Et ces dernières années plusieurs instituts étatsuniens de stratégie ont assuré que les États-Unis pourraient circonscrire le conflit à l'Europe et sanctuariser l'Amérique, en particulier en faisant bien valoir qu'ils n'utilisent que des armes déjà déployées en Europe ou en mer.

Mais même en cas d'échec de la sanctuarisation, c'est-à-dire si le territoire même des États-Unis faisait l'objet d'une riposte russe, leur gouvernement est fermement convaincu, depuis au moins une demi-décennie, de pouvoir gagner une guerre nucléaire, avec des dommages acceptables voire sans dommages du tout. C'est la raison pour laquelle le politicien dissident Paul Craig Roberts alerte régulièrement, avec une grave insistance, sur le fait que le gouvernement étatsunien croit pouvoir gagner la guerre nucléaire, et l'envisage donc sereinement. Ce n'est pas (ou plus) par feinte qu'il ordonne à ses forces armées les préparatifs nucléaires.

Au niveau stratégique ils ont même officiellement remplacé l'idée de dissuasion par celle de "frappe en premier", c'est-à-dire, selon le droit international, de l'agression (nucléaire). Par rapport à l'unique autre superpuissance nucléaire qu'est la Russie, ils ne visent plus une capacité de frappe en représailles afin de dissuader l'ennemi, mais une capacité de frappe de destruction par surprise afin de le désarmer. Les scientifiques assurent que le nouveau système de contrôle d'altitude d'explosion Mk4A équipant les missiles stratégiques balistiques depuis 2009 permet de détruire préventivement les lanceurs stratégiques russes et donc de ne pas craindre de représailles. Cette nouvelle stratégie implique tout de même une vague de centaines de missiles nucléaires stratégiques, de mauvais augure pour la poursuite d'une vie animale évoluée même loin de l'Europe visée. Il faut espérer que ce n'est pas vraiment ce qu'ils envisagent.

En dépit de la fortuite longévité (pour une proto-démocratie) de leur constitution, les États-Unis d'Amérique n'ont pas de fondations historiques ou d'arrière-plan culturel permettant à leurs élites de concevoir une politique à long terme, ce qui contribue à expliquer leur apparente incohérence politique déjà mentionnée. L'horizon le plus lointain auquel ils se projettent est celui que les entreprises situent au-delà du moyen terme d'investissement et d'amortissement de cinq ans, en l'occurrence la décennie. Ainsi aucun politicien n'y prend en compte la victoire finale de la Chine, non belligérante, dans le conflit intra-occidental, et les fautes stratégiques susceptibles de précipiter son avènement.

Nonobstant, la planification guerrière est effectuée, comme ailleurs, par des officiers généraux, c'est-à-dire des militaires conscients des réalités de la guerre, donc sinon des pacifistes du moins des modérés. Comme on l'a vu au sujet de l'attaque contre l'Iran, la menace, susceptible de faire tache d'huile, de démission instantanée d'une dizaine de généraux du haut commandement, est susceptible de gêner le gouvernement dans la mise en œuvre de ses plans, voire dans sa survie politique. Aussi, même convaincus de leur impunité stratégique, les États-Unis pourraient fort bien s'en tenir à une assertion nucléaire limitée, qu'ils présenteront comme tactique bien qu'elle ait des finalités et des modalités hautement stratégiques, comme on l'a vu précédemment.

En termes de moyens il s'agira alors, comme ils l'annoncent avec insistance depuis une douzaine d'années, de bombes qu'ils qualifient de tactiques, à savoir les B61-11 en service actuellement ou les B61-12 qui leur succèderont, et le cas échéant de missiles Tomahawk dont leurs groupes aéronavals emportent chacun un millier d'exemplaires. En violation du traité de non-prolifération des bombes B61 ont bien été confiées pour emploi aux armées italienne, turque, allemande, belge et néerlandaise, et dans le cadre des provocations stratégiques, de la montée en puissance de la tension et de l'accoutumance des gouvernements concernés, les entraînements de lâcher sont intensifiés. Néanmoins cette assertion ultime du pays hors normes devra être effectuée exclusivement par ses soins, seul moyen de cristalliser son statut spécial d'unique utilisateur.

Les États-Unis doivent absolument s'assurer du succès de cette opération non renouvelable, et éviter une humiliation par la défense antiaérienne russe c'est-à-dire la destruction en vol des armes nucléaires ou de leurs vecteurs (qui ne produit alors ni explosion nucléaire ni champignon même symbolique). Pour cela ils enverront une salve de saturation des défenses adverses, c'est-à-dire au moins plusieurs dizaines de projectiles par cible visée. Pour mémoire, il s'agira tout de même de bombes de 400 kilotonnes chacune dans le cas de la B61-11, ou de 50 kilotonnes chacune dans le cas de la B61-12. À titre de comparaison l'ogive du Pluton français, considéré en fin de course comme préstratégique, titrait une puissance sélectionnable de 15 ou 25 kilotonnes (la puissance d'Hiroshima ou presque le double), et les véritables bombes tactiques françaises à effets collatéraux réduits, finalement pas déployées en raison du forfait soviétique devant leur annonce, étaient vraisemblablement infra-kilotonniques.

Les États-Unis avanceront au moins deux motifs, qu'ils présenteront à leurs alliés comme légitimes, pour procéder à des frappes nucléaires contre la Russie.

Le premier sera de détruire préventivement les missiles russes qui menacent leur fameux système antimissiles. La Russie a longuement tenté de convaincre les États-Unis de ne pas installer ce système, d'abord en essayant de sauver le traité antimissiles balistiques, puis en rappelant qu'il rompait l'équilibre stratégique, et enfin en arguant qu'il enfreignait le traité sur les forces nucléaires à portée intermédiaire, d'une part par la possibilité d'assigner des cibles offensives aux missiles Aegis et d'autre part par le déploiement de systèmes de lancement vertical pouvant propulser des missiles de croisière Tomahawk. Elle a ensuite tenté de convaincre les pays hôtes de ne pas accepter ce système sur leur territoire, non seulement avec ces mêmes argument (et celui du bon voisinage) mais aussi avec l'argument qu'il représente des cibles légitimes de frappes russes dans les deux pays en question.

Finalement, ne pouvant empêcher le déploiement de ce système, la Russie a décidé de le contrer en déployant un dispositif de missiles antimissiles de conception antérieure mais particulièrement adapté, au niveau technique, pour abattre les missiles antimissiles Aegis. Il s'agit du missile Iskander, non concerné par le traité sur les forces nucléaires à portée intermédiaire puisque sa portée est inférieure à 500 kilomètres, et considéré comme à peu près invincible puisqu'avec ses dix leurres par missile il faudrait dédier onze missiles Patriot pour abattre chaque Iskander tiré. Au fait l'Iskander est un missile de croisière conventionnel qui ne peut détruire une base de missiles mais seulement un missile en vol. Des batteries de missiles Iskander ont été déployées à Kaliningrad, pour neutraliser les missiles antimissiles de la base de Redzikowo, et d'autres seront certainement déployées en Crimée, contre la base de Deveselu.

Ces batteries qui menacent le prétendu bouclier antimissiles étatsunien constituent donc des cibles "légitimes" idéales. Or l'Iskander n'est pas arrimé à une base de lancement fixe mais mis en œuvre à partir d'un véhicule, et les États-Unis se prétendent incapables de distinguer par satellite un lance-missile motorisé non camouflé d'un semi-remorque commercial, un hôpital d'un bunker ou un mariage civil d'un rassemblement militaire (voire une ambassade étrangère d'une caserne ennemie). Ils peuvent donc trouver là la justification pour raser ou vitrifier un département ennemi entier plutôt que de risquer la vie d'un seul officier artilleur marqueur de cible ou d'un pilote identificateur à vue.

Le deuxième motif que les États-Unis présenteront à leurs alliés comme parfaitement légitime pour procéder à des frappes nucléaires contre la Russie sera une défaite conventionnelle, voire simplement la perspective d'une défaite. Un observateur candide peut s'étonner de la disproportion entre d'une part le grand tapage politique et médiatique fait autour de chaque déploiement ou renforcement de l'OTAN dans les pays limitrophes de la Russie, et d'autre part la relative modestie des moyens concernés. Un observateur un peu moins candide pourrait en déduire qu'on déploie juste assez de moyens offensifs pour lancer une provocation et entrer irréversiblement en guerre, mais pas assez pour risquer malencontreusement de gagner une confrontation véritable sur le terrain.

Certes beaucoup de commentateurs antirusses insistent sur le déséquilibre, qualitatif en général et quantitatif sur le théâtre balte, dans l'unique but de demander plus de moyens. Mais les nombreux comparatifs publiés en cette période d'avant-guerre sont pour l'essentiel techniquement objectifs : l'OTAN semble bien en effet se préparer à déclencher et à perdre cette guerre.

Sans vouloir comparer les valeurs respectives, pour les États-Unis, de la vieille Europe et de l'Arabie dollarifère, on remarque qu'en 1990 face à une hypothétique menace d'invasion irakienne de l'Arabie ils ont déployé puis employé l'équivalent de trois armées, et que face à une agression russe prétendument commencée ils ne mettent aujourd'hui qu'une ou deux brigades. La France et la Grande-Bretagne, alors capables d'envoyer respectivement une grosse division et un petit corps d'armée pour protéger la Mecque, ne trouvent que quelques bataillons pour défendre Varsovie. En vérité pour les puissances européennes il ne s'agit que d'un jeu facultatif, on envoie des troupes face à la Russie comme on en envoie au Sahel ou en Afghanistan, en sachant bien que les Pétersbourgeois ne réagiront pas comme des Targui ou des Pachtounes mais en feignant d'ignorer que les États-Unis engageront, dans une vraie guerre, jusqu'au dernier Européen disponible.

Les brigades et les flottes lancées contre la Russie seront consommées, et cela fournira la justification pour des frappes nucléaires sur des objectifs dits militaires mais choisis en fonction de leur valeur stratégique et même nationale pour la Russie.

Les États-Unis disposent pour cette attaque de bases aériennes dans les pays de l'OTAN, et plus particulièrement, depuis la déclaration de guerre à la Russie, de nouvelles bases en Roumanie, Pologne, Lituanie, Lettonie et Estonie. En plus de leur insistance sur le caractère tactique et militairement justifié de leurs frappes, ils souligneront alors expressément vis-à-vis de la Russie qu'aucun avion n'a décollé des États-Unis. Ils inviteront peut-être la Russie à ne pas riposter à partir de son territoire (or elle n'a plus de glacis allié occidental hormis la Biélorussie), et lui intimeront sans ambiguïté de ne pas riposter sur le territoire étatsunien sous peine de riposte stratégique totale. Ils ajouteront là au découplage entre niveaux tactique (ou prétendu tel) et stratégique un découplage entre territoires tiers (européens puisqu'ils ne considèrent pas la Russie comme telle) et territoires propres, sanctuaire étatsunien et cœur de la Russie. Ils proposeront un conflit qu'ils considèrent limité, même s'il est, au sens premier, vital pour la Russie, et pour s'assurer que celle-ci ne sera pas tentée de riposter sur leur propre territoire ils insisteront sur le fait qu'ils n'ont engagé que leurs moyens prépositionnés en Europe. Ils s'abstiendront peut-être même d'engager leurs moyens navals (et embarqués), on pense ici aux missiles Tomahawk, pour montrer leur modération et éviter l'entrée en guerre de la Chine[62] qui leur serait fatale et pas seulement en envoyant leurs fleurons navals par le fond au moyen de quelques missiles hypersoniques.

---

[62] Le 9 avril 2018 la Chine a annoncé qu'en cas de guerre ses navires présents en Méditerranée passeraient sous le commandement de la flotte russe, gros changement de posture par rapport à son abstention systématique au Conseil de Sécurité de l'ONU.

Une autre raison pour laquelle les États-Unis pensent passer sous le seuil de la dissuasion stratégique russe, c'est qu'ils n'effectueront pas leurs frappes nucléaires sur le territoire national russe, ou du moins tel qu'ils le reconnaissent. Ils frapperont des territoires qu'ils considèrent illégalement occupés par la Russie.

Le premier est évidemment la Crimée. Bien que n'ayant pas objecté à l'annexion de Mayotte par la France suite au referendum (interdit par l'ONU) de 2009, ni annoncé qu'ils ne reconnaîtraient pas le referendum d'autodétermination de la Catalogne en 2017, les États-Unis avaient annoncé qu'ils ne reconnaîtraient pas les résultats du referendum d'autodétermination de la Crimée de 2014, et n'ont conséquemment pas reconnu la réunification avec la Russie. Depuis lors, en plus de soutenir politiquement et militairement le régime issu du coup d'État du 22 février en Ukraine continentale, ils se sont engagés plusieurs fois, publiquement, à aider ce régime à conquérir ("libérer") la Crimée, qui est désormais l'une des deux régions sur la périphérie desquelles ils concentrent moyens militaires et provocations.

La première cible stratégique pour laquelle ils ont une justification tactique est Sébastopol, ville de 400 000 habitants et base navale russe de la Mer Noire. La deuxième cible possible, on l'a évoqué plus haut, est, en cas de déploiement, les batteries de missiles Iskander menaçant le volet roumain de leur bouclier antimissiles. Compte tenu de leur courte portée ces batteries seraient déployées au plus près possible de la Roumanie, donc à la pointe sud-ouest de la Crimée, ce qui correspond aussi, vu des États-Unis, à Sébastopol. La troisième cible possible, inaugurée en 2018, est le très civilement nécessaire et hautement symbolique pont de Kertch, qui peut sur le plan tactique être présenté comme un lien logistique entre la Russie et ses "troupes d'occupation" en Crimée. Sur le plan international ce pont peut être présenté comme un abattement illégal de la frontière maritime entre la Russie et l'Ukraine, et une prise de contrôle de l'accès à la mer binationale d'Azov, que les États-Unis considèrent internationale et où ils ont déjà, début 2019, commandité des provocations.

Le deuxième territoire que les États-Unis peuvent considérer comme non métropolitain, voire non russe, est l'exclave de Kaliningrad. Annexée un siècle et demi après les petits États baltes aujourd'hui indépendants depuis une génération, Königsberg avait un millénaire d'histoire borusse et teutonne jusqu'à la déportation intégrale de sa population germanophone en 1945. L'Allemagne ne l'a pas revendiquée au moment de (et depuis) sa réunification, pour ne pas brusquer la Pologne et réveiller les hantises de la perte d'un corridor de Dantzig. Mais la Lituanie jamais en panne d'agressivité envers la Russie la revendique de moins en moins discrètement, tant pour éliminer définitivement tout transit russe sur son territoire que pour retirer à la Russie son seul port occidental libre de glaces toute l'année. Accessoirement l'exclave russe de Kaliningrad est aussi un casse-tête de questions de transit et de visa pour l'Union Européenne[63]. Celle-ci reconnaît donc d'avance son annexion voire sa simple occupation temporaire par la Lituanie ou la Pologne, au moyen de l'insertion au traité sur le fonctionnement de l'Union Européenne du troisième alinéa de l'article 355, selon lequel "*les dispositions des traités s'appliquent aux territoires européens dont un État membre assume les relations extérieures*". En l'absence de perspectives de mandat de protectorat en Europe, on voit

---

[63] La Russie voulait l'élimination réciproque des visas mais l'Union Européenne a mis fin aux négociations.

difficilement un autre territoire non souverain susceptible d'être concerné.

Sur le plan politique, il suffirait simplement de la reconnaissance et de la promotion médiatique d'un plus ou moins authentique Conseil des Königsbergeois en exil en Lituanie ou en Pologne pour déclarer la région illégitimement occupée par la Russie. Sur le plan militaire, depuis 2016 les États-Unis se déclarent sérieusement préoccupés par le déploiement du système S-400 à Kaliningrad (des armes de défense antiaérienne sur le territoire national russe), montrant par là une intention d'agression aérienne contre l'exclave. Pas plus tard que le 24 mai 2020 le gouvernement étatsunien, par la voix du conseiller à la sécurité Robert O'brien, a qualifié Kaliningrad de problème majeur et de "poignard dans le cœur de l'Europe", reprochant à la Russie d'en avoir fait un arsenal menaçant les alliés européens et les pays baltes. Et justement, c'est dans les États baltes que l'OTAN concentre le plus de troupes et fomente le plus de tensions depuis six ans, et c'est là aussi que l'Union Européenne a autorisé il y a vingt ans la création d'un statut de sous-citoyens réservé aux russophones soumis à toutes les brimades administratives.

C'est aussi le long de la frontière lituano-polonaise que la Russie sera contrainte, en cas de blocus naval et terrestre total de Kaliningrad (dont le territoire compte un million d'habitants), de lancer à partir de la Biélorussie l'ouverture d'un passage de Suwalki. C'est donc ainsi le seul endroit où on peut l'obliger à mener une opération (contre-offensive à visée défensive) hors de ses frontières. Or justement les manœuvres Saber Strike conduites désormais chaque année par l'OTAN consistent précisément en l'encerclement terrestre puis la prise de Kaliningrad, menés par deux groupes de forces (du niveau division renforcée sauf erreur) venant l'un de Pologne comprenant aussi des unités venues d'Allemagne, et l'autre de Lituanie comprenant aussi des unités venues de Lettonie, ces deux groupes de forces coupant évidemment la trouée de Suwalki avant la prise de l'exclave.

Sur le plan stratégique, une telle opération pourrait même justifier une frappe nucléaire non pas sur Kaliningrad mais quelque part entre Grodna et Maladzetchna en Biélorussie (donc pas en Russie même), au motif de l'arrivée réelle ou fictive d'une force russe s'apprêtant évidemment à percer en territoire lituanien. L'impact démographique serait certes inférieur, mais surtout le message politique au reste du monde serait grandement atténué par la nécessité tactique, et par l'insignifiance mondiale du petit pays touché. Par contre Kaliningrad elle-même est, comme Sébastopol, une ville de près de 400 000 habitants et une base navale, et elle peut faire l'objet d'une frappe nucléaire au motif de détruire les batteries d'Iskander qui y menacent le volet polonais du bouclier antimissiles étatsunien.

Si elles étaient consultées, les puissances d'Europe occidentale préféreraient probablement voir une frappe sur la ville de Kertch ou mieux sur le pont de Crimée lui-même, en mer et avec peu de victimes. Sinon elles pourraient accepter la destruction de Sébastopol, en espérant qu'elle n'occasionne pas plus de retombées que la catastrophe de Tchernobyl. Par contre elles n'accepteraient certainement pas la vitrification même "tactique" de Kaliningrad, au moyen de plusieurs dizaines de bombes vingt-sept fois plus puissantes (chacune) que celle d'Hiroshima et censées causer (chacune) cinq cents fois plus de destructions. Elles ne seront donc pas consultées, mais seront mises devant le fait accompli éventuellement justifié par une imminente défaite conventionnelle sur le terrain.

Il apparaît donc que les États-Unis disposent de suffisamment d'arguments pour se convaincre que la dissuasion nucléaire stratégique ne s'appliquera pas aux actions qu'ils envisagent. Aussi l'arsenal russe ne les dissuadera pas. Mais il n'y a pas que les questions techniques. Eux aussi, dans une certaine mesure et à leur manière, étudient l'adversaire. Ils savent que la Russie n'est ni la Chine, ni l'Iran ni la France. Ils savent que c'est de nouveau un pays profondément et intrinsèquement chrétien, doté d'un gouvernement qui, bien au-delà de la légalité internationale, respecte les enseignements chrétiens. Ils ne peuvent donc pas croire que, même dans les circonstances les plus extrêmes, les dirigeants russes ordonneraient une monstruosité. Ils iront jusqu'au bout parce qu'ils seront convaincus qu'en dépit de toute feinte (tout *bluff*) stratégique, au dernier moment la Russie se retiendra. Effectivement, à la lumière des convictions éthiques des dirigeants russes les représailles massives contre la population ennemie sont exclues, donc le chantage dissuasif n'est pas crédible.

Par ailleurs les États-Unis sont imbus de la conviction de leur nature distincte et exceptionnelle, comme on l'a vu antérieurement, que les autres pays doivent certainement envier et vénérer donc "ils n'oseraient jamais". Ce dogme paraît certainement spécieux et erroné au reste du monde mais il est généralement partagé aux États-Unis.

Enfin ils affirment régulièrement, et feront bien comprendre, que pour la défense du privilège exorbitant de leur repas gratuit ils sont prêts à tout. Dans les enceintes internationales comme en réunion bilatérale ils exhibent une excitation volontairement incontrôlée, et parfois une franche hystérie, visant à montrer qu'ils sont déraisonnables. Ils n'auront plus rien à perdre et, en as

assénant leur assertion nucléaire ultime, ils menaceront (promettront) de passer aux mégatonnes contre tout pays qui ne se soumettrait pas au dollar fixe à valeur arbitraire. Or il est possible de mettre en œuvre une dissuasion du faible au fort (la France l'a fait), mais pas du rationnel au fou. Là où il n'y a pas d'esprit rationnel et de capacité de raisonnement, la dissuasion n'a pas de prise.

On pourrait résumer en disant que pour que des armes nucléaires dissuadent les États-Unis d'attaquer la Russie il faudrait non seulement qu'ils pensent qu'elle ne serait pas dissuadée par la menace de représailles apocalyptiques en cas de recours à ces armes, mais aussi qu'ils pensent qu'elle déciderait effectivement de les utiliser, qu'ils pensent ne pas pouvoir toutes les détruire à l'avance ou en vol, que leur propre population leur importe, qu'ils considèrent les conséquences d'un bombardement sur leur sol comme pires que les conséquences de la perte du dollar et des importations gratuites, et enfin qu'ils agissent rationnellement. Si une seule de ces conditions n'est pas remplie l'arsenal nucléaire russe n'a pas de pouvoir dissuasif sur les États-Unis.

Au titre d'une tentative de dissuasion spécifique la Russie pourrait cependant annoncer expressément, par exemple, qu'elle accorde la même valeur à Kaliningrad que les États-Unis accordent à Hawaï et Porto Rico ensemble, que le pont de Crimée lui est plus précieux que le canal de Panama et les onze porte-avions le sont aux États-Unis, ou encore que le prix à payer pour Sébastopol et la Crimée serait Anchorage et l'Alaska. Mais même ce discours-là n'est pas assuré de succès auprès d'un pays persuadé de n'avoir plus rien à perdre.

ESCALADE ULTIME

10 – Hostilités prémilitaires

L a communication antirusse fait abondamment usage d'un outil volontairement fallacieux, le terme, répété à outrance, de "sanctions", utilisé en réalité pour des mesures d'hostilité illicites.

En langage général, sanctionner peut signifier essentiellement deux choses. D'une part, sanctionner un texte comme un décret, une loi ou un traité, c'est le valider pour qu'il soit applicable et opposable. Un parlement sanctionne un traité en le ratifiant, un chef d'État sanctionne un décret en le promulguant. En tout cas c'est une autorité supérieure, détentrice d'un pouvoir de décision mais surtout d'un pouvoir normatif (un texte juridique étant une norme), qui confère validité à un document préparé par une instance rédactrice ou négociatrice de hiérarchie inférieure. Mais lorsque ce sont les discours de deux auteurs de même niveau qui concordent, le deuxième ne sanctionne pas le premier, il le confirme (affirme avec).

D'autre part, sanctionner une action comme un mérite ou une faute, c'est décider et officialiser les conséquences (récompense ou punition) après jugement de cette action et sentence définitive. Lorsqu'une personne donne un soufflet à une personne du même niveau, elle l'offense ou la provoque, et si l'autre répond de la même manière c'est une riposte. Lorsqu'un parent donne un soufflet à son enfant, ou lorsqu'un maître donne un soufflet à son disciple, c'est une sanction.

Qu'il s'agisse donc d'un texte ou d'une action, le terme de sanction lui-même, indifféremment de sa connotation positive ou négative selon le contexte, implique non seulement une différence de niveau (hiérarchique ou relatif), l'acteur de niveau supérieur accordant la validité ou fixant une valeur à l'action de l'acteur de niveau inférieur, mais aussi la détention d'une autorité normative (de prescription et correction) ou sentencielle (de jugement).

Or l'un des principes fondamentaux du droit international est l'égalité des États, brillamment imposée par la France à l'occasion des traités de Westphalie, avec le soutien naturel des centaines de petits États dont elle a obligé l'Empire confédéral à reconnaître la souveraineté et donc l'égalité. Aucun membre de l'Union Européenne ou de l'Organisation du Traité de l'Atlantique Nord n'est habilité à juger un autre État souverain. Aucun pays n'a autorité pour punir, châtier ou sanctionner la Russie.

Un autre principe fondamental du droit international est la souveraineté des États. Cette souveraineté est absolue et non limitable. Les membres de l'Organisation des Nations Unies (ou de la Société des Nations il y a un siècle) sont convenus entre eux de mutualiser un certain nombre de moyens, et d'exercer par ce collège commun des activités de prévention de la guerre, et ont adopté ensemble quelques mesures de discipline mutuellement consentie, comme certaines sanctions non armées ou encore des actions incluant l'usage de la force aux fins de pacification. La doctrine du droit international professe que l'ONU est certes un sujet de droit international (responsable de ses propres droits et devoirs), mais qu'elle n'est pas hiérarchiquement supérieure aux États, qui détiennent la souveraineté suprême.

C'est d'ailleurs la raison pour laquelle les décisions prises par l'ONU, ou plus exactement prises collectivement par ses membres en son sein, ne sont pas contraignantes ou opposables aux États non membres : l'ONU ne peut statuer que pour ses membres, seuls pays légalement liés par le traité qui l'a instituée, la Charte des Nations Unies. Elle a cependant décidé, fin 1977, d'imposer des mesures de coercition contre la République Sud-Africaine, notamment un embargo sur la vente d'armes à ce pays, mais ces mesures n'étaient valides que parce que l'Afrique du Sud, comme membre de l'ONU, acceptait son code commun d'arbitrage. Son Conseil de Sécurité peut certes décider des actions armées, mais ce ne sont que des actions coercitives pour faire cesser un tort, pas des actions punitives.

Le mot "sanction" est totalement absent de la Charte des Nations Unies, y compris du chapitre VII autorisant le recours à la force, et la notion de punition est, contrairement à celle de réparation, prohibée par le droit international coutumier depuis plusieurs siècles.

Justement, dans la mesure où il n'existe aucune instance détentrice d'une autorité supérieure à celle des États, le droit international a élaboré, au cours des siècles, une théorie permettant aux États de se défendre eux-mêmes, ce qui est interdit aux citoyens qui eux peuvent avoir recours à une justice supérieure destinée à redresser les torts, c'est-à-dire à empêcher l'abus des faibles par les forts. Cette capacité laissée aux États a cependant été encadrée de conditions, afin d'éviter une surenchère de représailles et de revanches sans fin. Et elle n'a qu'une finalité strictement correctrice, pas punitive. Il ne s'agit pas d'infliger un châtiment à un pays mais de l'inciter ou le contraindre à cesser ou plus rarement réparer un tort qu'il a commis envers un autre pays.

Ces contre-mesures (c'est ainsi que les appelle le droit international public), par définition uniquement réactives et jamais préventives, sont traditionnellement classées selon le droit international en deux catégories distinctes, rétorsion et représailles. Les actions de rétorsion sont des contre-mesures licites, comme par exemple expulsion des diplomates ou entrave aux relations commerciales, prises pour faire cesser un tort causé par des moyens licites (comportement inamical) ou illicites. Les actions de représailles sont des contre-mesures de nature illicite, comme par exemple confiscations, embargo ou saisie d'une valise diplomatique, mais circonstanciellement considérées comme légitimes car prises pour faire cesser un tort causé par des moyens illicites[64].

Dans tous les cas le droit international n'accepte les actions de rétorsion ou de représailles que si elles sont exercées par l'État ayant été l'objet d'un tort et envers l'État qui lui a causé ce tort, sont réversibles, restent proportionnées au préjudice subi et n'attentent pas à la souveraineté de l'État objet de ces contre-mesures, un risque (voire un objectif occulte) souvent présent dans le cas de contre-mesures économiques. Depuis 1945, les représailles armées sont interdites aux membres de l'ONU, même envers les non-membres, par la Charte des Nations Unies (article 2) qui n'autorise le recours à la force qu'en cas de légitime défense. Et depuis 1980, toute contre-mesure affectant la souveraineté ou l'indépendance d'un État est expressément interdite aux signataires de la

---

[64] Selon l'Institut de Droit International (1934) les représailles sont des *"mesures de contrainte, dérogatoires aux règles ordinaires du droit des gens, prises par un État à la suite d'actes illicites commis à son préjudice par un autre État et ayant pour but d'imposer à celui-ci, au moyen d'un dommage, le respect du droit"*.

Convention de Vienne sur le Droit des Traités de 1969[65], qui a formalisé et consacré cette interdiction très ancienne en droit international coutumier.

Les actions de rétorsion ont pour objectif de mettre fin au préjudice (exceptionnellement d'en obtenir réparation), par exemple en rétablissant la réciprocité, en contraignant l'État offensant à accepter une médiation, ou parfois en opérant une exécution forcée comme la saisie d'avoirs (étatiques) correspondant à ce qui est dû. Elles doivent être prises en réaction à une action ayant causé un préjudice, être précédées de sommations restées sans effet, et respecter le principe de proportionnalité au préjudice subi, trois conditions essentielles à leur légitimité. Bien qu'il y ait quelques exceptions dans le cas d'alliances défensives stipulant que tout membre doit se considérer attaqué lorsqu'un autre membre a été victime d'une agression, la règle générale établit que seul le pays victime d'une atteinte licite ou illicite à ses droits peut prendre des mesures de rétorsion ou de représailles envers le pays auteur de cette atteinte. Au-delà des mises en demeure préalables nécessaires, l'établissement des contre-mesures doit être accompagné d'un discours clair quant aux griefs reprochés et aux actions (de cessation du préjudice initial) précises qui sont attendues pour la levée des contre-mesures, qui ne peuvent être que provisoires et ne sauraient conduire à une escalade des hostilités ou à un conflit armé.

---

[65] La France s'était distinguée en étant le seul pays à s'opposer formellement à cette convention, par refus idéologique de la notion de *jus cogens* pas simplement obligatoire en application du droit international conventionnel contemporain mais absolument impératif (ce qui est encore plus fort) en vertu du droit international coutumier dans lequel la république révolutionnaire voit un droit naturel qu'elle rejette.

Dans la pratique les actions licites de rétorsion consistent essentiellement en expulsion de diplomates, rupture de relations diplomatiques, interruption de la coopération et non renouvellement d'accords commerciaux. Ces actions étant licites, elles peuvent aussi d'ailleurs être menées hors cadre de rétorsion, comme moyens de pression afin d'influer sur la politique du pays considéré... sauf dans un domaine expressément souverain car alors la tentative d'influence devient illicite. Si, par exemple, les États-Unis estimaient que la Russie inflige un préjudice à l'Ukraine et qu'ils mettaient en place des moyens de pression licites envers la Russie pour lui faire cesser ce préjudice, ce ne seraient pas des actions de rétorsion (les États-Unis n'étant pas eux-mêmes lésés) mais simplement des moyens de pression, alors que les mêmes mesures prises par l'Ukraine lésée envers la Russie seraient des actions de rétorsion.

Les actions, illicites en elles-mêmes, qui deviennent circonstanciellement légitimes si elles sont exercées à titre de représailles sont les restrictions au commerce bilatéral, l'interdiction des investissements, le gel temporaire des avoirs des personnes (physiques ou morales) privées, voire l'expulsion, la restriction de liberté ou l'internement des ressortissants de l'État en cause. Hors le cadre de contre-mesures ou représailles, ces mesures coercitives unilatérales illicites par nature sont également illégitimes. Par exemple, les restrictions au commerce, ou l'interdiction d'investissement en Russie, décidées par les pays de l'axe antirusse, qui sont illicites par nature, ne peuvent être considérées comme des représailles puisque ces pays n'ont pas été lésés par la Russie, et restent donc totalement illégitimes dans le contexte actuel.

Un commentateur de troisième mi-temps du Café du Commerce peut ignorer ces nuances de droit international, mais les moyens de communication de masse qui influencent l'opinion publique et les politiciens intérimaires sous la rubrique politique internationale, dont le métier et la fonction sociale impliquent l'honnêteté de compétence en la matière, mentent effrontément en qualifiant de "sanctions" ces mesures coercitives unilatérales (en l'occurrence illicites et illégitimes), comme les appelle la diplomatie même lorsqu'elles sont prises par plusieurs pays simultanément.

Au regard du droit international ces actions coercitives illicites et illégitimes autorisent le pays qui en est victime à prendre des contre-mesures licites de rétorsion, mais aussi des contre-mesures illicites de représailles, alors légitimées car prises pour faire cesser les actions illicites de coercition. En l'occurrence le boycott des produits alimentaires des pays inamicaux, décidé par la Russie en réaction aux diverses mesures d'hostilité prises contre elle, est une contre-mesure licite. Un embargo sur les livraisons de gaz vers les membres hostiles de l'Union Européenne au plus fort de l'hiver, comme une nationalisation des avoirs et filiales d'entreprises étatsuniennes en Russie, seraient des contre-mesures illicites, mais légitimes en droit international puisque prises en représailles des actions coercitives ou hostiles illicites et illégitimes menées par ces pays. Certes la Russie, dirigée par des politiciens expérimentés au sang-froid exceptionnel surtout en comparaison de leurs homologues intérimaires hystériques en face, n'est pas tombée dans le piège de l'escalade même légitime des représailles.

Pourtant l'escalade des contre-mesures afin de pousser l'ennemi à commettre une faute[66] en ripostant à des hostilités elles-mêmes prohibées n'est pas le seul objectif de ces dernières. On chercherait d'ailleurs en vain un motif solide et constant à cette lourde campagne d'hostilités.

Si cette longue campagne d'actions hostiles illicites n'a pas pour objet de pousser la Russie à adopter un comportement particulier ou à prendre une décision spécifique, elle n'est pas réellement coercitive. Et si son seul but apparent est de pousser la victime à prendre des contre-mesures, soit légitimes (rétorsion ou représailles) soit fautives (agression), il s'agit d'une campagne de provocations. Il est donc intéressant de se repencher sur la chronologie et la justification affichée de ces démonstrations d'hostilité.

Le 3 mars 2014 les ministres des affaires étrangères de l'Union Européenne ont "*condamné fortement la violation claire de la souveraineté et de l'intégrité territoriale ukrainiennes par des actes d'agression par les forces armées russes*"[67]. Le 6 mars Herman Van Rompuy, président du Conseil Européen, a réuni le conseil des chefs d'État et de gouvernement pour leur dire que "*des actes d'agression ne peuvent pas rester impunis*" et adopter les mesures d'hostilité préparées par les ministres des affaires étrangères le 3. Il est donc clair d'une part que ce n'était pas

---

[66] La seule action de représailles fautive devant l'ONU serait que la Russie illicitement harcelée riposte par une agression militaire envers ses harceleurs.

[67] En l'absence de détails circonstanciés il faut se référer à la résolution 3314 de l'Assemblée Générale de l'ONU définissant et illustrant l'acte d'agression internationale, pour comprendre l'extrême gravité de cette accusation sans fondement fourni.

l'Union Européenne qui avait été "agressée" par la Russie, ce qui aurait été nécessaire pour qu'elle ait le droit de prendre des contre-mesures, et d'autre part que l'Union entendait imposer à la Russie un châtiment, ce qui viole expressément l'esprit coutumier et la lettre conventionnelle du droit international des relations conflictuelles. Ce qui est moins clair est si la technocratie bruxelloise a été assez extrêmement réactive pour préparer tout cela dans les cinq jours ouvrés entre le coup d'État antirusse du samedi 22 février en Ukraine et la réunion des ministres uniopéens du lundi 3 mars, ou si le coup d'État lui-même était déjà la première mesure d'un plan programmé. Le 3 et le 6 mars, en synchronisation manifeste avec l'Union Européenne, les États-Unis ont aussi pris des premières mesures hostiles au motif d'une "*menace inhabituelle et extraordinaire à leur sécurité nationale et à leur politique étrangère*".

Le 16 mars, jour même du referendum d'autodétermination de la Crimée, les États-Unis et l'Union Européenne ont ajouté de nouvelles mesures d'hostilité envers la Russie, qui n'avait pourtant pas encore accepté la demande d'adhésion de la Crimée, de même qu'elle n'a jamais accepté les demandes d'adhésion, par exemple, de la Transnistrie ni de l'Ossétie du Sud même après avoir dû reconnaître l'indépendance de cette dernière, en 2008, pour la protéger d'une nouvelle tentative de génocide ou déportation par la Géorgie. Significativement, les États-Unis et l'Union Européenne n'ont pris aucune mesure de coercition envers la Crimée pour avoir proclamé son indépendance le 11 mars, ni envers les auteurs du coup d'État du 22 février à Kiev pour avoir aboli la constitution ukrainienne du 28 juin 1996 (la première depuis la fin de l'URSS) par laquelle la Crimée avait renoncé à sa propre constitution du 5 mai 1992[68]. Le Canada, l'Australie et la Nouvelle-Zélande, tous trois dotés du même chef d'État que le Royaume-Uni, ainsi que la Norvège, membre de l'OTAN, ont également adopté des mesures d'hostilité contre la Russie (et seulement elle) au même moment. Il ne pouvait donc s'agir alors de réaction à l'acceptation par la Russie de la demande d'adhésion de la Crimée, présentée formellement le 17 et acceptée le 18. Ces mesures d'hostilité ont été étendues, sauf erreur, le 21 mars, les 14 et 28 avril, le 12 mai, les 12, 24 et 31 juillet... les communiqués des trois agences de presse monopolistiques de l'OTAN n'omettant pas alors d'expliquer mensongèrement que ces mesures avaient été initialement prises en réaction à l'annexion de la Crimée par la Russie, un événement pour le moins hypothétique aux dates du 3 et du 16 mars.

Le 22 juillet 2014 l'Union Européenne a décidé des mesures d'hostilité supplémentaires, dont la presse a assuré qu'elles étaient liées à la destruction du Boeing 777 malaisien (vol MH17) le 17 juillet[69], dans des circonstances que les États-Unis voulaient d'ailleurs dissimuler au point d'utiliser pour ce faire leur veto au Conseil de Sécurité[70].

---

[68] La dissolution de l'URSS le 26 décembre 1991 avait transformé en indépendances les autonomies déclarées respectivement par la Crimée le 20 janvier puis par l'Ukraine le 24 août.

[69] Le 30 mai 2018 lorsque le gouvernement malaisien (dont l'avion était une portion du territoire national) grossièrement écarté de l'instruction néerlandaise contre la Russie eût enfin pris connaissance du rapport final, il déclara par la voix du ministre des transports Anthony Loke que ce dossier à charge ne contenait pas la moindre preuve contre la Russie.

[70] Voir résumé de l'affaire sur www.stratediplo.blogspot.com/2014/08/mensonges-anti-russes-sur-lavion.html ou épilogue sur

Entre parenthèses, lorsque les mesures d'hostilité ne sont pas accompagnées d'un ultimatum public à la Russie elles font seulement l'objet d'un communiqué administratif laconique sans sommations ou demandes spécifiques, et c'est la presse qui en dévoile le motif "selon une source diplomatique" non révélée donc non authentifiable. Néanmoins, le 29 juillet 2014 Herman Van Rompuy a déclaré que l'Union Européenne pourrait les suspendre prématurément "*si les dirigeants russes cessent de déstabiliser l'Ukraine*", ou encore "*si la Russie s'engage à contribuer à la recherche d'une solution à la crise ukrainienne*". On attend toujours la liste des actions de déstabilisation visées, et on a vu depuis lors la Russie faire plus que contribuer à la recherche d'une solution, en prenant l'initiative des négociations de Minsk malgré l'opposition manifestée immédiatement par l'OTAN et l'Union Européenne et en faisant pression sur les régions exclues d'ex-Ukraine pour qu'elles appliquent les accords de Minsk en dépit de leur irrespect systématique par le régime issu du coup d'État. Surtout, ces déclarations de Van Rompuy laissent clairement entendre que "l'invasion de l'Ukraine par la Russie" n'était plus le motif de ces mesures, soit parce qu'elle avait pris fin soit parce qu'elle n'avait jamais eu lieu.

Le 6 août 2014, en réponse à ces mesures d'hostilité illicites, la Russie a décidé des contre-mesures licites (de simple rétorsion), en l'occurrence un boycott de denrées agroalimentaires des pays hostiles, en précisant d'ailleurs que ces pays-là interdisant désormais aux banques russes d'obtenir des financements pour l'agriculture russe, les produits agricoles en provenance desdits pays

---

www.stratediplo.blogspot.com/2018/03/le-pilote-qui-abattu-le-mh17-malaisien.html

bénéficieraient sur le marché russe d'avantages concurrentiels déloyaux (subventions dans les pays producteurs). Il est à noter que la Russie n'a pas riposté aux mesures d'hostilité dans le domaine militaire imposées depuis mars (fin de la coopération), alors que si elle avait retiré (ou marchandé) son autorisation de transit et son support logistique au retrait par le territoire russe des troupes d'occupation de l'Afghanistan, cela aurait pu interrompre l'escalade.

Fin août 2014, la presse a rapporté que le Royaume-Uni souhaitait faire exclure la Russie, "pour sa position quant aux événements en Ukraine", du système SWIFT de virements bancaires internationaux, comme cela avait été fait contre l'Iran du 15 mars 2012 au 17 février 2016 et contre le Vatican du 1er janvier 2013 jusqu'au lendemain de la démission du pape Benoît[71]. Effectivement le 18 septembre 2014, puis de nouveau le 15 janvier 2015, le parlement européen a recommandé l'exclusion de la Russie de la coopération nucléaire civile (sous-entendu avec la France) et du réseau SWIFT. L'entreprise belge Swift a protesté en raison du caractère illégal et discriminatoire de cette mesure, langage qui pouvait laisser entendre une bataille judiciaire jusqu'à la Cour Européenne des Droits de l'Homme, et le comité punitif a renoncé devant le risque judiciaire et institutionnel[72].

---

[71] Au-delà de la supposition selon laquelle Joseph Ratzinger allait opérer un rapprochement spectaculaire entre les églises romaine et russe, l'hypothèse selon laquelle il allait révéler le contenu véritable du troisième message de Fatima donne au conflit de civilisation une dimension eschatologique.

[72] L'Union Européenne n'admet par la compétence de la CEDH sur ses actes, et n'a pas formalisé son adhésion à la Convention Européenne de Sauvegarde des Droits de l'Homme et des Libertés Fondamentales

Pour les autres mesures, elles furent complétées ou élargies, sauf oubli, les 20 mars, 2 mai, 23 juin (pour la première fois contre la Crimée), 16, 18, 22, 25 et 29 juillet, 12 septembre, 28 novembre, 29 janvier 2015, 16 février, 5 mars. Ensuite de quoi toute cette batterie d'actions a été essentiellement prorogée de six mois en six mois, faisant seulement l'objet, de temps en temps, de l'ajout de nouvelles cibles (particuliers ou entreprises) nommément désignées, mais évidemment jamais convoquées en jugement devant un tribunal puisque cela leur aurait donné l'occasion de présenter une défense, voire le cas échéant de contester jusque devant la Cour Européenne des Droits de l'Homme. Là ils seraient certains de gagner, tous les pays membres de l'Union Européenne étant membres du Conseil de l'Europe, signataires de la Convention Européenne de Sauvegarde des Droits de l'Homme et des Libertés Fondamentales, et se prétendant des États de droit. Le 12 décembre 2019 toutes ces mesures d'hostilité uniopéennes, qui n'ont pas un but coercitif puisque ses auteurs savent que la Russie n'aliènera pas la Crimée, ont encore été reconduites pour six mois, mais le 18 juin 2020, en un moment où on aurait pensé que le Conseil Européen avait d'autres coronavirus à fouetter, il les a reconduites cette fois pour un an, jusqu'au 23 juin 2021. Le sujet est maintenu chaud.

De leur côté les États-Unis ont, le 19 décembre, interdit tout commerce avec la Crimée et appelé la Russie à *"cesser son occupation de la Crimée et son soutien aux séparatistes d'Ukraine orientale"*.

En janvier 2015 les agences étatsuniennes de discréditation d'obligations étrangères (et de publicité

(dont l'article 6 interdit les châtiments sans procès), prévue par le Traité de Lisbonne depuis 2009.

mensongère des dettes irrécouvrables étatsuniennes) Standard & Poors et Fitch Ratings ont fortement dégradé la dette souveraine russe, suivies en février 2015 par leur consœur Moody's. Vu que la dette de la Russie représentait alors de l'ordre d'un très enviable 10% du produit intérieur brut et que le montant des importations et la dépendance alimentaire envers l'étranger venaient d'être sérieusement réduites, ces officines n'ont pu trouver d'autre justification que l'incertitude des prochaines mesures d'hostilité et de leur impact.

Le 30 juillet 2015, la haute responsable de la politique étrangère et de sécurité commune de l'Union Européenne Federica Mogherini a pu annoncer que six pays non membres de l'Union Européenne, démarchés longuement et avec insistance, acceptaient de se joindre aux mesures contre la Russie, en l'occurrence le Monténégro, l'Albanie, l'Islande, le Lichtenstein, la Norvège et l'Ukraine. La Géorgie s'y joignit ultérieurement.

Dès la prorogation du 18 décembre 2015 sauf erreur, l'Union Européenne a ajouté que ces actions étaient "liées à l'application des accords de Minsk", sans préciser de quelle manière puisque la Russie n'en est pas signataire comme partie prenante mais comme garante et que c'est le régime issu du coup d'État en Ukraine (signataire partie prenante) qui les viole quotidiennement. Superbement ignorés par l'Union Européenne et l'OTAN au départ, ces négociations et accords de Minsk avaient fait l'objet pour la première fois, cinq mois après leur conclusion, d'un timide "*soutien prudent*" (textuellement) par les chefs d'État et de gouvernement en réunion informelle le 16 février 2015. Et le 22 septembre 2015 le secrétaire général de l'OTAN Jens Stoltenberg, venu ouvrir un bureau permanent à Kiev, a appelé à prolonger les mesures antirusses et, à son tour, a hypocritement prétendu souhaiter un "respect inconditionnel des accords de Minsk" sans expliquer pourquoi il venait justement soutenir le parti qui refusait de les appliquer. De même la chancelière allemande Angela Merkel, en sortant d'un entretien avec le président malorusse Petro Porochenko[73] le 1ᵉʳ février 2016, a annoncé que les mesures contre la Russie seraient prolongées "parce que les accords de Minsk n'avaient pas été appliqués", encourageant ainsi Porochenko à poursuivre son obstruction.

Le 15 mars 2016 l'Union Européenne et les États-Unis ont enjoint les banques européennes et étatsuniennes de ne plus commercialiser d'obligations russes. Le 17 l'Union Européenne a appelé tous les pays membres de l'ONU à prendre aussi des mesures contre la Russie (qu'elle a appelées "sanctions" en contradiction de la définition de ce mot dans les textes de l'ONU) et a démarché particulièrement la Chine et le Brésil. Comme les démarches envers les très petits ou micro-États insignifiants type Liechtenstein, Islande et Monténégro (qui ne pèsent pas lourd dans le commerce russe) et comme l'ajout *a posteriori* de faux motifs au déclenchement des hostilités, cet appel et ces pressions à leur généralisation, sans pourparlers directs avec la cible puisque l'Union avait exigé de ses membres la coupure des relations interétatiques, montrent que leur but n'est pas d'obtenir une quelconque cessation de dommage de la part de la Russie mais d'unir la communauté internationale contre elle.

---

[73] Des élections sur l'ensemble du territoire ex-ukrainien devant reproduire le résultat de quatre ans et dix ans plus tôt, le régime issu du coup d'État a envoyé l'armée un mois avant le scrutin du 25 mai pour exclure la Novorussie et, faute d'arriver à en expulser la population comme annoncé, du moins diviser le pays pour circonscrire les élections à la Malorussie et la Galicie.

En octobre 2016 l'Union Européenne a ajouté "*la guerre en Syrie*" aux motifs de mesures hostiles. Et le 27 octobre le ministre étatsunien des affaires étrangères John Kerry, assurant parler aussi pour l'Union Européenne, a déclaré que ces mesures se justifiaient aussi par "*l'intervention de la Russie dans le processus démocratique aux États-Unis*", dont il a nommément accusé le président Vladimir Poutine[74]. Puis en décembre 2016 l'Union Européenne a justifié la prorogation de ses mesures par son "*évaluation de l'application des accords de Minsk*", qui n'existaient pas au moment de leur instauration première. Et le 1er juin 2017, les États-Unis ont pris des mesures de coercition contre le "*programme nucléaire de la Corée du Nord*"… appliquées à trois entreprises et un citoyen russes.

Le 6 septembre 2017, la porte-parole du gouvernement allemand Ulrike Demmer a déclaré que les mesures contre la Russie ne seraient levées qu'après l'application des accords de Minsk (qui n'existaient pas quand elles ont été instituées) et a ajouté que "*la proposition russe de déployer une force de maintien de la paix dans le Donbass est un pas dans le sens de la levée des mesures*", comme si elles avaient été instaurées début mars 2014 en raison d'une guerre. Le 6 avril 2018 le gouvernement étatsunien, par la voix du ministre du budget Steve Mnuchin, a accusé la Russie de tenter de subvertir les démocraties occidentales, de mener un large éventail d'activités malfaisantes dans le monde entier, de fournir des armes au "régime d'Assad" pour qu'il massacre sa population, et de mener des cyber-activités nocives. Et les personnes et entreprises ajoutées à la liste des cibles de

---

[74] Les accusations formelles d'ingérence russe dans la démocratie étatsunienne se sont ensuite multipliées, et aucune n'a été retirée après leur réfutation définitive (non-lieu) par la justice étatsunienne.

mesures hostiles le 11 juin sont accusées de participation au programme de cyberattaques de l'État russe. Il n'y manque plus que l'accusation de réchauffement climatique par libération massive de méthane du pergélisol de Sibérie et d'Extrême-Orient.

On peut considérer les avantages pris par les États-Unis sur l'Union Européenne par le biais de ces mesures comme un effet secondaire. Tout de même, dès 2014 le volume du commerce russo-étatsunien a augmenté de 5,6% (les importations étatsuniennes en Russie augmentant de 12%) alors qu'il a baissé avec tous les autres pays de l'axe antirusse, de jusqu'à 60% pour certains membres de l'Union Européenne. Le 19 juin 2015 l'institut autrichien des sciences économiques WIFO révélait que toutes ces mesures avaient déjà fait perdre à l'Union Européenne deux millions d'emplois et cent milliards d'euros de produit intérieur brut, par exemple 500 000 emplois et 1 point de PIB pour l'Allemagne, 200 000 emplois et 0,9 points de PIB pour l'Italie, et 150 000 emplois et 0,5 points de PIB pour la France. Pour la famille de chacun de ces deux millions (en 2015) de citoyens, les "sanctions" ne sont pas seulement un titre omniprésent dans la presse. Les exportations agroalimentaires de l'Union Européenne en Russie ont été plus que divisées par deux entre 2013 et 2016, tombant de 12 milliards à 5,6 milliards d'euros, ramenant la Russie au rang de cinquième marché pour l'agroalimentaire uniopéen alors qu'il était jusque-là le deuxième. À la fin novembre 2015 on estimait que ces mesures avaient déjà coûté à l'Union Européenne 20% de ses échanges avec la Russie, tandis que les États-Unis avaient corrélativement accru les leurs de 7%.

Par exemple en janvier 2015 les États-Unis n'ont pas hésité à commander pour un milliard de dollars de propulseurs spatiaux russes RD-181 pour leurs fusées

Antares, dont les premiers ont été livrés en août. Alors que les États-Unis interdisent depuis 2014 aux entreprises du monde entier à participer au forum économique international de Saint-Pétersbourg, à celui de juin 2017 ce sont eux qui ont envoyé la plus grande délégation étrangère, à savoir 560 personnes représentant 140 entreprises. Le 28 janvier 2018 un navire méthanier de l'entreprise française Engie a livré aux États-Unis la première cargaison de gaz naturel liquéfié d'un marché de volume total inconnu... mais ce gaz ressemble étrangement à celui prétendument extrait du sous-sol étatsunien pour être vendu en Europe à laquelle les États-Unis entendent interdire d'acheter du gaz russe deux fois moins cher que celui qu'ils veulent vendre. Et en mars 2018, les États-Unis ont décidé des mesures de coercition envers toutes les entreprises européennes participant même indirectement à l'installation du gazoduc sous-marin Nord Stream 2 reliant la Russie et l'Allemagne en évitant l'ex-Ukraine.

Mais c'est évidemment pour la Russie que les conséquences immédiates ont été les plus dures, du fait d'une récession dont elle n'est sortie qu'au début 2017. Ces difficultés n'ont pas été provoquées au moyen des mesures d'hostilité licites ou illicites, mais par la division par plus que deux du prix international du pétrole, dont les exportations ne sont pas primordiales pour l'économie russe mais sont importantes pour le budget de l'État, vu que la Russie étant, comme on le mentionnait plus haut, un paradis fiscal pour les citoyens et pour leurs entreprises, l'État se finance en grande partie par la taxation des revenus du pétrole.

À partir du printemps 2014 l'Arabie Séoudite a accepté, dans le cadre du cartel d'entente des prix cher aux économies capitalistes, et contre son intérêt immédiat, de faire baisser les cours de manière drastique. Puis les entreprises étatsuniennes installées dans les ports turcs ont augmenté drastiquement leurs commandes à la guérilla islamiste de Syrie, lui promettant évidemment des montants intéressants mais également un soutien militaire, sous la forme d'armes, de mercenaires, d'appui aérien et de soutien médiatique. Les rutilants convois de Humvees venus prendre possession de Ramadi sont peu de choses comparés à la flotte transfrontalière de 8000 camions transportant chaque jour en Turquie 200 000 barils de pétrole volé en Syrie. Pour mémoire, c'est ce qu'observait, côté syrien de la frontière évidemment, le Sukhoï-24 russe que la Turquie abattit le 24 novembre 2015, et dont elle fit assassiner le pilote par ses supplétifs les Loups Gris turcomans.

Il n'est pas impossible que cet ajout à l'offre mondiale se soit accompagné d'une "erreur de calcul" de l'offre réelle, l'Agence Internationale de l'Énergie ayant ajouté 800 000 barils quotidiens vraisemblablement inexistants pour provoquer cette spectaculaire chute des prix du pétrole en 2015, selon les explications du Wall Street Journal en date du 17 mars 2016[75]. Puis en juillet 2015 l'Iran consentit par le *Joint Comprehensive Plan of Action* à la levée des mesures de coercition qu'imploraient les États-Unis[76], et fut donc en mesure d'annoncer fin décembre un prochain accroissement de production d'un million de barils par jour, ce qui provoqua en janvier 2016 une nouvelle division par presque deux du prix du pétrole qui abîma encore plus le rouble.

---

[75] www.wsj.com/articles/crude-mystery-where-did-800-000-barrels-of-oil-go-1458207004

[76] Voir article www.stratediplo.blogspot.com/2013/11/les-avances-des-etats-unis-envers-liran.html

Au total ces chutes du prix du pétrole ont mécaniquement entraîné une chute du rouble, dont la valeur a été divisée par trois entre le printemps 2014 et le printemps 2016 (déjà par deux en décembre 2014). Cela représente pour la Russie des dégâts économiques et sociaux pires que ce que pouvaient détruire les aviations de l'axe atlantico-uniopéen en un jour en Libye en 2011, et comparables à la division par trois de la valeur du peso argentin début 2002. Même l'Afrique du Sud, objet de sanctions licites prises par l'ONU, n'a pas subi une guerre économique aussi cruelle.

Sur le plan cybernétique, le New York Times a publié le 15 juin 2019 la synthèse de trois mois d'enquête sur l'escalade récente des nombreuses cyberattaques lancées par les Etats-Unis contre la Russie depuis 2012. D'après le conseiller présidentiel John Bolton ces intrusions ont été particulièrement intensifiées depuis 2018. Fortes de la réussite du Stuxnet, les forces armées étatsuniennes ont été dotées cette année-là d'un Commandement des Opérations Cybernétiques (commandées par un général de corps d'armée), dont le terrain d'opérations déclaré comprend notamment la grille énergétique de la Russie. Ce commandement a reçu à l'été 2018 un ordre d'opérations offensives général (le mémorandum présidentiel de sécurité nationale n° 13 ou NSPM13) le dispensant de demande d'autorisation spécifique, confirmé par la loi (budgétaire) HR5515 du 13 août 2018.

L'étude du New York Times se fait l'écho de la surprise de certaines de ses sources gouvernementales, qui n'auraient pas imaginé il y a quelques années le type d'actions qu'elles mènent aujourd'hui. Parallèlement au développement d'agents informatiques malfaisants destinés à paralyser ou griller instantanément (lors de leur lancement) les systèmes russes, ces services infiltrent aussi dans le système d'approvisionnement et de distribution électrique russe des cyberarmes dormantes, en attente d'une instruction d'activation. Ces mines cybernétiques sont évidemment prohibées par les conventions internationales qui interdisent de viser des infrastructures civiles, et notamment celles fournissant les services essentiels à la population. Les autorités contactées ayant reconnu cette offensive, le New York Times suppose que certaines de ces attaques visent à être découvertes par la Russie, mais ignore si l'objectif en est la dissuasion, ou la provocation à l'escalade. Or, les États-Unis proclament de leur côté, depuis janvier 2018, que toute attaque cybernétique contre eux serait justifiable d'une riposte nucléaire.

Sur le plan logistique militaire, le ministère étatsunien de la défense a lancé le 12 juillet 2019 une campagne d'appels d'offres pour l'acheminement de forces militaires importantes à travers toute l'Europe occidentale. De nombreux cahiers des charges ont été publiés, aboutissements de longues études, et on sait que la planification logistique est le point fort des forces armées étatsuniennes. La quasi-totalité de ces fournisseurs est recherchée en Europe, mais hors contexte strictement défensif sinon il suffirait aux gouvernements des pays concernés d'élaborer des plans de réquisition (pas de simples parcs de véhicules mais d'entreprises complètes) sur décret de mobilisation après déclaration de guerre, préalable juridique obligatoire en droit interne.

Dans la masse des besoins exprimés on voit bien sûr des nécessités de transport de matériels lourds, des nécessités de transport confortable (longue distance) de troupes, des nécessités d'approvisionnement (carburant et services à la personne), mais aussi des nécessités dans ce qui semble traumatiser les états-majors étatsuniens depuis le début de la montée en puissance contre la Russie, à savoir la paperasse transfrontalière voire trivialement douanière entre les pays membres de l'Union Européenne, et des nécessités de transbordement (rupture de charge) entre voies ferrées d'écartement différent, obstacle à l'invasion réalisé par l'ingénieur Georges Washington Whistler à la demande de l'empereur Nicolas 1er.

Tout cela ne concerne pas les forces de l'OTAN mais uniquement les forces étatsuniennes en Europe, en cours de renforcement depuis plusieurs années et qui prévoient donc un acheminement et un déploiement rapides vers l'est. Des itinéraires et points de passage transfrontaliers sont précisés (d'autres relèvent du secret militaire), et tout indique que les États-Unis ne prévoient pas un déploiement dans les pays de l'OTAN comme pour une opération défensive dans la profondeur des membres orientaux de l'Union Européenne hypothétiquement menacés, par exemple, par la Biélorussie. Au contraire ils prévoient un acheminement par convois ferroviaires et routiers (pas une progression tactique face à l'ennemi) à travers la Pologne et la Lituanie et un déploiement sur ou au-delà de leurs frontières, c'est-à-dire, par exemple, en Biélorussie. Tout transporteur intéressé peut le constater, les appels d'offres sont publics.

Le général Ben Hodges, qui commandait il y a encore trois ans les forces étatsuniennes en Europe, explique bien que le soutien logistique de forces déployées à l'est de l'Europe sera nécessairement assuré via ou à travers la Pologne, ce qui signifie qu'elles seront déployées dans les pays situés au-delà... Le recours par voie contractuelle à des entreprises civiles (sur court préavis) indique cependant qu'il s'agira d'une deuxième phase de la guerre, après des opérations lancées par surprise et devant amener une capitulation sans confrontation tactique avec les forces étatsuniennes "en cours d'installation en Europe centrale et orientale".

En amont de ces appels d'offres logistiques, le commandement étatsunien a nécessairement terminé la planification de ces opérations stratégiques (nucléaires) censées amener la Russie à accepter sans combat l'arrivée de troupes étatsuniennes d'occupation de ses provinces occidentales, et la nécessité de leur faire traverser la Lituanie indique qu'il ne s'agit pas seulement d'occuper Kaliningrad, comme on prétend le croire à la Commission Européenne. Et si l'on était prêt à signer l'année dernière les contrats civils de la logistique d'invasion sans combat, c'est que l'heure approche. Certes cela ne signifie pas réellement que le gouvernement étatsunien ait décidé l'occupation conventionnelle des territoires entre Moscou et Saint-Pétersbourg[77]. Il peut avoir simplement ordonné ces travaux de planification opérationnelle pour préparer le commandement militaire à l'idée et au caractère inéluctable de ces opérations, et donc des frappes nucléaires qui sont nécessaires au préalable compte tenu de la supériorité conventionnelle de la Russie.

Sur le plan économique les États-Unis ont lancé le 1er août 2019 une nouvelle vague de mesures d'hostilité illicites, comme d'habitude appelées fallacieusement "sanctions" en contradiction avec les définitions juridiques internationales des différents types de contre-mesures. Le président a signé en ce sens le 1er août un "ordre exécutif", qui attendait sa signature depuis plusieurs mois, puis le

---

[77] Mais on ne sous-entend pas par là que le gouvernement étatsunien du début du XXI° siècle se soit enquis du résultat des deux tentatives précédentes, la française du début du XIX° siècle et l'allemande du XX°.

ministère de l'économie en a publié et commenté dans les jours suivants les divers décrets d'application. Le fondement juridique prétendu de cette vague de mesures est une loi de 1991 sur le contrôle des armes chimiques et biologiques et l'élimination de la guerre ("*Chemical and Biological Weapons Control and Warfare Elimination Act*" dite CBW Act), consécutive aux accords étatsuno-soviétiques en vertu desquels la Russie a éliminé ses armes chimiques et en dépit desquels les États-Unis ont conservé leurs armes chimiques et développent aujourd'hui des armes biologiques.

Cette vieille loi étatsunienne prévoyait une première vague de mesures de "rétorsion" (lancée le 6 août 2018), puis une deuxième vague trois mois après la première, en cas d'utilisation d'armes chimiques par l'URSS en Europe. Et le motif prétendu de l'application de cette loi de 1991 est l'allégation britannique de l'utilisation d'une arme chimique par la Russie le 4 mars 2018 à Salisbury. Avant de prendre cette deuxième série de mesures le 1er août, prétextée par un événement produit au Royaume-Uni, le gouvernement étatsunien a certainement vérifié et appris qu'en dépit de ses efforts, et de la forte demande politique, le Royaume-Uni n'avait pas réussi à trouver la moindre preuve de l'implication de la Russie dans l'empoisonnement de Serguéï et Julia Skripal, comme le Guardian allait finalement l'annoncer le 7 août en citant le directeur de la police antiterroriste Neil Basu. Afin d'accuser la Russie de refus d'extradition le gouvernement britannique a bien fait lancer par la justice un avis de recherche européen contre les touristes Alexandre Petrov et Rouslan Bochirov, pour simple interrogation, mais il n'existe aucune preuve d'implication de la Russie ou d'un Russe dans ledit empoisonnement, et donc pas la moindre preuve non plus de l'utilisation d'une "arme chimique" prohibée, par un pays dont le désarmement chimique total a été vérifié et certifié par des agences internationales.

En tout cas ces mesures d'hostilité financières comportent notamment l'interdiction aux banques étatsuniennes d'accorder le moindre prêt à la Russie. Il s'agit là de mesures d'hostilité gratuite et non pas de coercition, puisqu'en l'absence de toute demande de prêt de la Russie aux États-Unis ces mesures ne peuvent produire aucun effet concret. Il est certes aussi désormais interdit aux banques étatsuniennes, pour elles comme pour leurs clients, d'acheter des bons du trésor (titres de dettes) russes, ce qui d'ailleurs, de par le principe de réciprocité qui régit les relations internationales, incite la Russie à se défaire de tout titre de dette étatsunien.

Mais, ce qui est particulièrement interprété par les économistes comme une entrée en guerre financière contre la Russie, c'est l'exigence adressée par les États-Unis à toutes les institutions internationales, comme la Banque Mondiale ou le Fonds Monétaire International (entre autres), de ne pas accorder le moindre prêt à la Russie. Cette décision prise par les États-Unis est immédiatement applicable, il n'est pas demandé auxdites institutions de se prononcer sur le motif avancé par les États-Unis. En ce qui concerne le Fonds Monétaire International, ce pays peut y dicter ce qu'il veut puisqu'il y dispose de facto d'un droit de veto du fait du nombre de voix nécessaires à toute décision. La solidité financière de la Russie lui évitant de devoir demander de l'aide, il s'agit là encore d'une mesure d'hostilité gratuite sans intention de coercition, mais le cadre institutionnel international dans lequel elle est assénée lui donne une grande signification politique.

Le prochain acte contre la Russie prendra pour prétexte la destruction du vol malaisien MH17 le 17 juillet

2014. La commission d'enquête d'opérette et l'officine Bellingcat ont remis leurs "conclusions" très partiales à la justice néerlandaise, qui a ouvert un procès le 9 mars 2020 (interrompu par le coronavirus puis repris le 8 juin et suspendu jusqu'au 31 août). Le 10 juin le procureur Thijs Berger (spécialisé en crimes de guerre) a révélé que le premier ministre et le ministre de la justice avaient prescrit aux procureurs d'ordonner au juge de déclarer la culpabilité des accusés[78] s'il était simplement établi que le MH17 s'était écrasé dans l'est de l'Ukraine, que ses occupants avaient été tués, et que les quatre accusés étaient présents dans la zone de conflit. Si ces trois éléments sont prouvés, aucune autre preuve ne sera nécessaire et les accusés seront condamnés selon l'article 168 du code pénal néerlandais punissant l'intention d'abattre un avion, sans considération du temps de guerre, de la nature de l'avion ou de l'intention de tuer (ce qui a scandalisé d'autres juristes spécialisés en crimes de guerre[79]), ainsi que l'article 289 punissant le meurtre.

Cette simplification caricaturale élude la question de l'arme qui a abattu l'avion (missile sol-sol ou missile sol-air suivi de canon de 30), de l'opérateur (artilleur anti-aérien ou aviateur) et de son appartenance nationale et étatique. Et cela justifie *a posteriori* le refus de la commission d'enquête grossière de réclamer les enregistrements du contrôle aérien de Dniepropetrovsk (que l'Ukraine a détruits), les relevés des radars ukrainiens (que

---

[78] Un milicien novorusse (dit civil ukrainien) et trois officiers (en retraite) russes, dont un héros devenu une légende vivante, symbole de l'officier occidental ayant confié au Christ la lutte contre le satanisme néonazi, et donc honni par l'uniopéisme.

[79] Le monde a bien admis la destruction par méprise militaire des vols IR655 en juillet 1988 et PS752 en janvier 2020.

l'Ukraine a cachés) et des radars russes (que la Russie a envoyés mais qui ont été écartés) et les clichés du satellite étatsunien Key Hole (que les États-Unis ont refusés), et de rectifier les mensonges concernant le contenu des boîtes noires, que la Malaisie a ramassées et fournies à la commission. En conséquence le juge saisi a décidé le 3 juillet de ne prendre en considération aucune preuve présentée par la Russie, ni les résultats de l'autopsie ayant découvert cent-vingt projectiles dans le torse du pilote (entrés par l'arrière en bas à gauche), ni les constats indépendants (OSCE, Haisenko etc.).

La Malaisie continue de protester contre le vol de son épave, la confiscation de l'enquête et le refus des preuves objectives, qu'elle attribue à l'intention constante de déclarer la Russie coupable à la place des vrais responsables. Dans les mois qui viennent le faux procès sera clos, les verdicts tomberont (les mandats d'arrêt sont déjà signés), des demandes d'extradition seront faites ou pas[80] et la Russie sera accusée de soustraire à la justice les prétendus auteurs du drame du 17 juillet 2014. On peut attendre une grosse offensive politique et médiatique.

Si l'on ajoute à tout cela que les pays de l'axe antirusse savent parfaitement qu'ils n'ont pas la moindre chance d'obtenir pacifiquement que la Russie restitue la Crimée (contre la volonté de ses habitants) au régime génocidaire actuel en ex-Ukraine ou à tout hypothétique futur régime normalisé, tout cela montre que ces mesures d'hostilité illicites aux motifs extensibles ne visent pas à obtenir quoi que ce soit de la Russie, avec laquelle ils ont

---

[80] Le tribunal a noté que les constitutions russe et ukrainienne interdisent l'extradition des citoyens, comme d'ailleurs celles de Donetsk et de la plupart des pays souverains.

d'ailleurs coupé toutes les relations de travail. Or à défaut de Bruxelles, il reste quand même des politiciens pragmatiques à Paris, Rome et Berlin (Bonn était fameuse pour sa *realpolitik*), et si leur objectif réel était la livraison de la Crimée ils y travailleraient.

Ils commenceraient par désarmer le régime issu du coup d'État à Kiev et le forcer à cesser le feu, à restaurer les droits des Criméens (Tatares compris) et des Novorusses, et à entreprendre la réforme constitutionnelle prévue par les accords de Minsk, à savoir la décentralisation. Ils chercheraient une compensation pour la Russie, offriraient au minimum la libre-circulation sans visa comme ils l'ont offerte à la Turquie (qui n'a pourtant pas une région enclavée dans l'Union Européenne comme Kaliningrad), et feraient miroiter toutes les offres qu'ils ont présentées à la Serbie pour lui faire reconnaître l'indépendance du Kossovo et de la Métochie. Certes rien ne convaincrait la Russie de livrer son baptistère, néanmoins cela témoignerait de souhaits (irréalistes mais) réels de la part de l'axe atlantico-uniopéen.

Cependant rien de tout cela n'apparaît, car en réalité ces mesures ne sont pas des actions de coercition appelant une réaction, ce sont simplement des actions unilatérales d'affaiblissement. Il n'est pas inopportun de se rappeler que, sauf erreur ou omission, toutes les campagnes d'hostilités de ce type menées par les membres de l'OTAN ou de l'Union Européenne (sauf celles encore en cours) ont été suivies d'une agression militaire, à l'exception justement de celle contre l'Afrique du Sud, seul pays dont les sanctions (licites celles-là) se soient montrées réversibles, la cible s'étant sabordée. Il ne s'agit donc pas d'actions de coercition, mais bien d'actions visant à affaiblir l'adversaire en vue de l'attaquer. Toutes ces actions, illicites pour la plupart, sont des hostilités prémilitaires, c'est-à-dire des mesures préliminaires à une guerre ouverte.

11 – État de guerre

C ertains peuples d'Europe occidentale se croient encore en paix, n'ayant pas noté les pourtant nombreuses déclarations de guerre effectuées par leurs gouvernements. Certes l'expression "déclaration de guerre" a deux sens bien distincts, celui de notification et celui de constatation.

En droit international (mais aussi interne) l'état de guerre est une situation juridique particulière portant des effets déterminés. Il en est ainsi tant pour le droit public en matière d'autorisation d'actions prohibées en temps de paix que pour le droit privé en matière d'assurance des transports maritimes, pour donner deux exemples concrets parmi tant d'autres. Aussi est-il nécessaire que cette situation juridique exceptionnelle (pour la plupart des pays) soit officiellement en vigueur, donc déclarée.

D'autre part en matière diplomatique les pays européens considèrent depuis plusieurs siècles qu'une notification officielle à l'adversaire est un acte de civilité élémentaire. De la même manière d'ailleurs, le droit humanitaire conventionnel moderne exige, pour le bénéfice de la reconnaissance et des garanties accordées aux prisonniers de guerre, le port de signes visibles d'identification du pays d'appartenance : un franc-tireur irrégulier sans signes d'identification est considéré au mieux comme un criminel de droit commun et au pire comme un criminel de guerre. Il ne s'agit donc pas d'un jeu désuet de "guerre en dentelles", mais de règles très sérieuses normalisant (dans les sociétés civilisées) l'activité humaine collective la plus meurtrière, la guerre.

Les États qui procèdent à des opérations violentes contre leurs pairs sans notification préalable et au moyen de bandes d'irréguliers sont mis à l'index, sinon au ban des nations, en particulier depuis les multiples initiatives internationales pacifistes, humanistes et civilisatrices lancées par la Russie tout au long du XIX° siècle. Après la Sainte Alliance ces initiatives ont notamment abouti à la Convention de Genève du 22 août 1864, à la Déclaration de Saint-Pétersbourg du 11 décembre 1868, à la Déclaration de Bruxelles du 27 août 1874, à la Convention de La Haye du 29 juillet 1899, à celle du 18 octobre 1907 etc. codifiant le droit humanitaire et le droit de la guerre. En l'occurrence, sous Nicolas II les pays civilisés, révoltés par l'attaque surprise japonaise sur Port Arthur du 8 février 1904, se sont entendus le 18 octobre 1907 pour se déclarer entre eux toute entrée en guerre. Accessoirement, les pays tiers doivent être informés au plus tôt de l'état de guerre entre deux pays, comme l'a aussi souligné cette convention de La Haye du 18 octobre 1907 relative à l'ouverture des hostilités.

Ce que le droit conventionnel contemporain interdit depuis 1945, au moyen de la Charte des Nations Unies (article 2 et dérivés), c'est l'agression. Les membres de l'Organisation doivent régler leurs différends de manière pacifique, aussi la guerre ne leur est permise qu'en cas de légitime défense, ce droit naturel qu'aucune convention ne saurait abroger, et que ladite charte a donc confirmé par son article 51. Même la constitution française actuelle, pourtant postérieure à cette charte, détermine quelle autorité peut déclarer la guerre. D'autres pays sont régis par des constitutions qui sont antérieures à l'ONU, et comportent donc des modalités de déclaration de guerre même à titre offensif.

Comme toutes les institutions, surtout celles qui privilégient l'utopie idéologique sur le pragmatisme (ou empirisme organisateur), l'ONU passera, d'ailleurs ses membres la violentent déjà, mais le droit international coutumier restera et des États de droit notifieront l'état de guerre à leurs ennemis. La fondation de l'ONU n'a pas ouvert une ère particulièrement plus pacifique que les précédentes, et c'est par hypocrisie que ses membres, y compris ceux du Conseil de Sécurité, ne déclarent pas la guerre pour prétendre ne pas l'avoir commencée. Cela ne les empêche pourtant pas de commettre des agressions aussi flagrantes, en regard de la résolution 3314 de l'Assemblée Générale qui définit l'agression interdite par la charte, que celle commise ouvertement contre la Syrie le 24 avril 2018, pour ne citer qu'un exemple récent.

Mais la guerre peut aussi être tout simplement constatée, sans notification formelle ou alors par sous-entendu ou par défaut, comme par exemple dans le cas d'un ultimatum à l'échéance duquel l'état de guerre entre en vigueur. La convention de La Haye susmentionnée, relative à l'ouverture des hostilités, mentionne d'ailleurs expressément la possibilité de poser un ultimatum avec déclaration de guerre conditionnelle. C'est ainsi qu'a procédé la France la dernière fois qu'elle a déclaré la guerre, en 1939. Le 1ᵉʳ septembre le gouvernement français a posé un ultimatum à son homologue allemand (exigeant le retrait des forces allemandes de Pologne), à l'expiration duquel il s'est contenté le 3 septembre de signifier, oralement et par écrit mais sans employer le mot de guerre qui ne figurait pas non plus dans l'ultimatum, que la France se trouvait dans l'obligation de remplir ses engagements à l'égard de la Pologne.

Au même moment le gouvernement français informait les ambassadeurs étrangers à Paris qu'un état de guerre existait entre la France et l'Allemagne, et quelques heures plus tard le président du conseil annonçait publiquement, par voie radiophonique, aux populations françaises qu'un état de guerre existait entre la France et l'Allemagne. Le lendemain fut signé et publié le décret de "*déclaration de guerre en France et en Algérie*" constatant l'état de guerre depuis le 3 septembre à 17 heures. C'est donc, en essence, à la France que le gouvernement français a déclaré la guerre avec l'Allemagne. Et il s'agissait plus là d'un acte de constatation d'état de fait que d'une notification d'intentions, bien que ce soit indubitablement la France qui en ait pris l'initiative, aux regrets répétés de l'Allemagne.

La France a ensuite inconditionnellement rejeté le 10 octobre 1939 d'étudier la proposition allemande du 6 d'engager des négociations de paix, alors que le *casus belli* n'existait pourtant plus puisque la Pologne avait capitulé depuis déjà un mois devant l'inefficacité du soutien moral et diplomatique français[81]. Puis, après une brève et symbolique incursion militaire en Allemagne, elle a entrepris avec le Royaume-Uni un long blocus de l'Allemagne, accompagné d'une campagne de propagande hostile, censé l'affaiblir en vue de l'offensive franco-anglaise différée. On appelle cette période la "drôle de guerre". Soixante-quinze ans plus tard, on en a ouvert une autre.

L'Union Européenne savait bien, au moins depuis la conversation téléphonique du 26 février 2014 entre sa haute responsable de la politique étrangère et de sécurité

---

[81] En déduire que la France était plus intéressée à en découdre avec l'Allemagne qu'à défendre la Pologne en ferait un fâcheux précédent de la situation actuelle.

commune Catherine Ashton et le ministre estonien des affaires étrangères Urmas Paet (mondialement diffusée le 5 mars[82]), quelle faction avait commandité les tueries sur la place Maïdan[83]. Néanmoins elle a adressé à la Russie le 6 mars une sommation de cesser son agression contre l'Ukraine. Cette notification grave, pesée et solennelle n'a pas été effectuée par quelque obscur fonctionnaire de la Commission Européenne mais par chacun des chefs d'État et de gouvernement réunis en conseil, au nom de chacun des pays membres signataires.

Après avoir endossé les conclusions du conseil des ministres des affaires étrangères du 3 mars condamnant "la violation de la souveraineté et de l'intégrité territoriale" de l'Ukraine par des actes d'agression de l'armée russe (*"acts of aggression by the Russian armed forces"*), le président du conseil Herman Van Rompuy, dont ne s'est alors désolidarisé aucun chef d'État, a aussi assuré que l'agression visée serait punie (*"acts of aggression cannot be without consequences"*). Cela signifiait clairement que de toutes façons, même en cas d'obtempération par la Russie intimée, les États membres de l'Union Européenne engageraient contre elle des hostilités illicites et illégitimes non pas dans un but coercitif mais dans un but punitif, dont on a vu précédemment qu'il est prohibé par le droit international.

Les multiples déclarations des 3 et 6 mars ne comportaient pas d'échéance précise mais appelaient la Russie à "retirer immédiatement ses forces armées" et

---

[82] www.youtu.be/ZEgJ0oo3OA8

[83] Gian Micalessin a depuis lors établi que les tueurs à gages géorgiens et lituaniens étaient dirigés par l'officier étatsunien Brian Christopher Boyenger.

engager avec l'Ukraine dans les tous prochains jours des négociations qui devraient produire des résultats dans un délai limité (imprécisé), faute de quoi l'Union "déciderait des mesures supplémentaires". Puis le 27 juin la presse officielle a mentionné, sur le même thème, un ultimatum de soixante-douze heures. Ainsi, tout comme l'ultimatum français de septembre 1939 qui ne mentionnait pas expressément de mesures militaires alors que l'entrée de l'armée allemande en Pologne était avérée (et reconnue par l'Allemagne), ces textes des 3 et 6 mars 2014 sont des déclarations de guerre, même pas conditionnelles.

Le 14 mars 2014, l'OTAN a invité à son siège de Bruxelles le nommé Moustafa Abdülcemil Cemiloğlu dit Moustafa Djemilev, chef d'un autoproclamé conseil tatar hors de Crimée, accessoirement négateur du génocide turc des Arméniens, et surtout contributeur au coup d'État du 22 février au moyen de jeunes islamistes tatars transférés de l'État Islamique en Syrie à la place Maïdan à Kiev, via la Turquie. L'OTAN l'a alors chargé de fonder une brigade islamiste ouverte aux mahométans russophones de tous pays, armée par l'OTAN en Turquie et ouvertement vouée à la conquête de la Crimée (éventuellement de l'intérieur), comme on l'apprendra lors de l'annonce publique de la création de cette brigade, le 1ᵉʳ août 2015 à Ankara. Cette invitation et ce mandat sont des déclarations manifestes d'intentions d'opérations armées.

Par ailleurs il est important de rappeler ici la loi S2277 votée à la quasi-unanimité par le parlement étatsunien (sénat et assemblée) le 1ᵉʳ mai 2014 "*pour prévenir une plus ample agression russe contre l'Ukraine et d'autre pays souverains en Europe et en Eurasie*", diffusée sous le titre synthétique de "loi de 2014 pour la prévention de l'agression russe" (*Russian Aggression Prevention Act of 2014*), dont le contenu n'entend manifestement pas seulement prévenir une agression future mais aussi corriger une agression passée. Cette loi dicte de nombreuses mesures toutes très concrètes, bien que complexes et pour certaines de longue haleine, voire mettant à contribution des institutions en principe pas dominées par les États-Unis. Ces mesures sont regroupées en vingt chapitres, lesquels sont présentés sous trois grands titres pour ne pas mettre trop en évidence qu'un certain nombre d'entre elles relèvent en fait d'un quatrième titre, qu'on pourrait nommer l'instauration d'un régime démocratique en Russie.

Le premier titre, nommé "Revigorer l'OTAN", regroupe les chapitres suivants :

- renforcement de l'aide et de la position de force des États-Unis en Europe et Eurasie,

- efforts des États-Unis pour renforcer l'OTAN,

- soutien additionnel à la Pologne et aux États baltes,

- accélération des efforts antimissiles européens et de l'OTAN,

- renforcement de la coopération germano-étatsunienne en matière de sécurité mondiale et européenne.

On y lit, entre autres, que l'OTAN doit s'assurer que la Russie joue en Europe et en Eurasie un "rôle approprié" (*appropriate role*), et qu'elle doit mettre en place des bases permanentes en Pologne, Lituanie, Lettonie et Estonie en y faisant tourner les troupes[84].

---

[84] L'idée de bases permanentes de contingents tournants prétend fallacieusement ménager l'esprit de l'Acte Fondateur OTAN-Russie du

Le deuxième titre, nommé "Dissuader l'élargissement de l'agression russe en Europe", regroupe les chapitres :

- politique des États-Unis devant l'agression russe en Europe,

- sanctions pour répondre à l'agression en cours de la Russie contre l'Ukraine,

- sanctions additionnelles en cas d'élargissement de l'agression de la Russie contre l'Ukraine ou d'autres pays,

- limitation de l'accès de la Russie à la technologie pétrolière et gazière étatsunienne,

- mesures diplomatiques au sujet de la Russie,

- soutien à la démocratie en Russie et aux organisations de la société civile.

On y trouve, entre autres, l'ordre au gouvernement de confisquer les biens situés aux États-Unis de personnes morales ou physiques (russes) sans jugement des intéressées, l'interdiction au gouvernement de conclure le moindre accord de réduction d'armements nucléaires sans autorisation spécifique du sénat, et l'interdiction des vols au-dessus des États-Unis, dans le cadre du traité Ciel Ouvert, comportant un outil d'observation postérieur à 2013. On y trouve aussi un programme d'identification, soutien et prise en main par les services consulaires étatsuniens en Russie de journalistes, d'activistes

---

27 mai 1997 qui écarte tout "stationnement permanent supplémentaire d'importantes forces de combat" dans les futurs membres.

politiques[85] et civils et de dissidents, et une allocation de dix millions de dollars annuels pour l'action "directe ou à travers des organisations non gouvernementales" en Russie en faveur de la démocratisation du pays.

Le troisième titre, nommé "Durcir l'Ukraine et d'autres pays européens et eurasiens contre l'agression russe", regroupe les chapitres :

- aide militaire pour l'Ukraine,

- opinion du parlement sur la fourniture de renseignement à l'Ukraine,

- statut d'allié principal hors OTAN pour l'Ukraine, la Géorgie et la Moldavie,

- extension de l'entraînement et du soutien de forces de sécurité et la coopération militaire pour des États clefs hors OTAN,

- facilitation des exportations de gaz naturel,

- indépendance énergétique européenne et eurasienne,

- non reconnaissance de l'annexion de la Crimée,

- soutien à la démocratie et aux organisations de la société civile dans les pays de l'ex-URSS,

- extension de la radiodiffusion dans les pays de l'ex-URSS.

---

[85] L'ingérence politique est une agression, dont l'annonce constitue déjà en soi une déclaration de guerre.

On y voit, entre autres, une liste d'armements à fournir à l'Ukraine pour cent millions de dollars par an, la possibilité d'une force de protection des conseillers militaires étatsuniens dans l'armée ukrainienne, et l'intention d'obtenir pour l'Ukraine du renseignement tactique sur les forces militaires russes à la frontière et en Ukraine, Crimée comprise.

Bien qu'au moment du vote de cette loi seulement 8% de l'électorat étatsunien approuvait les décisions du parlement qu'il avait élu (son record historique d'impopularité), et que deux-tiers de l'électorat étaient opposés à l'envoi d'armes au régime issu du coup d'État, le gouvernement est constitutionnellement obligé de s'y conformer. Un certain nombre d'hommes politiques étatsuniens, particulièrement familiers des institutions et du fonctionnement législatif de leur pays ainsi que de ses précédents, ont vu là ce qu'il y a de plus ressemblant à une déclaration de guerre depuis que les États-Unis n'en font plus formellement, et en ont conclu que leur parlement a, par ce vote, véritablement déclaré la guerre à la Russie.

Au même moment, le 1er mai, le général étatsunien Alexander Vershbow, adjoint au secrétaire général de l'OTAN, a déclaré que celle-ci devait désormais traiter la Russie comme un ennemi plutôt que comme un partenaire. Au sujet de la défense des pays baltes il a dit que l'OTAN devait s'assurer de pouvoir venir à l'aide de ces pays face à la moindre menace même indirecte, très vite avant que les faits puissent être vérifiés sur le terrain ("*very quickly before any facts on the ground can be established*"), c'est-à-dire avant que la menace alléguée puisse être avérée. Aucune autorité politique de l'Alliance Atlantique ou de l'un de ses membres n'a infirmé cette affirmation de l'intention d'en découdre en tirant avant de questionner.

Le 16 juillet, troisième jour du sommet de Fortaleza entre le Brésil, la Russie, l'Inde, la Chine et l'Afrique du Sud dit "BRICS", le régime au pouvoir en ex-Ukraine depuis le coup d'État du 22 février a annoncé avoir déployé des batteries de missiles antiaériens Buk-M1 (il en sera repéré vingt-sept) autour des régions loyalistes du sud-est, dépourvues du moindre aéronef. Le lendemain matin, à la surprise de l'encadrement de la base d'Aviatorskoïe, il a exceptionnellement fait monter des missiles air-air sur deux Sukhoï-25 normalement dédiés à l'appui air-sol. Dans la journée, lorsque l'Iliouchine 96 ramenant de Fortaleza le président Vladimir Poutine arriva dans le ciel de Varsovie, un pays indéterminé (aucun satellite ukrainien n'ayant survolé l'Europe cette semaine-là) informa le régime de Kiev, qui mit en alerte tous ses moyens antiaériens. Et lorsqu'un radar de poursuite Koupol déployé près de Styla accrocha un gros avion venant de Varsovie à 10 000 mètres d'altitude, en l'occurrence un avion de ligne malaisien passé au-dessus de Varsovie quarante minutes après l'Iliouchine, on envoya un Sukhoï l'abattre.

On connaît la suite, la méprise humaine à plusieurs kilomètres de distance, puis la collusion entre les Pays-Bas (pays du plus grand nombre de victimes), la Belgique, l'Australie et le régime Maïdan pour soutenir les accusations étatsuniennes et uniopéennes immédiates contre la Russie, la destruction de l'enregistrement des communications entre le vol MH17 et le contrôle aérien de Dniepropetrovsk, l'interdiction d'enquête à la Malaisie et le vol de son épave, et pour terminer l'étrange suicide le 18 mars 2018 du pilote du Sukhoï-25, le commandant (passé à la réserve) Vladislav Volochine[86]. En plus d'une agression

---

[86] http://stratediplo.blogspot.com/2018/03/le-pilote-qui-abattu-le-mh17-malaisien.html

caractérisée, il ne s'agissait pas d'une opération militairement justifiée mais d'un attentat contre le gouvernement russe.

Le 24 juillet le général Philip Breedlove, commandant de l'OTAN en Europe, a annoncé l'installation prochaine d'une base de réaction rapide en Europe de l'Est, probablement en Pologne, où seraient stockés les matériels pour plusieurs milliers de soldats face à l'agression russe.

Le 28 juillet, le président Obama a adressé au président Poutine une lettre l'accusant expressément de violer le traité sur les forces nucléaires à portée intermédiaire. La presse étatsunienne a alors expliqué que pour ne pas violer à leur tour ledit traité (ils le font depuis sa signature) en déployant des armes équivalentes en Europe, les États-Unis n'avaient que deux autres options, soit viser des objectifs type centres industriels équivalents à ceux visés par les missiles en infraction soit détruire ceux-ci "préventivement" (acte d'agression caractérisée selon l'ONU), dans les deux cas avec des armes nucléaires. La presse y a aussi généralement ajouté que la Russie se comportait en ennemi en accordant l'asile politique au traître Edward Snowden (les États-Unis ayant annulé son passeport pendant son transit dans un aéroport russe).

Le 3 septembre, lorsque le président Poutine a suggéré à l'Organisation pour la Sécurité et la Coopération en Europe un plan en sept points pour tenter de résoudre le conflit en ex-Ukraine, l'OTAN et l'Union Européenne ont refusé de le co-parrainer avec la Russie et se sont abstenues de le soutenir, et certains politiciens l'ont même critiqué. Pour bien afficher son choix de la méthode armée contre la résistance au coup d'État, l'OTAN a invité à son sommet des 4 et 5 septembre à Newport le président malorusse Petro

Porochenko, déjà responsable à cette date du plus grand déplacement forcé de populations en Europe depuis la deuxième guerre mondiale. Accessoirement celui-ci avait déjà ordonné plusieurs bombardements transfrontaliers en Russie, dans la région de Rostov, pour tenter de l'attirer dans la guerre en ex-Ukraine. En l'invitant, l'OTAN soutenait ostensiblement l'entrée en guerre de ce régime contre la Russie, constatée par l'OSCE.

Au sommet de l'OTAN à Newport, Petro Porochenko annonça à la BBC, entouré des chefs d'État de l'Alliance Atlantique et avant de prendre l'avion pour Minsk, que quoi qu'il signe il ne retirerait pas ses forces du "Donbass" (bassin du Don). On ne sait toujours pas qui a effectué la substitution, mais le Protocole présenté à la signature des parties le 5 septembre à Minsk était presque textuellement l'ultimatum dit "plan de paix" en quatorze points proclamé par Petro Porochenko le 20 juin, diamétralement opposé à l'initiative de Vladimir Poutine du 3 septembre comme on l'a immédiatement remarqué[87], ce qui amena le gouvernement russe à le faire "compléter" (corriger) par un Mémorandum à la même conférence de Minsk deux semaines plus tard.

L'orientation générale de ce Protocole ne visait pas à obtenir un cessez-le-feu en ex-Ukraine, sur la ligne de front entre les forces armées et paramilitaires du régime issu du coup d'État en Malorussie et les milices des régions légalistes (réfractaires au coup d'État) de Novorussie. Bizarrement il prétendait établir un cessez-le-feu sur la frontière russo-ukrainienne, où les observateurs de l'OSCE n'avaient jamais constaté le moindre affrontement, ni

---

[87] www.stratediplo.blogspot.com/2014/09/accord-koutchma-zourabov-concession-ou.html

franchissement. Mais la particularité inacceptable de ce Protocole est qu'il prévoyait, en son point 4, la création et l'observation d'une zone de sécurité "*dans les régions frontalières ukrainiennes et russes*" (в приграничных районах Украины и РФ), c'est-à-dire la démilitarisation et l'occupation d'une portion de territoire en Russie. Les circonstances de cette substitution par l'OSCE au schéma du 3 septembre indiquent que cette intimation d'abandon de souveraineté et de territoire, présentée à la Russie par l'OSCE, venait de l'OTAN.

Le 24 septembre, à la tribune de l'ONU, Barack Obama a appelé les pays du monde à s'unir face aux grandes menaces mondiales, à savoir le virus Ébola, le terrorisme au Proche-Orient et la Russie. Tandis que les deux premières menaces ne sont identifiables à aucun État ou sujet de droit international, dans le cas de la troisième, expressément nommée, il s'agit là non seulement d'une déclaration de guerre (dont il ne manque que le mot interdit à l'ONU), mais également d'un appel général à la guerre mondiale.

De la même veine que la loi étatsunienne S2277 pour la prévention de l'agression russe, il faut citer la résolution 758 de l'assemblée étatsunienne, en date du 4 décembre 2014, dont le titre lui-même affirme que la Russie a entrepris une politique d'agression des pays voisins. Elle affirme entre autres que la Russie a commis une agression militaire contre l'Ukraine et y maintient des troupes, qu'elle a violé maintes fois le protocole de Minsk, qu'elle soutient militairement les séparatistes du sud-est ukrainien et le régime Assad (*sic*) en Syrie, qu'elle a envahi la Géorgie en 2008, y maintient des troupes et tente d'annexer progressivement l'Abkhazie et l'Ossétie du Sud, qu'elle maintient des troupes illégalement en Moldavie, qu'elle viole le traité sur les forces nucléaires à portée intermédiaire, qu'elle a mené de multiples cyberattaques contre les États-Unis, qu'elle utilise ses fournitures d'énergie comme un moyen de pression sur les pays européens, qu'elle mène une campagne médiatique de désinformation en Europe, que Vladimir Poutine a renversé la démocratie et instauré un régime violent, oppressif et corrompu…

Ce document détermine que le parlement étatsunien soutient totalement Petro Porochenko, condamne l'agression politique, économique et militaire russe en cours contre l'Ukraine, la Géorgie et la Moldavie, déclare que l'intervention militaire de la Russie en Ukraine constitue une menace pour la paix et la sécurité internationales, appelle la Russie à annuler son annexion illégale de la Crimée et à en retirer ses forces, l'appelle à retirer ses forces d'Ukraine, de Géorgie et de Moldavie et à cesser d'y soutenir des séparatistes, l'appelle ainsi que ses protégés à ne plus violer le cessez-le-feu en Ukraine, appelle le président des États-Unis à dissuader les autres pays du monde de reconnaître l'annexion de la Crimée et à les convaincre de prendre des mesures de coercition (y compris illicites contre des personnes physiques non jugées avant condamnation) contre la Russie, appelle le président des États-Unis à armer et soutenir l'Ukraine, appelle les pays du monde entier à cesser toute coopération militaire avec la Russie, rappelle leurs devoirs aux membres de l'OTAN, et presse urgemment le président des États-Unis d'évaluer l'état des forces armées des États-Unis et des membres de l'OTAN dans l'optique de l'application de l'article 5 du traité de l'Atlantique Nord, c'est-à-dire la riposte à l'agression d'un pays membre…

Il se satisfait de la décision française de ne pas livrer les vaisseaux Vladivostok et Sébastopol à la Russie, demande urgemment au Président des États-Unis de forcer la Russie à ne plus violer le traité sur les forces nucléaires à portée intermédiaire, pense que l'installation d'armes nucléaires en Ukraine par la Russie serait une provocation et une déstabilisation, appelle l'Ukraine et autres pays à diversifier leur approvisionnement énergétique et appelle les États-Unis à exporter plus de gaz, appelle le président des États-Unis à renforcer l'information en russe dans les pays russophones en s'appuyant sur des médias et sur un réseau diplomatique en Europe, appelle la Russie à retirer son soutien au régime Assad, appelle le président des États-Unis à exiger en toute opportunité publique ou pas que la Russie cesse son comportement déstabilisateur, etc. Cette décision n'est pas contraignante (elle permet mais n'impose pas) mais elle autorise le président à utiliser la force armée contre la Russie. Elle a aussi été présentée, aux États-Unis, comme une réitération de la déclaration de guerre à la Russie.

Le 11 décembre les États-Unis ont urgemment appelé tous les pays du monde à cesser toutes relations économiques avec la Russie. Le 6 février 2015 a été divulgué leur Rapport sur la Stratégie Nationale, annonçant qu'ils entendaient s'opposer à la Russie, à l'État islamique et à la fièvre Ébola ("*dirigeons les efforts mondiaux visant* […] *à contrer l'agression russe*").

Le 7 février 2015 à la conférence de Munich sur la sécurité, le général Philip Breedlove, commandant l'OTAN en Europe, a déclaré que celle-ci n'excluait pas l'option militaire contre la Russie pour la chasser d'Ukraine, et a précisé que des frappes aériennes massives pourraient commencer sous deux à trois semaines contre les "forces russes" dans le Donbass. Quelques jours plus tard la revue militaire étatsunienne Stars and Stripes expliquait les divers projets de l'OTAN pour préparer les forces terrestres à la guerre contre la Russie, tandis que la revue Roll Call appelait à envoyer en Ukraine tous les armements restants de la guerre froide. Il est difficile d'être plus clair.

Le 19 février 2015 le ministre britannique de la défense Michael Fallon déclarait que la Russie était une menace pour les pays baltes. Le 20 février le général anglais Adrian Bradshaw, adjoint du commandant de l'OTAN en Europe, a averti que la Russie pourrait utiliser les mêmes tactiques qu'en Crimée pour saisir le territoire des trois États baltes. Il a ajouté qu'en ce moment même des forces russes occupaient l'Est de l'Ukraine, contredisant ainsi le général Muzenko, commandant l'armée ukrainienne, qui avait répété le 15 qu'il n'y avait pas de forces régulières russes en Ukraine, comme l'avait d'ailleurs déclaré Markian Lubkivsky (du service de renseignement SBU) le 6 novembre.

Le 8 mars, le président de la Commission européenne Jean-Claude Juncker a souhaité la mise en place d'une armée de l'Union Européenne, pour réagir à toute menace pour les pays membres et aussi "*manifester à la Russie la détermination de l'Union Européenne à défendre ses valeurs*". Dans tous les pays libérés de l'Allemagne par l'URSS en 1945 (Pologne, pays baltes…) se multipliaient alors les dégradations de monuments commémoratifs et les manifestations de réhabilitation de symboles, d'insignes et d'unités nationaux-socialistes et de politiciens collaborateurs de la deuxième guerre mondiale. Ce mouvement obligea même l'Assemblée Parlementaire du Conseil de l'Europe, le 30 septembre 2014, à appeler à combattre la résurgence du nazisme en Europe[88].

---

[88] Une condamnation de la glorification du nazisme fut aussi adoptée par l'Assemblée Générale de l'ONU le 21 novembre 2014, malgré

Le 9 mai 2015, les pays de l'axe antirusse ont d'un commun accord boycotté les cérémonies de la soixante-dixième commémoration à Moscou de la victoire sur l'Allemagne (et vingt-cinquième anniversaire de la fin de la deuxième guerre mondiale). Cela n'a pas empêché le président Poutine de remercier les peuples de France, du Royaume-Uni et des États-Unis pour leur contribution à la victoire, tandis que le président Obama ne mentionnait dans son discours équivalent que les forces étatsuniennes. Un récent sondage avait d'ailleurs montré que seulement 13% des Européens occidentaux savaient que l'armée soviétique avait joué le rôle majeur dans la défaite de l'Allemagne, tandis que 43% croyaient que c'était l'armée étatsunienne. Les citoyens des pays qui ne font plus la paix ignorent d'ailleurs aussi que c'est à Moscou que fut close la deuxième guerre mondiale, par le traité du 12 septembre 1990. Dans les pays où les supplétifs du nazisme ont laissé des plaies historiques comptées en portions de générations manquantes, cette poussée révisionniste fut perçue comme un renversement tardif d'alliances au profit de l'Allemagne d'alors… et bien sûr du régime issu du coup d'État de février 2014, qui a renommé les avenues à la gloire des grands collaborateurs ukrainiens du nazisme (Bandera etc.) et qui, comme la Croatie néo-oustachi, déplore la défaite allemande et ne célèbre donc pas le 8 ou le 9 mai.

Le 14 mai 2015, lors d'un sommet à Antalya des ministres des affaires étrangères de l'OTAN, le secrétaire général Jens Stoltenberg a annoncé un renforcement sans précédent depuis la guerre froide. Motivé par les menaces aux frontières est et sud où "la Russie a recouru à la force pour modifier les frontières", ce renforcement devra

---

l'abstention des pays européens sauf Russie, Biélorussie et Serbie, et le vote négatif de trois pays, États-Unis, Canada et Ukraine.

conduire à la capacité de déployer en quarante-huit heures un groupement aux frontières orientales. La veille il avait aussi déclaré que l'OTAN allait augmenter les effectifs et élargir les missions de son poste de coopération militaire à Kiev. Pour mémoire, le régime issu du coup d'État de février 2014 a officiellement effacé la déclaration de neutralité de l'Ukraine et relancé sa candidature à l'Alliance Atlantique, que le président légitime Viktor Ianoukovitch avait retirée en 2010 après sa deuxième élection. Puis à l'occasion des manœuvres conjointes avec l'armée ukrainienne "Fearless Guardian 2015" dans la région de Lvov, le commandant étatsunien en Europe le général Frederick Ben Hodges a déclaré que son pays formerait la garde nationale (paramilitaire) ukrainienne et aiderait l'Ukraine à libérer le Donbass et la Crimée.

Le 27 mai, quelques jours avant d'être reçu pour des entretiens secrets par le groupe Bilderberg, le secrétaire général de l'OTAN Jens Stoltenberg a assuré l'Ukraine qu'elle pouvait compter sur le soutien continu de l'OTAN. Le 16 juin, commentant avec le général Philip Breedlove, pour le Wall Street Journal, les grandes manœuvres aéronavales et terrestres Allied Shield impliquant vingt-deux pays, il a expliqué que l'OTAN devait se préparer car elle était maintenant coincée entre les menaces russe à l'est et de l'État Islamique au sud.

Le 1ᵉʳ juillet les États-Unis ont publié leur nouvelle Stratégie Militaire Nationale, au ton et aux annonces fort belliqueux, qui nomme l'Iran, la Russie et la Corée du Nord "menaces agressives" et annonce un renversement de priorités, ces États devenant plus dangereux que les mouvements violents non étatiques. Ils développent des technologies visant à contrer les supériorités militaires étatsuniennes, ce que les États-Unis considèrent comme une menace à leur territoire (*threaten our homeland*). Le 9 juillet le chef d'état-major des armées Joseph Dunford a lancé la notion de "menace existentielle", largement reprise depuis lors par des hommes politiques et des militaires dans leurs propos sur la Russie.

En août les États-Unis ont exprimé auprès de l'OTAN leur préoccupation pour l'écartement des voies ferrées dans les pays baltes, largement commentée dans la presse militaire étatsunienne en septembre. Ils avaient pourtant su acheminer des véhicules blindés pour parader le 24 février 2015 devant la frontière russe à Narva, à cent cinquante kilomètres de Saint-Pétersbourg par la grande route. Mais cette préoccupation nouvelle révélait surtout que, pour les planificateurs militaires étatsuniens, ces trois petits pays sont plutôt un territoire à traverser en convois ferroviaires qu'à défendre après déploiement tactique.

Le 12 septembre, au forum Yalta European Strategy à Kiev les États-Unis ont de nouveau promis, par la voix de leur vice-ministre des affaires étrangères Victoria Nuland, d'obtenir le retour de la Crimée sous le contrôle de l'Ukraine, et d'augmenter l'aide militaire à ce pays déjà récipiendaire de 244 millions de dollars.

Le 8 octobre les ministres de la défense de l'OTAN ont réprouvé les frappes anti-islamistes de la Russie en Syrie et décidé de renforcer "en réponse" la présence de l'OTAN en Europe orientale. Le ministre étatsunien de la défense Ashton Carter a accusé l'armée russe, entre autres choses, de violer l'espace aérien de la Turquie, donc de l'OTAN. Ses homologues, y compris de pays violant tous les jours l'espace aérien et la souveraineté territoriale de la Syrie, ont répondu que l'Alliance était prête à relever les menaces pesant sur la Turquie. Comme c'est à ce moment-là que le président Erdoğan a donné l'ordre d'abattre un avion russe en Syrie[89], ce qui sera fait le 24 novembre avec l'approbation de l'OTAN, c'est vraisemblablement celle-ci qui le lui a dicté. Le secrétaire général Jens Stoltenberg a qualifié l'intervention contre la guérilla islamiste en Syrie depuis le 30 septembre d'escalade inquiétante menaçant "la sécurité de l'Alliance", et les ministres ont décidé de plus que tripler la taille de la force de réaction rapide en Europe de l'est, la portant à 40 000 hommes.

Le 14 octobre les États-Unis ont opposé leur veto à l'adoption par le Conseil de Sécurité de l'ONU de la résolution habituelle (texte standard) de condamnation, relative à des tirs de mortiers effectués contre l'ambassade russe à Damas la veille. Ils ont ensuite renouvelé plusieurs fois, dans les années suivantes, cet encouragement public au bombardement de l'ambassade russe.

Le 11 décembre 2015 le magazine étatsunien Forbes expliquait, en recourant aux rapports de force dans de multiples domaines et en reconnaissant la supériorité antiaérienne, électronique et antichars russe, que l'OTAN ne pourrait pas défendre les pays baltes, prochaine proie de la Russie après l'Ukraine, sans recourir aux armes nucléaires. Pour mieux justifier l'emploi d'armes nucléaires l'expert autoproclamé Loren Thompson assurait sans sourciller qu'il n'y avait plus que deux brigades légères en Europe… se référant à deux brigades de l'armée de terre étatsunienne, bien que des commentateurs et traducteurs alarmistes aient ensuite colporté que l'OTAN n'avait plus que deux brigades en Europe, au total.

---

[89] L'ordre de commettre cet acte de guerre caractérisé contre la Russie fut notamment révélé par le dissident turc dit Fuat Avni le 12 octobre.

Il serait fastidieux de poursuivre au-delà de 2015 cet inventaire d'ailleurs très incomplet des déclarations d'inimitié et des annonces de confrontation, qui n'ont pas cessé depuis lors.

Une mention particulière revient cependant au programme de réjouissances du sommet du G20 à Brisbane les 15 et 16 novembre 2014, en référence auquel le premier ministre australien Tony Abbott avait annoncé le 13 octobre qu'il culbuterait le président russe dès son arrivée ("*I'm going to shirt-front Mr Putin*"). En tout cas les chefs d'État et de gouvernement des pays de l'axe antirusse s'y sont adonnés à une compétition d'agressivité et d'insultes publiques très peu diplomatiques à l'encontre de leur homologue russe, en des termes orduriers dont les générations futures conserveront les enregistrements, emblématiques de la perte de dignité de la fonction politique en cette époque. Le doyen des chefs d'État présents y fut relégué à une table de repas isolée tandis que quelques politiciens hystériques du Nouveau-Monde appelaient les autres membres à une union sacrée contre le plus grand pays au monde, de mille ans de civilisation et le plus peuplé d'Europe, membre permanent du Conseil de Sécurité de l'ONU et président en exercice du G8 des grandes puissances économiques. Ces appels à la haine furent relayés dans le monde entier par les services audiovisuels étatiques, comme pour annoncer un événement majeur dont l'imminence dispensait les chefs d'État de toute retenue.

Calme et digne à son habitude, Vladimir Poutine y commit pourtant le geste très inhabituel pour lui de partir avec plusieurs d'heures d'avance sur son plan de vol annoncé. La flottille russe de repérage et sauvetage sous-marin arrivée quelques jours plus tôt laisse entendre que le renseignement russe avait identifié un nouveau projet précis d'abattage de l'avion présidentiel en phase vulnérable de prise d'altitude, comme on l'a explicité un mois plus tard[90].

Pour le quatrième anniversaire du coup d'État qui a institué le régime qu'il préside, Petro Porochenko a signé le 20 février 2018 la loi 7163 de "reprise des territoires occupés par la Russie". Cette loi renie les Accords de Minsk, proclame la nécessité de conquérir ces régions par la force, autorise le président à utiliser l'armée contre la population civile (ce que la constitution de 1996 interdisait) sans autorisation spécifique du parlement... Cette loi est un véritable affront à tous les membres de l'OSCE, qui a parrainé les Accords de Minsk même si elle a ensuite subi un fort noyautage antirusse par le biais du recrutement des observateurs détachés par les pays membres pour la mission déployée en Novorussie à la fin 2015. La signature de cette loi a été immédiatement récompensée par les États-Unis, qui ont reconnu le 30 avril 2018 avoir livré des armes à l'Ukraine (missiles antichars au minimum), en contravention au code de conduite international sur les transferts d'armements (article 3).

En août 2018, la loi budgétaire étatsunienne HR5515 du 13 et l'ordre présidentiel d'opérations cybernétiques offensives contre la Russie (NSPM13) du 15 sont, du point de vue juridique, deux déclarations de guerre de plus.

Début juin 2019, la fondation Rand a publié un travail de 354 pages sur les moyens à utiliser pour exténuer et déséquilibrer la Russie (*extending Russia*[91]). Après une

---

[90] www.stratediplo.blogspot.com/2014/12/deuxieme-tentative-avortee_23.html

[91] www.rand.org/pubs/research_reports/RR3063.html

revue des vulnérabilités et des inquiétudes de la Russie, ce rapport au gouvernement étatsunien établit une étude comparative de mesures hostiles relevant de six catégories, en l'occurrence économiques, géopolitiques, idéologiques et informationnelles, aériennes et spatiales, navales, et enfin terrestres et transversales. Un résumé pour décideurs politiques pressés en a même été tiré[92], avec des tableaux d'aide à la décision pesant en trois colonnes, pour chaque mesure d'hostilité étudiée, d'une part la probabilité de dommages à la Russie, d'autre part les bénéfices pour les États-Unis, et enfin les coûts et risques pour ceux-ci. Il y est par exemple préconisé de saper l'image de la Russie dans le monde, de déployer des bombardiers et de construire plus de vecteurs à longue portée, d'augmenter la présence navale et les capacités d'interdiction en Mer Noire…

Sur tous les volets Rand recommande très concrètement de préparer la guerre, et le (assez banal) contenu, ne s'adressant ni au parlement ni à l'opinion, montre que l'engagement de la signature de Rand par le gouvernement vise simplement à convaincre le commandement militaire du caractère inévitable du conflit armé. On trouvera difficilement l'équivalent d'un tel travail visant la Chine ou le Vénézuéla. La presse étatsunienne en a d'ailleurs déduit que le pays se préparait bien à la guerre contre la Russie.

Fin juin 2020 la presse étatsunienne a écrit que selon des sources gouvernementales et du renseignement (qui n'ont pas démenti) la Russie paie des Talibans pour assassiner des militaires étatsuniens, ce qui est encore une accusation d'agression. Puis en juillet 2020 la revue étatsunienne National Interest accuse la Russie d'envisager

---

[92] www.rand.org/pubs/research_briefs/RB10014.html

la "militarisation" de ses exportations de céréales, c'est-à-dire de les utiliser comme un instrument de coercition internationale. C'est d'ailleurs ce que font les États-Unis avec le dollar, pourtant monnaie des échanges internationaux d'après les traités qu'ils ont proposés et signés. National Interest mentionne le récent quota temporaire d'exportations céréalières russes ce printemps, et omet de signaler que ce sont les États-Unis qui s'étaient pendant de nombreuses années opposés à l'admission de la Russie à l'Organisation Mondiale du Commerce (tout en y imposant la Chine qui exporte des produits de l'esclavage), et qu'ils ne l'ont acceptée que lorsqu'ils ont eu besoin de céréales russes. La revue rappelle que la sécheresse de 2010 en Russie avait fait monter le cours international des céréales, et oublie que si la Russie avait alors privilégié ses besoins intérieurs c'est parce qu'en 2006-2007 les États-Unis avaient affamé la population mexicaine en achetant, grâce à l'impression de dollars à volonté et à l'ouverture des marchés, la production mexicaine de maïs pour faire du carburant à voitures. Mais là encore cette revue, sérieusement considérée dans son pays, dépeint à dessein la Russie comme un pays agressif transformant tout en armes.

Pour sa part, dès sa nomination le 16 juillet 2019 la future présidente de la Commission Européenne Ursula von der Leyen a multiplié les discours appelant à une confrontation de force avec la Russie, déclarant qu'un dialogue ne pouvait être envisagé qu'à partir d'une position de force et que l'Union Européenne et l'OTAN devaient combiner leurs forces pour cela plutôt que d'affronter la Russie séparément. Cette annonce du projet politique de la prochaine équipe de l'exécutif de l'Union Européenne, qu'on attendait plutôt sur le terrain économique intérieur, en a surpris plus d'un.

Enfin, dernière déclaration d'état de guerre à l'heure où l'on écrit ces lignes, le 10 juillet 2020 le président Trump a revendiqué une cyberattaque contre l'agence russe de recherche sur internet fin 2018, et a ajouté que cela s'inscrit dans sa politique de confrontation générale avec la Russie (pour mémoire les États-Unis proclament qu'une cyberattaque contre eux justifierait des représailles nucléaires).

On ne peut être exhaustif, mais en 2020 les hostilités ne faiblissent pas et les déclarations de guerre continuent de se succéder. L'axe atlantico-uniopéen a déclaré la guerre pour, expressément, arrêter l'agression "en cours" contre la Pologne et les pays baltes, libérer l'Ukraine occupée et lui restituer la Crimée, et ne prévoit aucune réversibilité de sa montée en puissance jusqu'à l'atteinte de ces trois objectifs non négociables, dont le troisième n'est pas affaire de simple présentation médiatique.

Par ailleurs le Royaume-Uni a aussi posé le 12 mars 2018 à la Russie un ultimatum de vingt-quatre heures pour confesser devant l'Organisation pour l'Interdiction des Armes Chimiques, et détailler dans un rapport au gouvernement britannique, une attaque chimique à l'agent Novitchok sur Salisbury. Puis le 15 mars la France, les États-Unis, le Royaume-Uni et l'Allemagne ont publié une déclaration commune accusant la Russie du "*premier usage offensif d'un agent chimique innervant en Europe depuis la deuxième guerre mondiale*" en violation de la Convention sur l'Interdiction des Armes Chimiques, constituant une violation du droit international et un "*assaut contre la souveraineté du Royaume-Uni*" qui menace la sécurité de tous, et répétant l'ultimatum britannique. En accusant la Russie d'une attaque armée contre le Royaume-Uni, ces quatre pays impliquent que tous les membres de l'Alliance

Atlantique doivent se considérer militairement agressés, selon l'article 5 du Traité de Washington.

Et le prochain acte sera l'inculpation.

La déclaration de guerre a été effectuée de nombreuses fois, et bien plus clairement que le 3 septembre 1939, afin que les hostilités ne commencent pas sans l'avertissement préalable requis par le droit international antérieur à l'ONU. Désormais les opérations armées peuvent commencer à tout moment sans autre forme de procès, à l'initiative de la partie la plus diligente.

12 – Répétitions finales

L'oligarchie financière et politique étatsunienne ne sait pas quand elle devra renverser la table mondiale. Les États-Unis n'ont peut-être déjà plus grand-chose à perdre mais ils n'ont pas intérêt à recourir à l'impensable avant ce qui doit apparaître comme une dernière extrémité (assurant que leur folie n'est pas feinte), car ils ne pourront pas le faire deux fois. La date, chaque jour plus proche, leur sera imposée par un événement économique fortuit ou intentionnel, gravement négatif pour eux mais dont on ne peut pas prévoir l'échéance. C'est d'ailleurs la raison pour laquelle ils entretiennent divers foyers de tension en permanence, dont au moins un majeur susceptible de mobiliser leurs alliés et de justifier une frappe nucléaire, et maintiennent aussi une batterie de *casus belli* susceptibles d'être provoqués ou feints à tout moment sur préavis de quelques heures.

Par exemple en 2002, parmi la demi-douzaine de prétextes distincts qu'ils ont avancés en l'espace de quelques mois pour attaquer l'Irak, l'un d'eux était l'hypothèse de la destruction par l'artillerie antiaérienne irakienne d'un avion étatsunien participant à l'occupation (qu'ils prétendaient "légale") de l'espace aérien irakien. Depuis la fourniture du système de défense antiaérienne S-300 à la Syrie, par la Russie en octobre 2018, les États-Unis peuvent à tout moment annoncer la destruction d'un avion étatsunien en Syrie, voire l'imputer à la Russie. Puis en ce qui concerne l'Iran, à la mi-février 2007 ils ont ajouté un nouveau motif de bombardement, à savoir toute attaque contre les forces d'occupation étatsuniennes en Irak qui puisse être "attribuée" à l'Iran. Ce type de *casus belli* est évidemment très facile à provoquer ou à feindre en Syrie, et serait crédible.

Il est cependant peu vraisemblable que la guerre contre la Russie soit déclenchée en Syrie, pour plusieurs raisons. D'abord, et paradoxalement puisque c'est le théâtre sur lequel les deux armées sont présentes, il y a sur le terrain une certaine information mutuelle entre les états-majors, au grand déplaisir d'ailleurs de l'échelon politique à Washington qui s'oppose formellement à l'échange d'officiers de liaison. L'armée étatsunienne qui occupe le tiers oriental de la Syrie fait attention à ne pas trop envoyer d'unités constituées à l'ouest de l'Euphrate (ses conseillers dans les milices islamistes ne sont pas tous en uniforme). Et pour les opérations ponctuelles comme le sauvetage par hélicoptères des chefs islamistes d'une ville sur le point d'être libérée par l'armée syrienne, il est vraisemblable qu'elle informe préalablement l'armée russe. Et l'armée de l'air russe, ainsi que les coopérants dans l'armée de terre syrienne, évitent également de faire incursion dans la zone occupée à l'est de l'Euphrate.

Surtout, les officiers russes, d'un professionnalisme qu'on aimerait pouvoir encore qualifier d'européen, ont pour consigne d'encaisser toutes les provocations sans riposter, comme on l'a vu par exemple après la destruction du Sukhoï-24 en Syrie par l'armée de l'air turque le 24 novembre 2015, puis l'assassinat du pilote par les supplétifs turcomans de la Turquie. Une nouvelle attaque contre les forces russes présentes légalement en Syrie serait bien sûr, selon la résolution 3314 de l'Assemblée Générale de l'ONU, une agression de la Russie[93], toutefois celle-ci la considèrerait comme mineure car sur un théâtre extérieur. Mais la raison principale pour laquelle il y a maintenant peu de chances que les États-Unis attaquent la Russie en Syrie est que cela pourrait faire intervenir la Chine, qui dépend du pétrole iranien.

Sur le plan militaire la montée en puissance est à peu près terminée et se continue. Elle est à peu près terminée parce que même en traînant les pieds et les budgets ou en commandant de savantes analyses stratégiques sur les difficultés logistiques, administratives et calendaires pour déplacer une compagnie étatsunienne de Géorgie en Allemagne en temps de paix (succulent article du Washington Post du 24 juin 2018[94]), un véhicule à moteur ne peut pas rouler au-dessous d'une vitesse minimum. Et elle se continue d'une part grâce à l'artifice de la rotation des unités et des contingents nationaux, et d'autre part grâce aux talents multiplicateurs de la presse. Il serait fastidieux de répertorier ici les annonces, mais il fallait faire du bruit, et durablement. La presse annonce d'abord qu'on envisage de déployer tel type d'unité à tel endroit, et commente cette possibilité pendant un mois ou deux. Puis elle annonce qu'une réunion de telles autorités aura lieu à telle date pour en décider, et elle commente les positions respectives. Puis elle annonce la réunion, puis ses résultats, puis la

---

[93] Par contre une attaque contre les forces étatsuniennes présentes illégalement en Syrie ne serait pas une agression des États-Unis.

[94] Sous le titre "*If they needed to fend off war with Russia, U.S. military leaders worry they might not get there in time*", le gouvernement étatsunien connu pour son respect des lois et frontières étrangères assure qu'après que la Russie ait envahi les pays baltes, l'état-major étatsunien se pencherait sur les dix-sept formulaires que la Pologne exigerait pour le passage des troupes venant d'Allemagne.

désignation des unités qu'on va alors interroger dans leur garnison actuelle, puis la planification, puis le déplacement, puis les premières impressions des nouveaux mutés, puis la première inspection par une haute autorité militaire... la même unité fait ainsi plusieurs fois la une de la presse déjà un ou deux ans avant son arrivée, et autant ensuite.

Depuis six ans la presse européenne est remplie de bruits de bottes très exagérés par rapport au nombre réel de brodequins concernés. Certes, les deux bases de missiles dits antimissiles étatsuniens en Pologne et en Roumanie ont été installées, les six états-majors avancés de l'OTAN dans ses membres orientaux également, et la force de réaction rapide existe. Mais tout cela, si la Russie lui interdisait ou lui ôtait toute couverture aérienne, ne suffirait même pas à envahir Donetsk et Lougansk protégées par leurs milices volontaires bien aguerries (et déterminées à sauver leurs familles) sur les matériels pris à l'armée ukrainienne et à ses entrepôts de vieilleries soviétiques. On a amplifié ces bruits de bottes pour y accoutumer les peuples d'Europe (et leurs dirigeants) de l'Atlantique à l'Oural, et même d'Asie mineure dans le cas de la compagnie d'infanterie étatsunienne citée plus haut.

Celui-ci n'est qu'un exemple du nombre de journaux locaux que l'on peut activer en exhibant pendant quatre mois, sur un trajet de quatre mille kilomètres à travers neuf pays, un simple train transportant à peine une dizaine de véhicules blindés servis par une vingtaine d'hommes d'équipage. C'est de cette manière que le gouvernement espagnol faisait réagir fin 2017 les antimilitaristes catalans, qui n'ont par contre pas noté l'arrivée et le desserrement de la moitié de l'armée de terre à Saragosse, en acheminant ostensiblement les nouveaux véhicules du 62° Régiment d'Infanterie aux effectifs inchangés (et aisément neutralisables).

Il faut remarquer aussi que la prise en compte de ce nouveau dispositif militaire européen face à la Russie correspond à celle d'un corps expéditionnaire. À l'époque du Pacte de Varsovie on prenait en compte pour l'établissement des balances de potentiels, ou rapports de forces, l'ensemble des forces armées des membres du Pacte sauf le troisième échelon nécessitant plusieurs semaines de mise en condition opérationnelle ou d'acheminement, comme les forces de deuxième réserve soviétiques et celles déployées en Asie face aux frontières chinoise et mongole. Pour la France on prenait alors généralement en compte le 2ème Corps d'Armée déployé en Allemagne de l'Ouest, mais aussi la Force d'Action Rapide dédiée à l'intervention lointaine et les deux corps d'armée stationnés sur le territoire sanctuarisé. Par contre on ne comptait pas les forces de défense territoriale vouées à une mission locale, ni les forces surtout territoriales des pays vraiment neutres comme la Suisse et la Yougoslavie, ou politiquement neutralisables comme la Finlande et l'Autriche.

De la même manière, aujourd'hui on assure les parlements voteurs de lois (ou enregistreurs de directives) qu'il ne s'agit que de quelques unités à envoyer à la frontière russe, ce qui ne semble pas un engagement trop conséquent. Il faut dire aussi que, depuis la dissolution de l'Union de l'Europe Occidentale et son remplacement par l'inféodation de l'Union Européenne à l'OTAN (Traité de Lisbonne), les pays européens n'ont plus entre eux d'obligation de secours par tous les moyens militaires disponibles (article 4 du Traité de Bruxelles) mais seulement une obligation de sympathie diplomatique et une faculté de concours par tout moyen jugé opportun (article 5 du Traité de l'Atlantique Nord), ce qui est politiquement plus facile à accorder.

Les pays européens ont ainsi adapté à leur posture offensive la doctrine étatsunienne de riposte graduée ou de défense de l'avant, à savoir un engagement strictement limité aux moyens mis à disposition de l'Alliance et prépositionnés dans les pays frontaliers de la Russie, de la Biélorussie et de l'ex-Ukraine. Les Lituaniens aujourd'hui en première ligne doivent ressentir de la part de leurs voisins occidentaux le même niveau d'engagement que ressentaient autrefois les Allemands de l'Ouest de la part des États-Unis, à savoir la sympathie platonique d'alliés juste prêts à perdre les forces qu'ils y ont prépositionnées.

On ne parle pas des armées française et italienne mais seulement des unités françaises et italiennes envoyées en Pologne ou en Lituanie, comme on parle des unités envoyées en Afghanistan ou au Sahel. Pour les états-majors de "grandes" unités (brigades) terrestres il s'agit donc d'un corps expéditionnaire voué à une intervention extérieure, comme si le siège de Kaliningrad, voire la prise de Pskov (coupant la route de Saint-Pétersbourg à Minsk) dans une poussée vers Novgorod (route de Saint-Pétersbourg à Moscou) concernaient de lointains théâtres d'opération, peuplés de tribus illettrées incapables de toucher Paris et Rome en retour. Une jeune génération d'officiers déjà plus tous subalternes, qui a reçu une instruction tactique intentionnellement orpheline de culture stratégique, se prépare à traverser la Bérézina la fleur au canon de 105, sans penser un instant à se comparer à des Cosaques traversant la Seine ou le Rubicon.

Ainsi, sur le plan militaire la montée en puissance de l'axe antirusse peut sembler déconcertante de par le découplage entre les moyens réellement déployés et le bruit fait autour de leur déploiement. En termes stratégiques (mais en plus petit) on croirait presque retrouver là l'ancienne 1ère Armée française, conçue pour être consommée en trois jours afin de prouver que le gouvernement est alors contraint au nucléaire.

Nonobstant leur volume, les troupes militaires sont intensément entraînées en vue d'une vraie guerre. Dès 2014 l'OTAN a sextuplé les vols de reconnaissance en profondeur le long des frontières russes, de 22 à 137 vols annuels, et doublé les vols tactiques (avions armés), de 1500 à 3000 sorties. Puis en 2015 s'y est ajouté une multiplication des manœuvres terrestres ou aéroterrestres avec plusieurs milliers de participants d'une dizaine à une vingtaine de pays, dans l'un des six membres orientaux de l'OTAN sans compter ceux effectués en ex-Ukraine (généralement en Galicie) ou plus rarement en Finlande.

Il y a l'ensemble d'exercices Allied Shield comprenant les manœuvres amphibies Baltops, les manœuvres terrestres Saber Strike, les manœuvres Noble Jump focalisées sur une infiltration de forces spéciales et irrégulières, les exercices de commandement opératif Trident Joust... et l'entraînement aux bombardements aériens nucléaires tactiques (effectué avec des bombes inertes). Il y a aussi les exercices Iron Sword, Cold Response, Dynamic Manta, Anaconda et les manœuvres aéroportées Swift Response. En ex-Ukraine il y a notamment les manœuvres Saber Guardian et Rapid Trident. Pour sa part Trident Juncture a réuni jusqu'à 35 000 hommes, 200 avions et 50 navires de trente-trois pays (pas tous membres de l'OTAN). En moyenne l'OTAN conduit chaque année vingt-cinq exercices majeurs dans les pays frontaliers de la Russie. Les manœuvres sont répétées chaque année à la même période, avec parfois des participants secondaires différents, et deux semaines sur le terrain pour les unités de combat représentent évidemment des semaines ou des mois de travail de coordination et préparation de la part des états-majors, même lorsqu'ils y ont déjà participé l'année précédente.

Le but d'autant de manœuvres sur le thème antirusse ne peut pas être de rassurer les gouvernements ou d'entraîner les troupes. Il est plus vraisemblablement d'accoutumer les états-majors et l'encadrement à l'idée du conflit avec la Russie.

Et parallèlement on ne compte plus les nombreuses études comparatives et audits nationaux sur les dispositifs tactiques, les capacités des système d'armes et autres, qui se succèdent dans les revues militaires et stratégiques et font parfois l'objet de résumés ou de commentaires sensationnalistes dans la presse politique, économique voire générale. *Global Firepower, Stars and Stripes, CNN, Business Insider, Bloomberg,* le *Wall Street Journal,* le *Financial Times,* la *Federation of American Scientists,* la *Heritage Foundation,* le *National Interest, Daily Signal,* le *Military Times,* le *SIPRI, Jane's,* le *Daily Beast,* le *Guardian, The Express, Bild,* le *Times, Newsweek, Le Monde* et ses semblables européens à grand tirage... Tous comparent les forces, reconnaissent la supériorité technologique de la Russie en matière de guerre électronique et de défense antiaérienne, et en concluent donc la nécessité pour l'OTAN d'en venir au nucléaire.

Pour le *think tank* (vase clos de pensée) Chatham House à travers son manifeste *the Russian challenge,* il faut s'armer car la Russie ne comprend que la manière forte, aussi doit-on "préventivement" l'attaquer (*pre-empt and manage potential threats*), et de manière "robuste" pour démontrer qu'une guerre limitée est impossible (*to demonstrate that limited war is impossible*). Certains spécialistes ont commenté l'hypnose et aveuglement de la vitrine technologique navale étatsunienne de quatrième génération le Donald Cook avec ses 96 Tomahawks, le 12 avril 2014 devant Sébastopol, par un Sukhoï-24 Khibiny de guerre électronique[95]. On aligne les figurines de chars et de soldats pour expliquer qu'en dépit de son budget militaire dix fois supérieur l'OTAN sera obligée de recourir au nucléaire (l'Union Européenne seule consacre à la défense trois fois plus que la Russie). D'autres ont commenté le quasi décuplement, début 2018, de la commande d'obus de 155 mm de l'armée étatsunienne, de 16 000 annuels à 148 000, ou l'imprudence d'attendre le déploiement du système S-500 russe capable d'intercepter autant les missiles balistiques que les missiles de croisière hypersoniques… chinois (les États-Unis ayant raté le départ de la course à l'hypersonique).

Au même moment et à l'arrière, de multiples journaux du monde atlantico-uniopéen ont commandé des sondages, généralement menés sur à peine quelques milliers d'individus mais ensuite largement diffusés et commentés dans toute la presse, et visant à banaliser l'idée d'une guerre avec la Russie. Les uns demandent aux sondés de leur pays ce qu'ils pensent de l'invasion russe de l'Ukraine, les autres demandent de citer la principale menace pour leur pays (ou pour l'Europe occidentale), d'autres encore demandent si leur pays devrait intervenir en cas d'attaque d'un pays balte par la Russie, etc. Les peuples européens sont soumis au martèlement médiatique et politique visant leur accoutumance à l'idée d'une guerre mondiale en Europe, et des deux arguments de vente possibles, le caractère soit

---

[95] Si cet avion désarmé n'avait pas pu immédiatement désactiver les quatre radars géants et la cinquantaine de missiles antiaériens il aurait été descendu avant de refaire douze passages d'invitation à quitter les eaux russes.

nécessaire soit inévitable de la guerre, on a choisi le deuxième.

Le feuilleton télévisé le plus cher, le plus regardé et le mieux exporté de la télévision norvégienne, Okkupert, racontant l'occupation prochaine de la Norvège par la Russie, a été acheté dès sa sortie par des télévisions britannique, allemande, française, polonaise, néerlandaise, belge, suisse, danoise, suédoise, finlandaise, estonienne, luxembourgeoise, islandaise, indienne, étatsunienne, australienne et canadienne (sauf oubli). Puis l'OTAN a adopté ce scénario pour thème des manœuvres Trident Juncture rassemblant 45 000 hommes du 15 octobre au 7 novembre 2018. D'une manière générale la figure du méchant russe est revenue dans nombre de films d'origine atlantico-uniopéenne, et les programmes scolaires des Pays-Bas et du Royaume-Uni enseignent déjà (grossièrement) aux enfants la peur d'une Russie agressive, comme si l'on prévoyait un conflit long. La Finlande a préalerté ses centaines de milliers de réservistes avec des consignes de mobilisation rafraîchies et une nouvelle loi de service et d'obligations militaires, et a accessoirement étudié la vulnérabilité des îles Aland à une invasion russe. Au même moment le gouverneur Cecilia Schelin Seidegård appelait l'installation de missiles sur l'île suédoise de Gotland "idéalement située pour bombarder Saint-Pétersbourg". La Pologne a conduit des exercices de durcissement et résilience en cas de guerre pour toutes ses institutions publiques, et plusieurs gouvernements ont appelé les populations à faire des réserves d'eau et de nourriture pour les premières semaines de la guerre.

On pourrait d'ailleurs s'interroger sur l'utilité d'une telle campagne de préparation des sociétés civiles, puisque les régimes post-démocratiques d'Europe ne les laisseront pas décider (elles pourraient choisir la paix). Il n'est pas impossible que cette lourde campagne d'endoctrinement vise indirectement les commandements idéologiques et militaires, à savoir d'une part les cercles intellectuels ashkénazes à tradition belliciste comme la rive sud parisienne[96], nécessaires à la légitimation éthique des politiciens, et d'autre part les officiers généraux à tradition pacifiste, qui pourraient être tentés de démissionner au moment critique voire d'entraver la marche à l'ennemi. Il y a une quinzaine d'années, quand les États-Unis ont annoncé qu'ils allaient incessamment attaquer l'Iran, de nombreux experts (dans ce pays penseur signifie spécialiste) ont hurlé à la folie et une dizaine d'officiers généraux du haut commandement ont annoncé leur démission imminente.

Significativement, lorsqu'on a demandé début avril 2018 aux états-majors étatsunien, français et britannique de préparer la destruction des défenses antiaériennes russes en Syrie, car c'était évidemment l'une des options envisagées, ainsi qu'une éventuelle destruction des navires russes en cas de riposte russe contre les navires de l'OTAN lanceurs de missiles, personne n'a bronché dans les rangs, de même qu'il n'y a pas eu de manifestations pacifistes dans les rues. Sur ce plan-là, d'après les résultats optimaux des grandes manœuvres de cohésion interétatique et médiatique de mars et avril 2018 sur les thèmes de l'attaque chimique fictive de Salisbury puis de l'attaque chimique feinte de Douma, on peut dire que les six ans de montée en puissance idéologique (et de test du "moral des troupes") des acteurs

---

[96] Ceux qui sous le nom de "comité Sarajevo" avaient appelé d'abord à bombarder Belgrade, puis sous le nom de "comité Grozny" à bombarder Moscou, et plus récemment, sans oser se nommer "comité Benghazi", à bombarder Tripoli, n'ont pas encore quitté le service plumitif belliqueux actif.

directs sont une réussite totale. Comme d'habitude, aucun bouton de guêtre ne fera défaut.

Les dernières grandes manœuvres de l'outil de propagande de guerre atlantico-uniopéen ont eu pour thème le simulacre d'attaque chimique à Douma le 7 avril 2018. Le thème dramatique et l'appel visuel à l'affectif, combinés au caractère massif des moyens engagés simultanément, ont apporté un tout autre résultat que, par exemple, l'engagement de hauts politiciens pendant de longs mois pour convaincre le monde que la Russie avait manipulé les élections présidentielles étatsuniennes de 2016. En l'occurrence le 8 avril 2018 toute la presse, à l'unisson derrière les trois agences monopolistiques de l'axe atlantico-uniopéen, a répété à l'infini les affirmations d'attaque chimique à Douma appuyées par un court-métrage des inévitables faux Casques Blancs de la milice islamiste Al-Nosra, et les immédiates accusations infondées envers le gouvernement syrien. En tir de saturation étouffant toute autre information pendant plusieurs jours, l'inondation du discours unique et figé n'a pas faibli le 10, jour des premiers démentis sur le terrain, et a continué avec un contenu inchangé jusqu'à l'attaque aérienne des États-Unis, de la France et du Royaume-Uni contre la Syrie le 14 avril[97].

Après l'agression, la presse a, d'un parfait ensemble, changé de sujet et réussi à occulter totalement, ou ponctuellement calomnier là où elle était passée, la grande conférence de presse du 26 avril au siège de l'OIAC

---

[97] Celle-ci a d'ailleurs été unanimement présentée comme un succès technique (faute de tactique) total, les journaux ayant omis de mentionner que seule une petite minorité de missiles avait effectivement répondu à la mise à feu, traversé les défenses syriennes, suivi la trajectoire programmée, explosé et détruit une cible.

des dix-sept témoins, médecins et figurants involontaires (dont ceux à qui le court-métrage avait donné les premiers rôles) du vidéogramme mensonger feignant les conséquences d'une attaque chimique le 7, qui avait servi de prétexte au bombardement de l'OTAN. La coordination, la cohésion et l'unanimité des positions et des discours médiatiques furent parfaites. L'axe atlantico-uniopéen a ainsi vérifié qu'il peut inventer et diffuser largement un événement fictif, comme on s'en est inquiété sous le titre "effroyable posture"[98] rappelant la plus grosse mystification de ce début de siècle[99]. Cette répétition en grandeur réelle fut couronnée de succès tant sur le plan du résultat, la diffusion du mensonge, que sur le plan de la méthode, la cohésion des troupes médiatiques.

Néanmoins, en conflit réel ces opérations informationnelles offensives seront conduites concomitamment au blocus informationnel de l'ennemi. Peu importe, au fond, que le conseil étatsunien des gouverneurs de radiodiffusion consacre un budget trois fois plus important à lutter sur les réseaux sociaux contre l'information russe, pourtant rarement prise en défaut, que contre "l'idéologie de l'État Islamique" (une périphrase qui dispense de combattre l'islam). Peu importe que l'OTAN ait ouvert à Riga en janvier 2014, juste avant le coup d'État à Kiev, un centre d'excellence pour les communications stratégiques voué à enseigner et mener des campagnes sur les réseaux sociaux en russe. De même n'est-il pas extrêmement grave pour la paix dans le monde que les États-Unis cherchent à faire fermer les sources d'information russes sur leur territoire en leur imposant un

---

[98] www.stratediplo.blogspot.com/2018/05/leffroyable-posture.html

[99] L'effroyable imposture, Thierry Meyssan, éditions Carnot 2002.

statut d'agent étranger[100] qu'ils n'imposent pas aux autres médias européens ou asiatiques, ou en "gelant" (volant) leurs comptes bancaires, puisque de toute façon, informées ou pas, les masses étatsuniennes ont une influence négligeable sur les orientations et décisions politiques de leur gouvernement. Par contre il est déjà plus préoccupant que, suivant un mouvement engagé depuis plusieurs années sur injonctions étrangères, on ne renouvelle pas les licences de radiodiffusion aux médias russes dans des pays démocratiques où l'opinion de l'électorat compte, et l'impartialité (ou du moins la pluralité) de l'information des dirigeants aussi.

Ce qui est surtout beaucoup plus grave est la préparation de l'isolement internet d'un pays entier, c'est-à-dire d'interdire au reste du monde de consulter les informations élaborées ou diffusées dans ce pays. Le 21 novembre 2017 on apprenait par Eric Schmidt, président d'Alphabet, que, en dépit de l'absence de preuves de manipulation ou mensonges de la part de *Russia Today* et d'autres médias russes, sa filiale Google déclasserait désormais automatiquement dans les résultats de recherche sur *Google News* les informations venant de *Russia Today* et de *Sputnik*. La filiale YouTube, pour sa part, avait déjà exclu la chaîne de *Russia Today*, suivie par deux millions d'abonnés. On se rappelle qu'il y a vingt ans, lors de la préparation puis la conduite de la guerre contre la Yougoslavie, à l'époque où aucun moteur de recherche n'était en situation de monopole, on a bridé par une simple mise à jour automatique le célèbre métamoteur Copernic qui permettait de soumettre une recherche à plusieurs moteurs. Dès lors, quand l'utilisateur lançait une recherche

---

[100] Cela permit aussi de retirer leur accréditation auprès du parlement étatsunien, entrave à la liberté d'information qu'a dénoncée l'OSCE.

et voyait s'inscrire petit à petit à l'écran les réponses apportées par chacun des moteurs consultés par Copernic, dès qu'apparaissait un résultat avec un nom de domaine yougoslave (.yu) tous les résultats des moteurs disparaissaient et Copernic donnait un message d'erreur.

Aujourd'hui on ne peut pas consulter certains domaines dans certains pays (l'agence d'information syrienne[101] est inaccessible dans plusieurs), mais de plus à tout moment une mise à jour envoyée aux principaux navigateurs peut leur interdire définitivement de consulter tout site en domaine russe (.ru) ou ex-soviétique (.su), mais aussi tout site à domaine générique (.com, .net et autres) dont l'adresse numérique DNS indique un hébergement physique en Russie, par exemple. Certains pays autrefois phares de la liberté de s'informer, comme la France, ont récemment créé des comités de censure chargés de qualifier l'acceptabilité des informations sur le critère du *diktat* gouvernemental expéditif de "seule explication plausible" appliqué au cas Skripal, et préparent des lois de bannissement de sources.

Le 4 septembre 2018 le gouvernement français a publié un pavé de désinformation grossière, préparé conjointement par le Centre d'Analyse de Prévision et de Stratégie du ministère des affaires étrangères et par l'Institut de Recherche Stratégique de l'École Militaire, intitulé "*les manipulations de l'information – un défi pour nos démocraties*", prônant la censure et justifiant l'interdiction prochaine de la presse russe en France. Dans les mois qui suivirent les mesures discriminatoires et d'exclusion envers Sputnik et RT (Rossiya Segodnya) ont été multipliées, au point d'être qualifiées d'inacceptables,

---

[101] www.sana.sy

le 12 avril 2019, par le représentant de l'OSCE pour la liberté des médias Harlem Désir. Puis les médias russes ont été interdits en Estonie en décembre 2019 et en Lettonie et Lituanie en juillet 2020, ce qui a suscité les protestations de la Fédération Internationale des journalistes.

Qu'il soit possible ou pas de couper un pays d'internet, il est possible d'interdire aux utilisateurs de tel navigateur, par une simple mise à jour automatisée, de voir toute information provenant de tel pays. Dès lors l'information sera totalement contrôlée car aucun démenti ne pourra sortir du pays ainsi proscrit, ce qui est bien plus efficace que de bombarder les voitures de correspondants de presse comme Michel Collon ou Andreï Sténine. D'ailleurs certains aspirants à la survie dits survivalistes ont noté l'extinction simultanée de TASS, Sputnik (RIA) et RT comme indicateur du moment où quitter discrètement le bureau, extraire les enfants de l'école et fermer les volets de la maison. Car ensuite tout ira vite.

Personne n'a cru le régime de l'Union Européenne en ex-Ukraine lorsqu'il a déclaré que la Russie avait largué deux bombes nucléaires sur l'aéroport de Lougansk le 19 septembre 2014. Peu ont cru le gouvernement anglais lorsqu'il a déclaré que la Russie avait utilisé une arme chimique à Salisbury le 4 mars 2018 (ce qui n'a pas empêché des gouvernements d'utiliser ce prétexte pour prendre des mesures très hostiles contre la Russie). Mais par contre peu ont douté des agences de presse qui ont unanimement déclaré que la Syrie avait procédé à un bombardement chimique sur Douma le 7 avril 2018. Et aucun décideur politique français ou allemand sous pression n'émettra de doutes quand, après quelques jours de combat, les trois agences de presse de l'OTAN déclareront que la Russie a utilisé une arme nucléaire sur l'isthme de Perekop ou dans la trouée de Suwalki.

Il faudra pourtant mentir puisque les provocations ne fonctionnent pas, la Russie n'y répondant pas, se contentant de parer les coups sans contre-attaquer ni même simplement riposter.

On a installé dans un pays voisin un régime génocidaire qui a déclaré métèques[102] des millions de Novorusses et Malorusses, puis envoyé l'armée et des missiles balistiques (SS-21) contre cette population historiquement russe pour installer des camps de viol et d'extermination comme à Krasnoarmeïsk, brûler vifs des civils comme à Odessa ou collecter des organes à vif, priver d'eau et d'électricité des millions de personnes, provoquer la plus grande déportation en Europe depuis soixante-dix ans et imposer à la Russie un million et demi de réfugiés (la France intervient en Afrique pour bien moins que ça).

On a tiré des obus d'artillerie lourde et des missiles en Russie même, dans la région de Rostov, comme l'ont même rapporté les observateurs de l'OSCE sur la frontière. On promet encore régulièrement de dépeupler la Crimée de ses deux millions et demi d'habitants. On a imposé un blocus économique, financier et technologique à la Russie, on a lancé de grandes campagnes gouvernementales de dégradation de l'image et de la réputation de la Russie dans le monde, on a cassé des grands contrats signés et payés comme celui du Vladivostok et du Sébastopol, et interdit aux pays européens de continuer à importer du gaz russe. On a interdit ou censuré les médias russes.

On a tenté d'influencer l'électorat et de fomenter l'insurrection en Russie, ce qui est considéré comme un acte

---

[102] Le régime Maïdan a copié le statut d'indigènes non citoyens avalé par l'Union Européenne en Slovénie, Lituanie, Lettonie et Estonie.

de guerre, et calomnié son président comme aucun dirigeant même bolchévique ou national-socialiste n'a été vilipendé de son vivant, et on a apparemment essayé deux fois de l'assassiner. On a volé des fonds de l'État russe, violé l'immunité et l'intégrité de représentations diplomatiques russes, bombardé quinze fois l'ambassade russe en Syrie entre le 22 septembre 2013 et le 20 novembre 2017 avec l'encouragement tacite des États-Unis qui opposent ensuite leur veto aux expressions traditionnelles de condamnation par le Conseil de Sécurité de l'ONU[103]. On a expulsé cent cinquante diplomates russes des pays de l'axe atlantico-uniopéen, illicitement empêché des représentations russes de participer aux organisations internationales dont la Russie est membre, illégalement expulsé des membres de la délégation russe à l'ONU. On a multiplié les déclarations de guerre envers la Russie, et on promet encore de lui prendre une province qui s'est réunifiée à elle par un incontestable plébiscite d'autodétermination.

Un pays de l'OTAN a abattu un avion russe (ce que la résolution 3314 de l'ONU considère comme une agression caractérisée) dans un pays qui avait demandé à la Russie son assistance défensive après avoir été attaqué par l'Alliance Atlantique et le Conseil de Coopération du Golfe. Bien moins grave que tout cela mais bien plus sensible, on a multiplié les missions aériennes hostiles aux frontières de la Russie, notamment, en violation totale des règles de l'aviation civile et militaire, avec les transpondeurs (identificateurs automatiques) coupés. Ces vols de grave provocation caractérisée, effectués, sauf

---

[103] Bizarrement ils ont laissé condamner l'attaque du 28 octobre 2016.

erreur, uniquement par l'armée de l'air étatsunienne[104], ont manifestement pour objet de faire croire à la défense russe que cette fois c'est l'attaque annoncée avec tant d'insistance. On ne peut qu'admirer le grand professionnalisme des officiers grâce auxquels la Russie montre chaque fois une maîtrise totale, frôlant la prise de risque pour ses populations, en s'interdisant de réagir. Pourtant le droit international l'autorise à abattre les avions armés en infraction intentionnelle et au comportement hostile, venant de pays qui se déclarent ennemis de la Russie et se préparent ostensiblement à l'attaquer, notamment sur une frontière ne présentant aucun intérêt stratégique hors celui d'être à cent kilomètres de Saint-Pétersbourg, puisque l'essentiel de ces provocations ont lieu sur les frontières baltes de la Russie (seule une minorité d'entre elles sont commises en Mer Noire). La Russie n'omet cependant pas de protester chaque fois, ce qui sera présenté comme "preuve" le jour où elle sera accusée d'avoir abattu un avion de l'OTAN en promenade de santé au-dessus de la Baltique.

Les pays de l'axe antirusse expulseront alors immédiatement les diplomates russes, les États-Unis expulseront (illégalement) la délégation russe de l'ONU à New-York, quitte à faire irruption au siège pour arrêter l'ambassadeur russe sous prétexte de dénonciation de viol comme pour un vulgaire directeur du Fonds Monétaire International. Le Secrétaire Général de l'ONU et ancien premier ministre d'un pays membre de l'OTAN, Antonio Guterres, en appelant le 29 mars 2018 (suite aux expulsions massives de diplomates russes) à réouvrir les canaux de communication directe anti-escalade du temps de la guerre

---

[104] Les États-Unis sont aussi connus pour la flotte d'aéronefs non immatriculés qui soutient les milices islamistes d'Afghanistan.

froide, savait très bien que le monde risque plus une attaque frontale déterminée de la Russie par l'axe atlantico-uniopéen qu'une escalade malencontreuse.

L'expulsion de la représentation russe permettra de tenir une réunion impromptue du Conseil de Sécurité pour l'établissement d'une zone d'exclusion aérienne (une confiscation d'espace aérien par la force) à Kaliningrad, où la Chine opposera tout de même son veto. Les trois grandes agences feront expliquer par la presse que l'OTAN est obligée d'agir sans autorisation de l'ONU, comme d'habitude, surtout si l'on assure simultanément qu'à l'annonce du projet de résolution du Conseil de Sécurité une division russe a franchi la frontière biélorusse et marche sur Vilnius en direction de Kaliningrad[105].

En variante, la Russie peut être accusée d'avoir abattu un avion de l'OTAN en Mer Noire, et une zone d'exclusion aérienne peut être demandée sur Krasnodar et bien sûr la Crimée. Le front caucasien peut aussi être le lieu d'une provocation mais pas le théâtre principal, faute de forces significatives de l'axe antirusse et surtout d'une cible nucléaire idoine. En effet il faut une ville russe pouvant servir de cible déclarée militairement justifiée par l'OTAN, représentant un enjeu stratégique pour la Russie mais permettant aux États-Unis de prétendre ne pas avoir touché le sanctuaire métropolitain russe, et représentant une perte démographique suffisamment importante pour faire comprendre au monde que les États-Unis sont prêts aux pires folies.

---

[105] Pour sa part le très atlantiste service extérieur de la Catalogne sélectionnait en 2017 ses futurs diplomates sur le thème de l'invasion de la Biélorussie par la Russie (voir dans la Neuvième Frontière).

En réalité il n'y a pas besoin de nouveau *casus belli* puisqu'il y a l'invasion de l'Ukraine, que l'on reproclame régulièrement faute d'avoir pu photographier de chars ou capturer de soldats russes depuis la dernière proclamation, et surtout l'annexion de la Crimée qui est un fait indiscutable reconnu par la Russie elle-même. Après-demain ou dans six mois, en apothéose ou en complément de la Grande Réinitialisation déjà annoncée, un incident réel ou fictif lors des provocations quotidiennes justifiera le coup d'envoi des opérations auxquelles la presse et les commandements des pays de l'axe atlantico-uniopéen ont été longuement préparés.

D'ailleurs peu importe que les députés et sénateurs y croient, l'essentiel est que les pilotes et les presseurs de boutons obéissent.

Conclusion

S ans aucun doute, l'avant-guerre se termine. Pour reprendre l'expression employée au sujet de la prétendue attaque chimique russe à Salisbury, "il n'existe pas d'alternative plausible" à l'issue qu'on a maintes fois annoncée, qu'on prépare intensément et dont on a procédé à la déclaration officielle.

Comme si le gaspillage inconséquent des ressources naturelles et l'épuisement imminent des énergies fossiles ne suffisaient pas, l'humanité s'est dotée au siècle dernier d'un fardeau économique insoutenable, qui est prêt à tout pour ne pas se faire déposer.

L'impossible maintien du *free lunch* des États-Unis dictait d'une part un gros événement mondial de force majeure obligeant le monde à effacer les dettes souveraines, et d'autre part une intimidation monstrueuse l'obligeant à accepter un dollar extrêmement surévalué. Obligée par ses contradictions à l'élargissement permanent, l'Union Européenne répète que pour sauver le système monétaire international il faut sauver le dollar, en accepte le prix grâce à son système technocrate d'irresponsabilité institutionnalisée, et en profite pour désigner pour cible l'alternative civilisationnelle chrétienne qu'elle perçoit comme une menace à son matérialisme transhumain.

La seule chose qui manque à ce projet implacable est une date. S'agissant d'actions extrêmement graves, non renouvelables parce qu'il faut éviter leur banalisation et aussi parce que le monde (Chine en premier lieu) ne le permettrait pas, elles ne seront engagées qu'en ultime recours sans esprit d'interruption ni de répétition. Pour ne pas gâcher ce tir unique on ne doit pas se tromper, et on n'agira que lorsque ce sera absolument nécessaire, au moment où le monde sera sur le point d'abandonner le dollar, et donc le système de subvention mondiale du niveau de consommation étatsunien.

Sur le plan économique, il est vrai que Michel Drac envisageait dans sa préface que le problème des États-Unis n'était peut-être pas aussi désespéré. Revenant à une perspective économique des échanges et des coûts et soulevant les handicaps de la Chine, il supposait qu'en termes de confrontations et de territoires, en réduisant leur voilure à une ambition panaméricaine et en activant ailleurs des alliances leur permettant de contrôler les flux énergétiques ils pouvaient encore gagner la partie, ou en tout cas maintenir à flot le système actuel, et donc ne pas renverser la table tant qu'on accepterait leurs jetons.

Sur le plan géostratégique, Michel Drac considère aussi d'une part que des puissances moyennes ont leur mot à dire, et d'autre part que les États-Unis peuvent déployer une stratégie rationnelle, ce qui laisse la place à la poursuite d'un jeu international posé et réfléchi. Il serait effectivement rassurant de savoir que les États sont encore gouvernés par des appareils responsables vis-à-vis des peuples, conséquents dans leurs stratégies et gardant la tête froide devant le sensationnel médiatique, et capables de montrer une opposition ferme à une escalade qui leur serait imposée dans "l'urgence".

Sur le plan militaire cependant, la situation actuelle ressemble à celle de la fin 1990, lorsque les alliés européens et arabes des États-Unis terminaient la montée en puissance du dispositif défensif Bouclier du Désert censé protéger l'Arabie Séoudite d'une invasion irakienne, sans savoir encore qu'en réalité les États-Unis planifiaient l'opération offensive Tempête du Désert pour reprendre le Koweït à l'Irak.

Aujourd'hui les membres de l'Union Européenne et de l'OTAN contribuent aux hostilités et fournissent des troupes pour, du moins c'est ce qu'on dit aux peuples, protéger la Pologne et les pays baltes, mais en réalité les États-Unis planifient d'une part la prise de la Novorussie en ex-Ukraine et de la Crimée en Russie (pour prétexte), et d'autre part des bombardements nucléaires significatifs (leur vrai dessein) sur des villes qu'ils considèrent comme des dépendances hors du sanctuaire national russe. Une dissuasion du rationnel au fou (mais pas assez fou pour attaquer la Chine), qui plus est lorsqu'il n'a plus rien à perdre, est impossible.

Les gouvernements occidentaux seront mis soudain devant une urgence inattendue de solidarité, leur imposant de réagir à chaud sans leur laisser le loisir de vérifier et réfléchir. Pourtant leur participation n'est pas absolument nécessaire, puisque la guerre mondiale a été rendue facultative par un autre événement mondial (relativement imprévu celui-là) d'une ampleur justifiant l'invocation de cas de force majeure, à savoir l'éruption coronavirale. Tout est dit clairement et publiquement, et on ne voit aucune protestation massive de citoyens.

La gouvernance mondiale mixte que l'on présente dans le Quatrième Cavalier annonce une Grande Réinitialisation économique (*Great Reset*) pour janvier 2021. En principe le coronavirus de Wuhan et des Contamines dispense de la nécessité d'une guerre mondiale, si ce n'est comme prétexte ou introduction à l'assertion ultime (nucléaire) qui, elle, est plus que jamais nécessaire à l'imposition mondiale d'un dollar extrêmement surévalué.

Encore un effort et nous aurons définitivement déclenché la troisième guerre mondiale.

Déjà parus

Stratediplo

Le septième scénario

Sécession d'une minorité

Préface du colonel Hogard

Stratediplo

Le quatrième cavalier

l'ére du coronavirus

Préface de Piero San Giorgio

COVID-19

CHRONIQUES D'UNE PANDÉMIE

LE GOUVERNEMENT DE LA PEUR

préface d'Anne Brassié

Jean-Michel VERNOCHET

Jean Michel Vernochet, le très informé, met en lumière tous les complots

ÉDITIONS LE RETOUR AUX SOURCES

PAUL DAUTRANS

LA DIXIÈME PORTE

SI VOUS TRAVAILLEZ EN ENTREPRISE, MÉFIEZ-VOUS DE CE LIVRE...

ÉDITIONS LE RETOUR AUX SOURCES

MAURICE GENDRE & JEF CARNAC

LES NOUVELLES SCANDALEUSES

LE MONDE DANS LEQUEL VOUS VIVEZ N'EST PAS LE MONDE QUE VOUS PERCEVEZ...

ÉDITIONS LE RETOUR AUX SOURCES

PAUL DAUTRANS

MANUEL DE L'HÉRÉTIQUE

UN LIVRE QUI METTRA EN COLÈRE ABSOLUMENT TOUS LES CONS

ÉDITIONS LE RETOUR AUX SOURCES

HISTOIRE DE L'ARMÉE FRANÇAISE

des origines à nos jours

L'armée française a souvent occupé la première place en Occident

Certains de ses chefs militaires ont marqué le monde par leur génie tactique et stratégique

ÉDITIONS LE RETOUR AUX SOURCES

Histoires extraordinaires et mystérieuses de L'HUMANITÉ

Ces histoires ahurissantes et fantastiques, retracent les origines des grands mythes

ÉDITIONS LE RETOUR AUX SOURCES

Histoires extraordinaires

de la

FRANCE MYSTÉRIEUSE

À travers ces histoires extraordinaires, c'est toute l'histoire d'un pays de tradition de liberté et de coutumes que cet ouvrage nous invite à revisiter

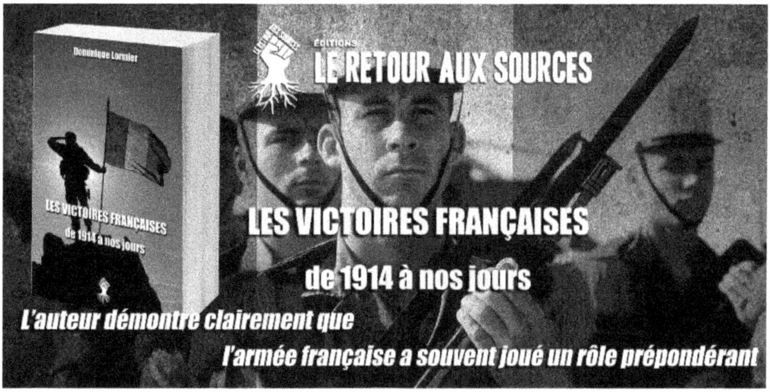
Dominique Lormier
LES VICTOIRES FRANÇAISES
de 1914 à nos jours
ÉDITIONS
LE RETOUR AUX SOURCES
LES VICTOIRES FRANÇAISES
de 1914 à nos jours
L'auteur démontre clairement que
l'armée française a souvent joué un rôle prépondérant

ÉDITIONS
LE RETOUR AUX SOURCES
Pour une
AGRICULTURE REBELLE
ou
comment
l'agriculture industrielle
nous asservit
et
comment y échapper

ÉDITIONS
LE RETOUR AUX SOURCES
LE LIVRE DU SANG
Sven et l'ancien testament
PRÉFACE DE LAURENT GUYÉNOT
Il y a mille raisons de s'indigner que cette cruelle divinité tribale ait pu être confondue avec le Dieu d'amour que prêche le Christ.

ÉDITIONS **LE RETOUR AUX SOURCES**

Les secrets de la RÉSERVE FÉDÉRALE

par Eustace Mullins

Une révélation sur la manière dont fonctionne réellement le monde...

ÉDITIONS **LE RETOUR AUX SOURCES**

LES MÉTHODES INFAILLIBLES DE CHARLES SANNAT

INVESTIR DANS L'IMMOBILIER

Le patrimoine immobilier tient une place toute particulière dans le cœur des Français

ÉDITIONS **LE RETOUR AUX SOURCES**

LES MÉTHODES INFAILLIBLES DE CHARLES SANNAT

MARRE D'ÊTRE PAUVRE / DEVENIR RICHE

Oui, il existe des techniques, des méthodes et des moyens
pour devenir riche et vivre dans l'abondance...
Avoir à nouveau une France forte et conquérante est
largement possible, mais pour cela, et parce que le monde a changé,
les vieilles recettes n'ont plus aucun sens.

www.leretourauxsources.com